LE CŒUR ENVELOPPÉ
est le quatre cent cinquante-cinquième livre
publié par Les éditions JCL inc.

Catalogage avant publication de Bibliothèque et Archives nationales du Québec et Bibliothèque et Archives Canada

Simard, Gilles, 1950-

  Le cœur enveloppé

  (Collection Témoignage)
  Comprend des réf. Bibliogr.

  ISBN 978-2-89431-455-5

  1. Simard, Gilles, 1950- 2. Toxicomanie. 3. Codépendance.
  4. Dépressifs – Québec (Province) – Biographies. I. Titre. II. Collection: Collection Témoignage

  CT310.S24A3 2010 920.7209714   C2010-941670-8

Le Cœur enveloppé

COLLECTION
TÉMOIGNAGE

Illustrations:

MARC BOUTIN

Les éditions JCL inc.
930, rue Jacques-Cartier Est, Chicoutimi (Québec) G7H 7K9
Tél.: (418) 696-0536 – Téléc.: (418) 696-3132 – www.jcl.qc.ca
ISBN 978-2-89431-455-5

GILLES SIMARD

Le Cœur enveloppé

TÉMOIGNAGE

LES ÉDITIONS JCL

Nous reconnaissons l'aide financière du gouvernement du Canada par l'entremise du Fonds du livre du Canada pour nos activités d'édition. Nous bénéficions également du soutien de la SODEC et, enfin, nous tenons à remercier le Conseil des Arts du Canada pour l'aide accordée à notre programme de publication.

Gouvernement du Québec – Programme de crédit d'impôt pour l'édition de livres – Gestion SODEC

L'essentiel n'est pas de savoir reconnaître celui qui
a atteint la libération, mais de savoir se comprendre soi-même.
Nulle autorité, pas plus ici-bas que dans l'au-delà, ne peut
vous apporter la connaissance de ce que vous êtes;
sans la connaissance de soi, nul ne peut être libéré,
ni de l'ignorance ni de la souffrance.

J. Krishnamurti
Tiré du *Livre de la méditation et de la vie*

CHAPITRE 1

Le marteau

Roy-Rousseau, lundi matin le 1er mai 1972

Je suis réveillé depuis quatre heures du matin. Il sera bientôt huit heures, et j'ai grillé pas moins d'une trentaine de cigarettes.

J'ai peur... Une peur féroce, mordante, atroce, brûlante, la mère de toutes les peurs. Une peur insidieuse, sidérale, glacée, paralysante, inouïe qui a envahi mes bras, mes jambes, mon sexe, mon ventre, ma poitrine, ma gorge, ma nuque, mes tempes, mon visage. Elle s'est insinuée partout à l'intérieur de ma tête. Il n'y reste plus d'espace. Il n'y a plus qu'elle et cet électrochoc que je vais recevoir dans quelques minutes.

J'ai peur de ne pas être à la hauteur, de me pisser dessus, de me réveiller pendant l'électro, de mourir d'une crise cardiaque, de me chier dedans, de ne pas me réveiller, de me réveiller fou. J'ai peur à en hurler et je voudrais être ailleurs, être un autre, ne plus être.

Il y a à peine deux semaines que je suis arrivé à Roy-Rousseau, une réputée clinique psychiatrique de Limoilou, un quartier de la ville de Québec, et j'ai déjà eu droit à cinq électrochocs. «Des traitements», avancent pudiquement les membres du personnel. «Le marteau», rétorquent sévèrement les patients[1].

---

1. C'était l'appellation la plus courante de l'électrochoc, chez le personnel de Roy-Rousseau.

Ce matin-là, dans la chambre 257 du deuxième étage des hommes, on est deux sur quatre à y avoir droit. Outre moi, jeune animateur social de vingt-deux ans considéré dépressif atypique, il y a Henri, un petit maigrichon de vingt-trois ans diagnostiqué schizophrène paranoïde. Il en est, lui, à son onzième ou douzième électro. De toute façon, il ne les compte plus, il prétend que c'est mieux ainsi.

Avec Henri, le personnel doit redoubler de précautions. Et ce, à cause de sa propension à faire du délirium au sortir de l'anesthésie. Dans ces moments-là, Henri gratte, griffe, grogne, siffle, chante, hallucine, vocifère et profère quantité de sons incongrus, des tonalités bizarres, des bruits inquiétants. Malheur à l'infirmière qui l'approche de trop près ou qui lui parle trop fort.

Henri et moi sommes à jeun depuis la veille. On ne peut rien avaler à cause des dangers d'étouffement pendant l'électroplexie.

L'infirmière m'a offert un calmant plus tôt. Hélas, j'ai refusé. Maintenant, je le regrette profondément.

Aidée d'une stagiaire, l'infirmière a aussi procédé à toutes sortes de vérifications, pris la tension, le pouls, la température... Après nous avoir fait revêtir une jaquette bleue, on nous a fait faire nos besoins.

On a bien vérifié que nous ne portions pas d'objet métallique. Ni montre, ni bracelet, ni bijou, ni chaînette, ni partiel avec ou sans métal. Rien n'est laissé au hasard pour le traitement. Il faut absolument que le courant électrique passe par le bon circuit...

Ce matin-là, histoire de souligner le 1er mai, plusieurs employés ont déserté pour aller grossir les rangs de grévistes sur le chemin de la Canardière, aux entrées principales. Là, on arrête systématiquement tout ce qui vient de l'extérieur : piétons, voitures, taxis. Jusqu'aux ambulances qui sont contrôlées.

Juste à côté, devant les grands bâtiments gris de l'hôpital Robert-Giffard, c'est le même tohu-bohu, le même branle-bas. On vit les turbulences du premier front commun intersyndical. Partant, les travailleurs syndiqués de Roy-Rousseau et de Robert-Giffard sont aux premières loges. Avec comme résultat qu'au deuxième étage des messieurs, à cause du manque de bras, l'effervescence habituelle des matinées d'électrothérapie s'est vite muée en frénésie. Pour assurer les services essentiels, on a eu recours aux cadres, aux gens du service social, aux stagiaires et même à des sœurs de la Charité qui font maintenant office de préposés, de brancardiers, d'infirmières auxiliaires ou de cuistots.

La vénérable clinique Roy-Rousseau est sens dessus dessous. Aussi, le deux des messieurs est en pleine ébullition. En plein survirage. Des directives fusent, des portes claquent, des gens s'affairent autour des chariots de déjeuners, pendant que des civières sont alignées dans le corridor central. On crie, on note, on s'interpelle nerveusement, on vérifie, on rature, on s'assure que le compte des patients qui vont à l'électro est bon.

Revêtu de blanc immaculé de pied en cap, bordereau d'autorisation bien en vue, le chef infirmier s'agite, trépigne et trottine entre le poste de contrôle et la chambre d'électroplexie. C'est lui le tambour-major. Lui qui dirige la fanfare. Il ne doit pas y avoir de fausse note.

Deux préposés baraqués, Réal et Jean-Yves, se glissent furtivement dans l'embrasure de la porte. J'aime beaucoup Réal. Rien à voir avec le stéréotype du préposé asilaire brutal et sans cervelle. Amène et souriant, le costaud bonhomme lance :

— Ça va être à vot' tour, les ti-gars !

Résignés, en soupirant, Henri et moi grimpons sur les civières sans trop nous presser. On a encore du temps. On vient seulement d'en finir avec le deux des femmes et il y a un embouteillage monstre dans le corridor central.

Soudain, dans un grand fracas, on fait coulisser les deux portes massives donnant accès au local d'électrothérapie. Le vacarme est assourdissant. Il fait défiler dans ma tête des images de potence et d'échafaud. Des scènes tirées d'un film de Hitchcock que je me rappelle vaguement.

La parade des civières occupées peut maintenant commencer. Sur mon grabat roulant, j'ai le cœur qui bat la chamade et je suis déjà en état d'hyperventilation. Je voudrais me sauver, devenir invisible, me liquéfier pour passer dans les fentes du plancher. Réal le sait et il me parle doucement du soleil de mai qui brille déjà bien fort. Il me parle aussi de sa fin de semaine, de l'été qui s'en vient, de sa roulotte à Lac-Saint-Joseph, de ses fameuses parties de balle molle.

Pour donner le change, je m'entends crâner d'une voix rauque et sépulcrale. Je l'assure que je trouve leur grève très correcte, très justifiée. Réal sourit en faisant dodeliner sa grosse tête blonde.

J'essaie seulement de ne pas céder complètement à la panique, de ne pas hurler, de ne pas me pisser dessus comme Henri le fait souvent. J'essaie de fixer mon esprit sur quelque chose d'apaisant. Ça ne marche pas.

Ma tête s'est emballée et je suis traversé par les propos débiles de la veille, à la cantine. Parlant d'électrochocs, une grande gueule du troisième rigolait bêtement à propos d'Hydro-Québec et de ses grévistes. Hilare et en se tapant sur les cuisses, le grossier personnage clamait à la ronde qu'en cas de panne de courant, on serait bien obligés de nous finir à la chandelle... Pour donner le change, une femme s'est crue obligée de décrire les effets des électros qu'elle avait prétendument subis à froid, disant que ça avait bien failli la rendre folle pour de bon. Et les deux avaient déliré comme ça pendant le reste de la soirée.

Un patient comateux dont le visage rouge et boursouflé est recouvert d'une serviette de papier blanche est reconduit à la chambre d'en face. Ses gros yeux ouverts sont figés comme ceux d'un poisson mort. Ses mâchoires sont agitées de trémulations.

C'est mon tour...

La porte s'ouvre et j'aboutis dans une pièce aveuglante de clarté, où des personnes discutent à voix basse autour d'un appareillage qui scintille et menace. Mon psychiatre, le docteur O., se tient debout à côté de la machine à électrochocs. L'anesthésiste, lui, est embusqué derrière un chariot de réanimation. Outre les deux préposés, deux infirmières et un technologue m'entourent.

Le docteur me dit quelques mots banals qui se veulent rassurants. Puis, d'un coup, on se jette sur moi. C'est la curée. Tout va très vite. On revérifie que je ne porte ni bijoux ni objet de métal et on m'expédie sur un lit matelassé de cuir. Une infirmière m'enserre chaque bras avec un brassard et on enlève mes bas. Ensuite, on me colle des électrodes aux pieds et sur la poitrine.

Il me semble que j'ai déjà vu ça quelque part. Je n'ose plus regarder. Je souffle très fort. Je sais que je ne dois pas regarder. Je me blottis au plus profond de moi. Ça y est: je sais où j'ai vu ça. C'est quand on prépare un condamné à mort pour son exécution.

Bientôt, c'est l'hallali. On me fait un garrot. L'anesthésiste enchaîne avec une piqûre et quelqu'un m'enfonce une canule de caoutchouc entre les dents.

Une seconde...

Mes yeux pleurent, je m'entends râler, j'étouffe, j'ai un affreux goût métallique dans la bouche. Au secours!

Deux secondes...

J'ai l'horrible sensation d'avoir le palais broyé : on me défonce le nez par l'intérieur, un rouleau compresseur m'écrase la tête. Je vais mourir noyé. Mamaaan!

Trois secondes...

Je suis aspiré dans un grand trou noir. Je meurs. Je suis mort.

L'anesthésiste m'injecte aussitôt du briéthal, un relaxant musculaire, puis il m'applique le masque à ventilation assistée. Le docteur programme la décharge et place des électrodes de chaque côté de ma tête. Réal et Jean-Yves s'installent de part et d'autre de ma civière, une main sur une de mes cuisses, l'autre près de mes épaules. Le docteur appuie sur un bouton, et une lumière s'allume. L'appareil vrombit et le courant jaillit à 90 d'intensité en drainant près de 200 volts. L'électricité me traverse et je fais une première convulsion, suivie d'une deuxième.

Mon visage congestionné passe du rouge au bleu cyanosé. Les muscles extenseurs de mon corps sont agités de brefs soubresauts. L'instant d'après, mes bras font de petits mouvements circulaires et mes paupières papillotent. Mes lèvres et mes joues frétillent allègrement. L'infirmière essuie la bave qui dégouline autour de ma bouche et l'anesthésiste me tourne la tête de côté. J'émets aussitôt une sorte de ronflement sonore et ma respiration reprend normalement. On m'enlève le protège-dents et je commence lentement à émerger du coma.

C'est à peine si le traitement a duré cinq minutes en tout. On me reconduit à ma chambre.

Petit à petit, j'émerge. Je finis par distinguer le visage de la stagiaire qui m'appelle par mon nom en souriant. Je ne connais pas cette jolie jeune fille, mais je lui souris à mon tour. En fait, je ne me souviens de rien et je suis certain de me réveiller pour la première fois de la journée. Deux secondes après, je prends panique. Je me rappelle qu'aujourd'hui c'est jour de traitement. J'en informe l'étudiante infirmière qui m'assure, bienveillante, que l'électrochoc a eu lieu. Je n'en crois pas un mot et argumente avec elle. À brûle-pourpoint, elle me demande si je veux déjeuner. Là, je commence à douter. D'autant que j'ai la bouche très sèche et un mal de tempes atroce.

À côté, Henri ronfle comme un sonneur dans un lit dont les ridelles ont été relevées, signe qu'il a encore fait du délirium.

Arthur et Pierre, mes deux autres compagnons de chambre, sont à l'extérieur. Même si je n'en garde aucun souvenir – c'est un effet de l'amnésie rétrograde –, là, à cet instant seulement, je comprends que l'électrochoc est derrière moi. Du coup, je me sens immensément soulagé et je vis une sorte d'euphorie.

Ça durera quelques minutes, comme d'habitude, puis mon exultation fera place à mon sentiment de vide intérieur chronique, un état d'âme doublé d'une profonde tristesse. Après viendront les peurs, les angoisses et les habituelles obsessions, dont la pire, celle d'être en train de devenir fou.

Pour le moment, je suis juste content d'être là, d'être en vie. Je suis simplement content d'avoir traversé un autre traitement et de pouvoir respirer, de pouvoir être tout doucement.

J'avale lentement mon déjeuner en ressassant les

événements qui ont précédé mon admission, il y a deux semaines. Je revois ma blonde éplorée, Michèle, que j'ai laissée en catastrophe pour aller me réfugier chez mes parents, à Lac-Beauport. Je pensais naïvement que j'avais plus de chances de guérir ma dépression en restant seul, loin du trafic, de l'amour, de la vie. N'empêche, j'étais bien conscient des moments pénibles que Michèle avait traversés avec moi et je m'en sentais coupable.

Je revois ma mère à la fois consternée et soulagée, quand je lui ai annoncé que je m'en allais voir un psychiatre déjà rencontré à l'hôpital du Saint-Sacrement. Je revois le docteur L., un psychiatre à l'allure sévère, qui allait me donner un aller simple pour Roy-Rousseau, un endroit que je connaissais vaguement, et où je croyais pouvoir me reposer pendant quelque temps.

Dieu que ces instants m'apparaissent loin, maintenant! Dieu que j'aimerais pouvoir y revenir, comme si de rien n'était!

Je revois mon arrivée par le chemin de la Canardière par une fin d'après-midi d'avril. Je me revois devant ce piquet de grève que, solidaire jusqu'à la fin, pathétique à souhait, je n'ai pas osé franchir ce jour-là. Je me revois maudissant la vie et son ironie cruelle, croyant dur comme fer que moi, grand révolutionnaire et militant jusqu'au bout, je vivais là les dernières minutes de ma vie... Avec comme résultat que je me suis retrouvé pour la nuit à l'urgence de l'Enfant-Jésus.

Là, dans une sorte de cauchemar surréaliste entre un nouveau-né mourant et un clochard déjà mort, j'avais subi jusqu'au petit matin la parlote du personnel. Et, pour la première fois de ma vie, je m'étais entendu désigner comme un ça, comme une chose, comme un fou.

En massant mes tempes endolories, je revois aussi Henri, tout juste après mon admission à Roy-Rousseau, qui trottinait allègrement autour de la grosse et onctueuse sœur Gemma. Avec un sourire pincé, en parlant de la bibliothèque de l'endroit, l'enveloppante religieuse m'avait suavement dit que les livres étaient destinés aux malades qui n'étaient pas trop détériorés...

Dans leur sillage se trouvait aussi le gras et huileux Joseph, un pédophile notoire qui complimentait suavement mère Gemma, tout en me vantant les mérites de l'intendance en temps de grève.

Alors que montent en moi les habituels sentiments de déception consécutifs à l'électro, je revois ma première rencontre avec le docteur O.

L'homme, plaisant, empathique et volontiers blagueur, m'avait tout de suite rassuré et m'avait convaincu des bienfaits de l'électrochoc. Psychiatre de renom et fierté de l'établissement, l'éminent médecin trouvait cependant bien dommage que je ne sois pas arrivé le vendredi matin, comme prévu.

— Parce que, Gilles, j'aurais pu te donner un traitement dret en arrivant!

Évidemment, je commence à me méfier un peu du bon docteur. Surtout que, la veille, après que j'eus émis quelques doutes sur la pertinence des électros, il a doucereusement laissé tomber: «Tu fais bien ce que tu veux, Gilles. Nous autres on n'est pas allés te chercher.» Autrement dit: «Tu refuses l'électro, tu t'en vas!»

Oui. Je commence à me méfier du docteur O., le bon docteur qui noircit des pages entières quand je lui parle. Des pages remplies de galimatias dont je n'ose pas imaginer la teneur. Des pages qui m'inquiètent profondément. Me bouleversent. Sans compter, aussi, tous les silences et les hochements de tête quand je pose la moindre question.

La veille, quand j'ai prononcé le mot schizophrène, le docteur m'a regardé par-dessus ses lunettes avec un bizarre de petit sourire carnassier et il m'a demandé si j'avais cherché la définition du mot dans le dictionnaire.

Puis, en réponse à ma demande, le bon doc a sèchement lâché que, si jamais je mettais le nez dans mon dossier, je ferais exactement comme un petit chien qui joue dans sa merde[2].

*

Il était une fois le troisième d'une famille de sept enfants, un garçon dont le père était un homme au tempérament très violent, avec une propension marquée pour l'alcoolisme. À la vérité, c'était un père aimant, mais il était, hélas, trop souffrant pour le démontrer. Quant à son épouse, c'était une bonne catholique, une femme brillante et une mère aimante, dépendante des contraintes sociales et des humeurs changeantes de son mari.

René-Claude, mon père – parce que j'étais ce troisième enfant – était aussi un mangeur de curés, un mélange de rose-croix et de libre penseur, doté d'une grande curiosité intellectuelle. C'était un homme avec ses propres valeurs morales, enfin, à qui il pouvait arriver de faire montre d'une très grande tendresse. Pendant que mon père gagnait son sel dans la cour de la compagnie de chemins de fer Canadien National, à Charny, ma mère, Rolande, une ancienne institutrice de la Rive-Sud, s'échinait vaille que vaille dans une modeste maison du «bas Lac-Beauport».

Mes parents, ne nous en déplaise, n'avaient pas le

---

2. Sommaire de mon entrée à Roy-Rousseau : voir notes du docteur O., en annexe.

temps de nous fournir l'attention et l'amour auxquels les enfants ont normalement droit.

Ce manque d'amour et le fait d'avoir été expédié chez les frères de l'Instruction chrétienne à douze ans contribuèrent à faire de moi un codépendant affectif [3] avant l'heure. Quelqu'un, donc, qui avait une faible estime de soi et qui avait besoin de s'investir dans une cause ou dans autrui, pour se sentir important, pour se sentir vivre. Quelqu'un qui avait un besoin irrépressible de plaire, de convaincre, de briller et de séduire pour évoluer à peu près normalement. Quelqu'un aussi qui avait continuellement besoin d'être en avant, de peur de passer inaperçu, qui voulait qu'on s'occupe de lui et qui avait une peur bleue du rejet.

Néanmoins, tout cela ne m'empêcha pas de me montrer un jeune élève surdoué, dont le Q.I. avoisinait les 135. Avec pour résultat qu'André, mon frangin plus vieux que j'avais rattrapé en sixième, se crut obligé de me rappeler *ad nauseam* que le génie avoisinait la folie, une de ces rengaines cruelles et typiques de l'enfance qui finit par s'incruster.

Le mot folie... Un mot craint, abhorré, aussi détestable qu'un chancre, avec lequel j'ai toujours essayé tant bien que mal de cohabiter. La folie, la «chose» à l'intérieur...

René-Claude et Rolande auraient bien aimé que je finisse mon cours classique, mais tel ne fut pas le cas. En 1967, première année des cégeps, j'échouai lamentablement mes belles-lettres, à l'Académie de Québec, aujourd'hui le Cégep de Sainte-Foy. À cette époque, le trajet en autobus entre Sainte-Foy et la maison paternelle de Lac-

---

3. Personne s'étant laissé affecter par le comportement d'autrui et se faisant une véritable obsession de diriger le comportement des autres. Cette personne ressent le besoin impérieux de se sentir importante pour quelqu'un ou pour une cause.

Beauport était long et fastidieux. Il y avait jusqu'à trois correspondances entre les différents circuits. Ce fut durant ces interminables randonnées, dans des autobus bondés, que je connus mes premières crises d'agoraphobie.

C'était de véritables secousses, qui se transformaient en attaques de panique anxieuse[4]. Pour régler le problème, pour prévenir ces turbulences, je ne trouvais rien de mieux que d'en rajouter à une consommation d'alcool déjà démesurée.

C'est à cette époque, aussi, que je commençai à lutter contre les idées parasites, des idées flottantes, moches, bizarres, indésirables et morbides qui jaillissaient dans les moments de fatigue ou de stress et qui finissaient par m'absorber entièrement.

Par exemple, je ne pouvais voir la carabine 43 allemande de mon père, un vieux souvenir de guerre, sans m'imaginer traversé de part en part par les longues balles d'acier qui allaient avec.

Je ne pouvais pas non plus regarder l'arme sans penser à des scènes de suicide, et cela, même si je n'avais pas vraiment le désir de mettre fin à mes jours. Aujourd'hui, on parlerait de TOC[5] ou de je ne sais quoi d'autre.

J'avais aussi des vertiges, des angoisses de chute et d'autres phobies de plus en plus difficiles à supporter et à cacher. Évidemment, de peur de passer pour dérangé, pour timbré, je n'osais parler de ces choses à mon entourage. De même, l'idée de consulter un psychologue ne m'avait à peu près jamais effleuré. De toute façon, ça n'était pas vraiment dans les mœurs de l'époque.

---

4. Crise d'angoisse aiguë survenant périodiquement, accompagnée de symptômes physiques et psychologiques très désagréables (tachycardie, tremblements, sueurs, vertiges, peur de devenir fou, de perdre la maîtrise de soi, etc.).

5. Trouble obsessionnel compulsif.

Ainsi, il ne me vint jamais à l'esprit que ces idées parasites, ces vertiges et ces angoisses auraient pu et dû être interprétés comme autant de signaux de dépression ou d'une santé mentale fragile.

En 1968, j'aboutis au Cégep Limoilou. L'année suivante, j'étais président de l'Association des étudiants, un rôle dans lequel je m'investis totalement.

Du coup, je devins un personnage et je ne me gênai pas pour en rajouter, pour ajouter au mythe. Ma conscience sociale s'aiguisait en même temps que se développait mon sens critique. Évidemment, mes résultats scolaires étaient désastreux, mais ça m'importait peu.

Limoilou avait la réputation de cégep contestataire par excellence et nous en étions très fiers. Personnellement, je faisais tout pour y contribuer. Je vivais à fond la caisse, à cent milles à l'heure, je vivais «au boutte», comme on disait à l'époque. J'avais fait mien le célèbre «*Do it*» de l'activiste américain Jerry Rubin[6], recyclé plus tard en écologiste, promeneur de chien et promoteur de recettes culinaires.

Comme beaucoup d'autres, je m'inspirais de mai 1968, des Brigades rouges, des *tupamaros*, de Mao, de Fidel et du Che. En matière d'idées sociales, je dévorais les ouvrages de Carl Rogers, d'Ivan Illich et d'Angela Davis.

Moi et mes semblables, nous parlions créativité, autogestion et non-directivité. Nous avions vécu le bill 63, McGill français et la crise d'octobre. Je ne jurais que par Charlebois, l'Infonie, Duguay, Julien, Dubois, Forestier, Péloquin, Vaillancourt et autres *bozos* de la chanson ou des beaux-arts. Même chose pour Jack Kerouac, Bob Dylan et Joan Baez.

---

6. Célèbre révolutionnaire et activiste américain des années 1970.

J'avais aussi beaucoup d'admiration pour Marcel Chaput, Michel Chartrand, René Lévesque, Claude Charron et Pierre Bourgault. Mais, de tous, et de toutes les factions ou groupuscules, c'était très certainement le FLQ qui m'attirait le plus, qui me fascinait, même, avec ses premiers poseurs de bombe, ses cellules plus ou moins anarchiques, ses deux «nègres blancs d'Amérique», Vallières et Gagnon. Mon attention était tout acquise au FLQ, aux enlèvements d'octobre 70 et à la répression qui suivit et qui valut à plusieurs de mes amis d'étrenner la prison d'Orsainville. Une répression qui m'amena, bien que je ne fusse pas du gros gibier, beaucoup de tracasseries venant de l'escouade antiterroriste de Québec.

En 1971, je quittai le cégep pour devenir animateur social dans le quartier Limoilou. C'était un boulot exigeant, très mal payé, que je trouvais quand même gratifiant. Quelques mois auparavant, j'avais rencontré Michèle, ma blonde, celle qui allait plus tard devenir la mère de ma fille. Depuis déjà deux ans, j'habitais le quartier Saint-Jean-Baptiste, dans une sorte de commune remplie d'activistes venus de tous les horizons. Parmi eux, Claude Poisson, leader du MACPTC[7] et Luc-André Godbout, futur ramoneur des pauvres de Québec[8].

---

7. Mouvement pour l'abolition des clubs privés sur les territoires de la Couronne, regroupement très actif à la fin des années 1960, ayant largement contribué à la mise sur pied, quelques années après, des Zones d'exploitation contrôlées ou Zecs, par le gouvernement du Parti québécois.

8. Militant pour l'avancement des droits sociaux, militant écologiste et personnage haut en couleur, Luc-André tenait son surnom de Ramoneur des pauvres du fait qu'il réparait gratuitement les poêles et les annexes à l'huile des gens de la basse-ville de Québec. Aujourd'hui décédé, Luc-André avait élu domicile au Comité de citoyens et de citoyennes du quartier Saint-Sauveur, à Québec. La maison du 301, Carillon, porte maintenant son nom.

Militance et vigilance obligent : je dormais mal, je mangeais mal et je n'avais pas de loisirs. Mon entourage s'inquiétait pour moi sans que j'en aie cure. Ma consommation d'alcool était devenue gênante et très préoccupante, même pour le *Bill drinker*[9] que je me targuais d'être.

Je me sentais obligé d'assister à toutes les réunions politiques et d'accourir à tout ce qui s'appelait manifestation. À l'été 1971, je fus de toutes les occupations de clubs de pêche organisées par mon ami Claude. Je me sentais une sorte d'obligation morale de donner l'exemple. En fait, je me sentais obligé tout court. En plus de me sentir tout à fait mal dans ma peau.

Cet été-là, je connus mes premières vraies crises d'angoisse. C'était des moments très pénibles, pendant lesquels j'étais physiquement traversé par d'éprouvantes bouffées d'anxiété. C'était aussi des épisodes épouvantables, pendant lesquels je croyais invariablement perdre la raison, des séquences qui me vidaient, me lessivaient littéralement.

En résultaient une fatigue psychique, une lassitude morale que j'avais de plus en plus de difficultés à pelleter par en avant, à balayer sous le tapis.

À la fin de l'été, je travaillais avec quelques amis sûrs à la mise sur pied d'un groupe d'action terroriste à Québec, une sorte de filiale locale du FLQ. Histoire de donner une erre d'aller au groupe, une première bombe artisanale fut placée dans un local d'un cégep de la banlieue.

Fort heureusement pour nous et pour les gens du collège, la réunion prévue dans cette même pièce, ce soir-là, et dont nous ne savions rien fut annulée. N'em-

---

9. Gros buveur.

pêche, l'explosion causa beaucoup de dommages et fit grand bruit en haut lieu. Les médias s'arrachèrent littéralement le manifeste de circonstances que nous avions pondu, autant pour légitimer notre action que pour brouiller les pistes. Le climat ambiant faisait quasiment penser à un prélude de la vraie Crise d'octobre.

Notre cellule était lancée et nous n'allions certainement pas en rester là. Nous avions comme projet, entre autres, d'enlever deux députés libéraux particulièrement réactionnaires et exécrables, que nous comptions garder à l'ombre un certain temps. Il était prévu de les libérer devant les caméras, enduits de plumes et de goudron, avec un écriteau infamant accroché autour du cou. Pour financer ce coup d'éclat, nous comptions faire des vols à main armée et autres bricoles du genre.

Bien sûr, je menais cette activité underground en même temps que je travaillais à la mise sur pied d'un honnête et pépère comité de citoyens dans le vieux Limoilou, une tâche laborieuse et exigeante qui demandait à elle seule beaucoup d'énergie, d'autant plus que le phénomène des animateurs de quartier était une nouveauté et que les résistances étaient très fortes chez les citoyens.

J'étais donc à un doigt d'une terrible dépression, mais je ne le savais pas. En fait, j'étais incapable d'en parler et, même si j'avais pu, je n'avais pas les mots pour le dire. N'empêche, je ne ressentais que trop bien la « chose » qui était en train de m'envahir, cette chose qui grouillait en moi. Je visualisais nettement la spirale sans fin dans laquelle j'étais en train de me fourvoyer, de m'empaler tel un ver sur un hameçon.

Aussi, j'imaginais avec terreur qu'à défaut d'exploser

normalement j'étais littéralement en train d'imploser, de me liquéfier, de mourir en dedans.

J'étais de plus en plus mal dans ma peau, j'avais de plus en plus de mal à vivre. Je ne dormais presque plus et j'éprouvais toutes sortes d'inquiétants symptômes physiques. J'avais des goûts bizarres et je percevais toutes sortes d'odeurs incongrues. Quelquefois, en reniflant ce qui me semblait être des odeurs de bois brûlé, j'avais la certitude que c'était mes neurones qui se court-circuitaient et qui grillaient.

Depuis des mois, mon dos se couvrait de boursouflures et d'excoriations. Tantôt j'avais l'estomac bloqué, tantôt j'étais dévoré par d'obsédantes et soudaines fringales. Je pleurais souvent et faisais des crises de mélancolie qui duraient de plus en plus longtemps.

Ma confiance en moi était à zéro et j'avais l'impression que tout le monde savait ce qui m'arrivait, que tout le monde parlait dans mon dos. Je sentais confusément que quelque chose d'innommable était en train de m'aspirer. Je sentais que rien ne pouvait arrêter cette chose épouvantable et terrifiante. Je perdais pied, je glissais et m'enfonçais inexorablement.

Au début de l'hiver, ma blonde apprit qu'elle était enceinte. Je reçus cette nouvelle comme on reçoit un coup de massue sur la tête. Ce fut comme un vrai coup de tonnerre, un incroyable tremblement de terre, comme je le dirai plus tard à mon psychiatre. Je fus ébranlé jusque dans les moindres particules de mon être. C'était la catastrophe!

Trois semaines plus tard, on nous faisait savoir que l'apocalyptique nouvelle était due à une grossière erreur de la pharmacie, que c'était, comme cela arrive malheureusement de temps à autre, une méprise sur la personne. «Vous voudrez bien nous excuser, nous avons confondu. »

N'empêche, le mal était fait. Le coup avait porté. Comme il s'agissait d'une grossesse non désirée, nous n'avions pas été longs à nous entre-déchirer, Michèle et moi. Ainsi, nous avions désespérément cherché la solution, une solution qui ne pouvait se ramener qu'à deux options fort simples : garder le bébé ou avorter. Comme de juste, dans ma condition, il n'était pas question de mettre au monde un enfant.

Pour Michèle, la situation était fort différente. C'était une affaire de cœur, de tripes et d'hormones. C'était aussi une affaire qui concernait son ventre et elle comptait bien en décider comme elle l'entendait. Dire que Michèle et moi vécûmes trois semaines d'enfer est un euphémisme. En fait, c'était comme si nous avions réinventé l'expression cauchemar éveillé. Nous avions vécu un cauchemar aussi dense, aussi noir et aussi long qu'une nuit polaire sans étoile.

Pour tout dire, j'ai toujours été persuadé que ce fut cet événement qui fut l'ultime déclencheur des épisodes de grande noirceur qui allaient suivre.

En fait, au lieu de me sentir soulagé après la rectification des faits, je commençai plutôt à me sentir encore plus coupable. Immensément coupable, de façon irraisonnée.

J'étais coupable de ne pas m'être protégé pendant la relation, coupable d'un avortement qui aurait pu avoir lieu, coupable du malheur extrapolé de Michèle, coupable de la terreur glacée qui m'envahissait davantage chaque jour, coupable de la mort par infarctus, quelques semaines après l'explosion de la bombe, du directeur du cégep, coupable des difficultés à mettre en marche notre projet de comité de citoyens, coupable d'avoir abusé de mes forces, coupable de me sentir coupable, coupable d'être.

En fait, mon délabrement mental devint si grand qu'un soir, chez un ami, je passai littéralement en mode *freak out* après avoir inhalé seulement une bouffée de marijuana. Ce fut une vraie crise de schizophrénie délirante, avec les sons et les couleurs qui s'altèrent et le temps qui se décompose. J'étais comme quelqu'un qui reste éternellement accroché au cœur d'un kaléidoscope géant après avoir pris une tablette de mauvais LSD. Je faillis faire un arrêt cardiaque. Mon médecin de famille, chez qui on m'a amené d'urgence, diagnostiqua une dépression et me somma d'arrêter de travailler.

Deux jours après et pour la première fois de ma vie, je voyais un psychiatre à l'hôpital du Saint-Sacrement. Je me faisais une telle idée d'un psy, et l'homme que je rencontrai était si caricatural, si paternaliste, si suffisant et rempli de préjugés que j'éclatai de rire quand il déclara, péremptoire :

— Tu es beaucoup trop jeune pour faire le travail que tu fais. Décroche au plus vite, sinon tu reviendras me voir dans pas même deux semaines.

Dans mon grand état de confusion mentale – on me dira plus tard que je n'étais plus en état de penser –, j'en déduisis qu'il ne pensait pas vraiment ce qu'il disait et qu'il cherchait plutôt à me stimuler par la négative. Il fallait forcément comprendre son message à l'envers. Ragaillardi par mon raisonnement, je ne tins évidemment pas compte de ses recommandations, je balançai mes ordonnances à la poubelle et redoublai d'efforts dans mes entreprises. Je jugeai même le temps venu d'emménager en grande pompe avec Michèle dans notre premier vrai appartement, à Limoilou.

Comme de raison, la lune de miel dura peu. Au

bout de trois semaines, après des moments hautement délirants et absolument inénarrables, je laissai tout derrière moi pour me réfugier à Lac-Beauport, chez mes parents. Là aussi je n'eus d'autre choix que de rendre les armes pour, désorienté, penaud, confus et incroyablement malheureux, revoir le psychiatre de l'hôpital du Saint-Sacrement dont je m'étais allègrement gaussé.

Pour être certain d'être admis, je me sentis même obligé de faire accroire que j'étais suicidaire.

De toute façon, je n'étais plus capable de rien faire. Je ne voulais plus rien. Je voulais seulement cesser de penser, je voulais dormir et qu'on me laisse mourir tranquille et en paix dans un coin, dans un tiroir n'importe où.

Je voulais que les lumières s'éteignent. Point.

CHAPITRE 2

Le deuxième de Roy-Rousseau

On baby

J'eus droit à onze électrochocs. Ou treize, ou quinze, je ne le saurai jamais, puisqu'il n'en reste aucune trace écrite. N'empêche, ce fut certainement un nombre impair, puisque telle était la règle comptable en pareille matière. Et Dieu sait que la règle, c'était la règle, à Roy-Rousseau, un endroit, s'il en est, où l'initiative personnelle frôlait souvent l'impair, où le cas particulier devenait automatiquement suspect et où l'exception était traquée, haïe, honnie.

Ainsi, pendant un temps, l'essentiel de mes énergies fut consacré à survivre aux électrochocs; à ne pas mourir pendant, ni me réveiller fou, ni me désintégrer, ni me dissoudre. D'abord et surtout, me réveiller après l'électrochoc, m'assurer que j'étais bien là et, si possible, demeurer le même gars qu'avant, Gilles dans ma tête, dans mes fibres et dans tout ce qui allait rester de ma carcasse.

Chaque jour de cet été-là fut employé à mener mon combat. Cela se traduisit d'abord par une résistance silencieuse pour conserver mon intégrité morale et physique, une guerre de tous les jours dans un asile dirigé autrefois par des nonnes, où un système ultrapatriarcal faisait force de loi; un régime avec une structure de fonctionnement étonnamment bien huilée, où tout était centré sur l'approche biologique et normative de la maladie. Une institution où l'on travaillait sur les effets plutôt que sur les causes, où la parole du psychiatre était parole de Dieu, où les infirmières et les préposés étaient considérés comme du menu fretin, de la valetaille, des minus habens.

Roy-Rousseau était aussi un endroit où la camisole chimique, les chocs et toute la panoplie des contentions étaient une façon de faire quotidienne. Un lieu où les rares critiques des patients étaient le plus souvent considérées comme autant de niaiseries, sottises et délires de personnes considérées comme immatures, narcissiques, mythomanes, monomaniaques et j'en passe.

À la vérité, Roy-Rousseau, je l'appris bien assez tôt, était le terrain de jeu d'une psychiatrie farouchement conservatrice, où l'on infantilisait plutôt que de responsabiliser. Manière efficace et cruelle de semer le doute dans les rangs, on nous rappelait à tout bout de champ qu'on n'était pas venus nous chercher. Aussi étions-nous fortement priés de nous conformer, sinon...

À Roy-Rousseau, on retrouvait en nombre égal des hommes et des femmes de toutes conditions sociales. Des gens qui provenaient soit des alentours, soit de l'une ou l'autre des régions de Charlevoix, du Saguenay – Lac-Saint-Jean ou, plus rarement, du Bas-du-fleuve. Il y avait là des aristos nostalgiques, des secrétaires en burnout, des cultivateurs exténués, des étudiants qui avaient fait tilt, des religieux qui aimaient trop les petits gars, des camionneurs qui avaient flippé, des nonnes lesbiennes, des défroqués mal dans leur peau, des hippies accrochés à l'acide, des pédophiles repentis, de petites filles modèles de Sillery, une flopée de gais et lesbiennes en devenir, des entrepreneurs lessivés, des veuves inconsolables, des fonctionnaires trop zélés, des retraités mélancoliques, des vieillards tristes, des nymphomanes inassouvissables et un ou deux animateurs sociaux déprimés dans mon genre.

S'y retrouvaient aussi des gens répertoriés schizo-phrènes affectifs, *borderline*[10], maniacodépressifs, alcoo-liques chroniques, sociopathes, anorexiques, dépressifs, névrosés, psychopathes, neurasthéniques, psychosés. Il y en avait d'autres souffrant du syndrome de Diogène[11], de la maladie de Gilles de la Tourette[12] ou de Korsakoff[13], ou tout simplement affligés, comme moi, du syndrome du cordonnier mal chaussé.

Dans un autre ordre d'idées, on y croisait des gens venus à Roy-Rousseau de leur plein gré, ou poussés par la famille, ou encore obligés par la curatelle à se faire soigner. Autant de gens souffrants qui enduraient un furieux mal de vivre et qui avaient bien failli en mourir.

Nous passions nos journées à demi vivants, le cer-veau marinant dans une pharmacopée sans nom, les tripes baignant dans une peur ouatée, constante et sans fond. Un mélange d'appréhensions, de craintes et d'angoisses nous imbibait du lever jusqu'au coucher. Nous avions peur du psychiatre, peur de déroger au règlement ou de passer pour déraisonnable; peur qu'on nous renvoie pour aller je ne sais où, peur du lendemain, du prochain électro, peur de soi et des autres; peur d'être transféré à Robert-Giffard à côté, peur d'avoir peur ou peur tout court.

Il fallait nous voir, le soir, à la petite cantine du sous-sol, le seul endroit où les hommes et les femmes pouvaient se mélanger librement. Là, bien dissimulés derrière d'épaisses volutes de fumée, nous nous ser-

---

10. Trouble de personnalité limite caractérisé par plusieurs symptômes bien définis.

11. Besoin obsessionnel et compulsif d'amasser des déchets.

12. Affection neurologique qui se traduit par différentes manifestations, des tics moteurs et verbaux, notamment.

13. Dommage irréversible au cerveau causé par l'alcool. Pertes de mémoire et du sens de l'orientation.

rions les uns contre les autres dans une sorte de cocon protecteur et nous partagions nos secrètes terreurs en nous racontant toutes sortes d'histoires. Nous n'avions de cesse de dérouler les fils cassés de nos vies d'avant, tout en échangeant des soupirs à travers de longs moments de silence. Ciel que nous devions être pathétiques à regarder, nous, les déprimés du deuxième!

Par ailleurs, les fins de semaine à la clinique étaient longues, ennuyeuses et enveloppées d'une infinie tristesse. À quatre heures sonnantes, le vendredi, quand le gros Réal et le reste du personnel détalaient, j'allais régulièrement m'isoler pour écrire mon journal. Et aussi pour me laisser aller à verser des larmes. La fin de semaine s'égrenait, lentement, laborieusement. L'activité principale, fort courue, était la messe du dimanche à la petite chapelle du premier. Quant aux visites, elles se faisaient très rares, à cause surtout de la provenance des patients.

Moi-même, je n'avais pas de visite et je n'en souhaitais pas. Il n'était pas question qu'on me voie dans un pareil état. Mes proches savaient que j'étais à Roy-Rousseau, mais, pour les autres, ordre était donné de dire que j'étais à Vancouver. Plus tard, pour ajouter à mon personnage et faire comique, j'aurai beau jeu de dire que mon voyage sur la côte ouest s'était avéré formidable, électrisant même.

J'appris bien vite que, même à Roy-Rousseau, il en était du suicide comme de l'homosexualité et autres sujets délicats. On en parlait, mais seulement du bout des lèvres. Ainsi, outre de demeurer un sujet tabou, le suicide était vu par un peu tout le monde comme un geste moralement condamnable, quelque chose de répréhensible, d'un peu sale et d'un peu lâche.

Par conséquent, quiconque avait fait une tentative

ne devait pas s'en vanter, sous peine d'être ostracisé par notre petite société. C'était là à la fois paradoxal et bizarroïde, quand on sait que la quasi-totalité des patients de l'endroit avaient attenté à leur vie d'une façon ou d'une autre. Comme quoi les préjugés avaient la vie drôlement dure pour une époque de soi-disant liberté, où nous étions censés baigner en pleine révolution des mœurs et des idées.

De plus, tout comme mes congénères du deuxième, j'enviais et je haïssais secrètement les alcooliques du troisième, ces planqués de service qui allaient tout de suite mieux après leur traitement de piqûres chaudes [14]. Ces patients, qui discouraient fort et faisaient des plans de sortie au bout de quinze jours, nous rendaient drôlement bien les sentiments que nous nourrissions à leur égard, avec leur condescendance et leur mépris à peine voilé.

Parmi eux, il y avait l'inénarrable monsieur T., de Limoilou. Un cas célèbre, que celui-là! Il s'agissait d'un homme qui aurait pu passer pour le rejeton chéri d'un babouin syphilitique et de la reine des crapaudes, tellement il était hideux et pustuleux. Plus sérieusement, c'était un petit entrepreneur ventripotent aux yeux globuleux, qui fut admis pas moins de sept à huit fois pendant les six mois que dura mon séjour. À chaque cuite, le monsieur arrivait en ambulance, démantibulé, ensanglanté et les yeux pochés, pour reprendre du poil de la bête au bout de seulement quelques jours de cure. Là, signe que les choses allaient mieux, le bonhomme revêtait son vieux kimono rouge défraîchi et prenait un malin plaisir à déambuler en nous empestant de ses immondes cigares. Qui plus est, il nous inondait de prêchi-prêcha délirants sur le manque de sobriété

---

14. Injections d'une substance destinée à désintoxiquer l'organisme du patient alcoolique, et provoquant une très forte sensation de chaleur.

des jeunes d'aujourd'hui et sur les valeurs d'autrefois qui se perdaient. Au reste, la rumeur faisait de lui le recordman absolu des admissions à la clinique, avec au-delà de quatre-vingts... Rien de moins!

Question de socialiser, et cela, en dépit de ma fâcheuse tendance à m'attirer les électrons libres, je m'obligeai à aller à la cantine du sous-sol le plus souvent possible. Ce faisant, à cause de ma barbe et de mes cheveux longs bouclés, il m'arriva très souvent de passer pour Jésus, Guevara ou le chanteur Plume. De même, il m'arriva maintes fois de subir les joyeuses élucubrations des *Jésus* Gagnon, *Marie-Réincarnée* Tremblay, *Einstein* Caron, *John Lennon* Fortin, *Picasso* Lessard et autres célébrités du genre.

Avec aussi comme résultat que ce fut à la cantine, en début de juin, que je fis la connaissance de Julie, une jeune femme anorexique de Québec. N'ayant jamais rencontré d'anorexiques avant elle, j'eus un véritable choc quand je l'aperçus pour la première fois. Elle était tellement maigre – à peine quatre-vingts livres – qu'on ne pouvait pas ne pas s'émouvoir en la voyant si faible, si pâle, l'air résigné et vacillante sur ses deux longues jambes, comme une biche à sa naissance. Elle arborait de longs et magnifiques cheveux noirs, et ses immenses yeux bleus mangeaient un visage blême et squelettique, dont les joues fanées étaient complètement ravalées. De surcroît, ces grands yeux-là vous pénétraient jusqu'à la moelle, vous scannaient, vous imploraient, vous sciaient, vous liquéfiaient.

Fallait la voir. Ainsi, lorsqu'on me présenta Julie, les paroles me semblèrent vaines, et j'eus simplement le réflexe d'embrasser délicatement ses deux joues minces et diaphanes comme du papier de soie. Par la suite, elle devint ma confidente et de la voir régulièrement me fit grand bien. Au moment de sa sortie en août, ce fut une Julie pétillante aux joues pleines que je pus serrer dans mes bras.

J'appris plus tard que c'était supposément grâce à la petite insuline[15] que Julie avait pu reprendre une vingtaine de livres. Et je ne revis jamais les immenses yeux bleus plantés sur les jambes infiniment longues.

Ce fut aussi la cantine qui fut le théâtre des exploits en tous genres de Myriam et de Claudette. La première était nymphomane et maniacodépressive, l'autre, une transsexuelle rousse plus ou moins aboutie, avec des épaules de joueur de football et des mains de déménageur manucuré. Imaginez mon émoi quand je découvris que Claudette était en réalité un de mes anciens compagnons du cours classique au Juvénat Saint-Romuald, un pensionnat que nous avions tous deux fréquenté à l'adolescence.

Du jour au lendemain, je devins malgré moi son protecteur, avec tout ce que cela peut impliquer comme emmerdes. Quant à sa consœur Myriam, elle prit l'habitude, le soir venu, de bloquer l'ascenseur entre deux étages, soi-disant pour donner des leçons de sexe à qui voulait bien. Cet été-là, monsieur T. fut le seul d'entre nous à ne pas recevoir de carton d'invitation.

Même si elles étaient toutes deux la risée publique, Myriam et Claudette n'en demeuraient pas moins d'attachantes et authentiques compagnes d'infortune, des amies dont les pitreries produisaient sur nous le meilleur effet.

Finalement, ce fut à la cantine, après avoir partagé un gâteau Mae West avec elle, que je reçus pour la première fois les confidences de la blonde et boulimique Ginette-de-la-Basse-Côte-Nord. Boulimique parce que, conséquence directe d'une sévère dépression, la pulpeuse jeune femme avait pris l'habitude de s'empiffrer d'à peu près tout ce qu'on pouvait trouver dans les

---

15. Insulinothérapie à faible dose visant à stimuler l'appétit.

distributeurs automatiques de la cantine. Bien que ce fût là le lot de la majorité des patients, elle se démarquait nettement des autres à cause notamment de l'ardeur qu'elle mettait à bâfrer. En l'espace d'à peine deux mois, elle dut prendre une bonne trentaine de livres, et sa silhouette se transforma complètement.

Elle que j'avais connue drôlement mignonne devint méchamment bouffie, et ses beaux cheveux blonds perdirent complètement leur éclat. De même, son apparence générale devint de plus en plus négligée. En fait, c'était comme si sa boulimie était absolument incontrôlable. Son appétit s'accompagnait par ailleurs d'une façon de manger abjecte, qui n'était pas sans rappeler des scènes du film *Répulsion*, avec Catherine Deneuve dans le rôle principal. Elle fit tant que j'en arrivai à ne plus être capable de m'asseoir près d'elle.

Le temps passant, Ginette devint de plus en plus distante et repliée sur elle-même. Et elle continua de se goinfrer, comme si elle était entraînée par une lame de fond invisible, comme si quelque malin tourbillon la varlopait de l'intérieur.

En début de juin, on cessa de la voir et je finis par commencer à l'oublier. Jusqu'à ce jour où, en revenant d'une activité extérieure, je l'aperçus qui trottait tant bien que mal derrière un éducateur physique, parmi un groupe de femmes de Robert-Giffard, des femmes hirsutes, gouailleuses, sales, dépenaillées et dégoulinantes. On aurait dit un radeau de la Méduse ambulant, une exposition de vieux bas ravalés et de robes d'été tachées.

Ginette me reconnut et s'arrêta un instant. Elle eut un timide haussement d'épaules comme pour s'excuser de la situation et repartit sans plus en trottinant de plus belle. À cet instant, j'eus l'effroyable et terrible impression que la lame de fond l'avait emportée à jamais et que Ginette avait traversé pour de bon le mur des gens soi-disant raisonnables.

Tout comme Julie, je ne revis jamais Ginette-de-la-Basse-Côte-Nord.

Je dus apprendre à vivre avec en permanence la peur de devenir fou, la hantise d'avoir inconsciemment glissé d'un pôle à l'autre. Chaque jour, je dus composer avec la crainte viscérale de perdre les plus élémentaires de mes moyens, comme les facultés de penser, de parler, d'agir normalement. Chaque jour et quasiment chaque instant, je dus me rassurer, me prouver à moi-même que je n'avais pas sombré.

Le fait est que je faisais une véritable obsession de la folie et cela me fut très pénible, même insupportable. À cet égard, je dois reconnaître que le docteur O. me fut d'un grand secours, du moins durant la première moitié de mon séjour. Il s'appliquait à constamment me rassurer et à me démontrer qu'on ne devient pas fou comme ça, du jour au lendemain. Il s'appliquait à me faire comprendre que la folie était le fruit d'un long processus et que j'étais encore bien loin du compte. Il me répétait que ne devenait pas fou qui voulait et que c'était beaucoup plus difficile qu'il n'y paraissait d'y parvenir.

Au chapitre de la déraison, toujours, il m'arriva aussi très souvent de maudire la proximité de Robert-Giffard et de ses milliers de pensionnaires. J'exécrais surtout le génie qui avait eu la brillante idée de construire la clinique Roy-Rousseau juste à côté du centre hospitalier. Je me disais que le voisinage forcé avec la grande maison grise[16] n'avait certainement rien pour atténuer mes obsessions morbides. Le fait est qu'en érigeant les

---

16. Surnom péjoratif du centre hospitalier Robert-Giffard (aujourd'hui Institut universitaire en santé mentale), dû entre autres aux murs de pierre gris de l'édifice.

deux bâtisses à très faible distance l'une de l'autre et en les reliant par des tunnels, on avait d'abord pensé pratico-pratique. Surtout, on avait pensé échange de services, de locaux, de clientèle. Et au diable la pseudo-fragilité des petits nerfs de tout un chacun!

Ce fut en ruminant ce genre de choses que, par un bel après-midi de juin, je fis ma première rencontre avec l'escouade des bleus. Les bleus étaient ainsi baptisés en raison de la large et grossière combinaison de toile bleue qu'ils arboraient en tout temps. C'était pour la plupart des patients âgés, des gens qu'on avait lobotomisés des années auparavant, en même temps que la très célèbre chanteuse Alys Roby du quartier Saint-Sauveur, en basse-ville de Québec. Ces gens-là avaient pour tâche l'entretien des bâtiments de ferme entourant Robert-Giffard.

En plus des larges combinaisons flottantes, de grandes bottes de caoutchouc noires et une casquette grise éva-sée complétaient leur uniforme. Ce méchant attirail, disons-le, leur conférait un air aussi redoutable qu'im-pressionnant.

Cet après-midi-là, ils s'affairaient à réparer la clô-ture de bois contre laquelle je somnolais, après m'être aventuré du côté de Robert-Giffard. Ils étaient une bonne quinzaine d'ouvriers, qui travaillaient lentement, méthodiquement, en faisant comme si je n'étais pas là. Le seul qu'on entendait parler de temps à autre, c'était le géant qui semblait être leur chef, un véritable colosse de plus de six pieds et demi avec le cou d'un taureau et des mains larges comme des battoirs.

Il émanait de cet homme une force incroyable, une autorité incontestable qui rendait les autres méfiants sitôt qu'il s'approchait d'eux. Et, c'était plutôt justifié, compte tenu des claques et des bourrades que le géant distribuait volontiers.

En scrutant les épais faciès et les regards clos, je finis par reconnaître Madrier, un pauvre bougre tout en os qui avait été, en son temps, l'homme à tout faire de la petite mafia de l'hôtel Saint-Roch[17]. À côté de lui frétillait Coco, un déficient grassouillet du temps de ma jeunesse, qui avait la vilaine habitude de se masturber devant les clientes atterrées de la gare d'autobus Saint-Roch.

Les bleus besognèrent pendant encore une bonne heure. Puis, à ce qui me sembla être le signal d'une pause, ils s'affalèrent au sol en soupirant. Là, les uns allumèrent une pipe et les autres burent à même la grosse cruche tendue par le contremaître.

Moi, j'étais littéralement cloué sur place, fasciné par ces hommes d'un autre siècle, d'un autre espace. Plus je les voyais faire, plus me revenaient les histoires de fous de mon parrain Alfred, et aussi les odeurs de marées, de coaltar et de queues de poêlon de mes trois années passées à Saint-Pascal, en bordure du Saint-Laurent et de l'Anglo Pulp.

Mon oncle, soit dit en passant, avait été surintendant à la ferme de Maizerets, du temps où Robert-Giffard était l'asile Saint-Michel-Archange, à une époque où l'exploitation, de l'autre côté du chemin de la Canardière, accueillait volontiers la main-d'œuvre bon marché constituée par les patients de l'asile. Ainsi, les histoires de mon oncle regorgeaient toutes d'hommes mystérieux et prodigieusement forts, des loustics, des gaillards qui ressemblaient à Victor Delamarre ou aux frères Baillargeon.

C'étaient aussi des récits de matamores, capables de

---

17. Longtemps un hôtel prestigieux, cet édifice situé en plein cœur du quartier Saint-Roch devint l'endroit de prédilection des prostituées de la basse-ville de Québec. Lorsqu'il fut démoli en 1974, on se servit d'une partie du terrain devenu vacant pour ériger, au début des années 1980, la bibliothèque Gabrielle-Roy.

soulever des charrettes pleines de foin et qui pouvaient tordre des pièces de monnaie entre leurs seuls doigts. Des gars qui, au dire de mon oncle, avaient seulement leurs mauvaises lunes de temps à autre. «Autrement, c'était du ben bon monde...» disait-il.

En réalité, ces gens-là étaient des laissés-pour-compte, des idiots de village, des orphelins, des enfants dont personne n'avait voulu. Leur histoire en était une d'âmes simples et naïves, de celles qui avaient fait la renommée de Saint-Michel-Archange à une certaine époque, en ces temps glorieux où la petite bourgade était encore administrée comme une paroisse, avec des conseillers, une police bien à elle, des pompiers et même un petit train.

L'histoire de Saint-Michel-Archange se confond entièrement avec celle des orphelins de Duplessis, pendant cette période où, dans la conscience populaire de Québec, la grande maison grise faisait office de Bonhomme Sept Heures et de chien de garde des valeurs du système en place.

Autour de quatre heures, les bleus rassemblèrent pics, pioches et pelles. Sans un mot, ils s'éloignèrent à la file indienne vers une vieille remise située près du chemin d'Estimauville. L'édifice, avec ses portes blanches bien chaulées, ses murs rouges et son toit vert clair, constituait certainement la seule note de gaieté dans cet univers morne et gris.

Pendant que la file des hommes disparaissait en ondulant dans les hautes herbes, je sentis monter un nouveau sentiment, un sentiment qui en était un d'espoir. Un espoir fragile comme la rosée du matin, ténu comme un brin d'herbe. Pour la première fois depuis longtemps, je sus que j'allais m'en sortir, que j'allais émerger et revivre.

Pendant la première moitié de mon séjour, je rencontrai le docteur O. chaque matin. Durant cette période, nos relations furent bonnes, presque cordiales. Le fait est que je reconnaissais à l'éminent psychiatre qu'il était et l'expérience et le savoir. Et je m'appliquais à collaborer le mieux possible.

En réalité, je voulais tellement être vu comme un bon patient, comme quelqu'un qui travaille fort pour s'en sortir! Je voulais tellement guérir! J'aurais tellement voulu répondre par l'affirmative aux questions rituelles du matin, dire, affirmer, crier haut et fort: «Oui, docteur! Je me sens déjà vraiment mieux...»

Mais voilà: ça n'allait pas déjà tellement mieux et je m'en désolais. J'avais toujours la même fausse impression que je lui faisais de la peine, au docteur, que tout cela était ma faute, que je ne faisais probablement pas assez d'efforts, que je devais être le cas, un sérieux cas, le pire de tous les cas. À tout le moins le cas le plus désespéré des deux étages réunis.

À chaque nouveau médicament proposé correspondaient de nouvelles attentes, de nouveaux espoirs. Malheureusement, j'encaissais inexorablement déception sur déception, sans compter les terribles effets secondaires qui venaient avec la nouvelle panacée.

Ainsi, à mes débuts, je fus littéralement gavé de Largactil[18], de Nozinan[19] et de Cogentin[20], et ce, à très fortes doses. C'était là une combinaison courante, censée bien compléter le traitement d'électrothérapie, une combinaison qui, en plus de stabiliser mon humeur désespérément sombre, devait soulager mes terribles obsessions.

---

18. Antipsychotique à base de chlorpromazine.
19. Marque de médicament. Neuroleptique, utilisé comme antipsychotique et anxiolytique.
20. Médicament utilisé comme antiparkinsonien.

Au fil des jours, cependant, le cocktail de psycho-tropes s'avéra une chimie du cerveau aussi puissante que sournoise qui me causait d'intolérables désagréments physiques. Je parle ici d'irritants majeurs comme d'avoir la bouche aussi sèche qu'une éponge morte, en plus de suer comme un porc à l'agonie. J'avais aussi de drôles de goûts métalliques dans la bouche, des goûts inconnus, bizarres, inquiétants. Et, souvent, sans raison, je me mettais à trembler comme une feuille. Qui plus est, je voyais double et j'avais les paupières et les doigts comme si j'avais été en transe, incapable de maîtriser leurs mouvements désordonnés. Au reste, comme tous les autres patients, j'avais d'énormes difficultés à me concentrer et je n'arrivais pas à lire deux lignes de suite. En plus, je dus faire mon deuil de ma libido, oublier que j'étais censé être un homme dans la pleine force de l'âge. J'éprouvai aussi des problèmes de tachycardie, faisant tantôt de l'hypotension, tantôt de l'hypertension.

Enfin, je dus apprendre à composer avec les iné-vitables et universelles pertes de mémoire, moi, jus-tement, dont la mémoire était réputée infaillible et proverbiale.

C'était là autant d'emmerdes et d'inconvénients collatéraux haïssables, dont j'essayais de ne pas trop tenir compte, des problèmes que je présumais incon-tournables et dont je parlais peu ou pas, encore que de parler comprimés et pilules faisait naturellement partie du quotidien des patients de Roy-Rousseau.

En vérité, je parlais peu, de peur de passer pour un braillard, une petite nature, un mauvais collaborateur. Et j'avais peur surtout de décevoir le médecin, un homme, me disais-je, qui savait de quoi il retournait et qui avait sûrement autre chose à faire que d'entendre mes jérémiades. L'éminent docteur O., pensais-je, un spécialiste qui en connaissait tout un chapitre au rayon de la pharmacie et qui ne faisait pas médicastre pour un sou; le docteur O., un psychiatre de renom, une sommité provinciale, qui écrivait régulièrement des articles dans de prestigieuses revues médicales et surtout, surtout qui avait tellement l'air sûr de lui, à chaque nouvel essai.

Un bon matin, sans crier gare, le docteur O. me refila de la Stélazine[21]. C'était un neuroleptique des plus puissants, reconnu comme pouvant causer de la dyskinésie tardive, un trouble majeur de l'activité motrice.

L'effet fut immédiat, foudroyant à souhait. Pendant toute la semaine que dura le traitement, j'eus en permanence l'impression qu'on m'arrachait la tête. En fait, c'était comme si une main me malaxait l'intérieur du crâne, tellement la chimie était puissante. J'avais les yeux pleins de larmes et je confondais les planchers et les plafonds. Pire encore, comme la majorité des patients du deuxième, je n'étais plus capable de rester en place. Il me fallait bouger sans cesse. Bouger à tout prix.

Un peu plus tard, cependant, j'apprendrai que c'était là un symptôme d'akathisie, un effet secondaire redoutable, caractérisé par une envie de bouger irrésistible, typique d'une mauvaise combinaison médicamenteuse.

Néanmoins, certain que c'était là le prix à payer pour guérir, certain aussi que, plus ça fait mal, plus ça a de l'effet, j'endurai stoïquement mon sort. Même que, mon attention étant entièrement accaparée par les horribles malaises, j'en arrivais à oublier tout le reste, à commencer par l'horrible sentiment de vide et de non-être qui était relié à ma dépression majeure, ce

---

21. Neuroleptique antipsychotique (trifluopérazine).

qui fait que, j'avais beau me sentir atrocement mal, je me consolais en me disant qu'au moins je me sentais. C'était toujours ça de pris.

Un après-midi, pourtant, alors que je subissais les contrecoups d'un énième électro, mon organisme eut une violente réaction de défense. Mon visage et mon corps, au contact des rayons du soleil, devinrent plaqués rouge et blanc. Un vrai damier! En même temps, je me mis à éprouver de vilaines sensations de brûlure en plus de vertiges et de violentes nausées.

Averti illico, le docteur O. décida d'arrêter immédiatement la Stélazine, et ce, en dépit de mes protestations les plus vives... Pour un temps, du moins, nous convînmes de revenir au Largactil, une valeur sûre, selon le doc. Un peu plus tard, toutefois, j'allais prendre de l'Élavil[22] et du Trilafon[23], deux autres valeurs sûres, toujours selon le docteur, deux médicaments efficaces que, grand privilégié, j'allais pouvoir ingérer en un seul, l'Étrafon[24]. Avec comme résultat que certains de mes problèmes disparurent, pour faire place à de nouveaux. Ainsi, j'expérimentais tour à tour la constipation, la diarrhée, l'hyperventilation et j'en passe...

Mais bon! Qu'à cela ne tienne, j'avais décidé qu'il y avait pire. Aussi, je ne devais pas me plaindre. Je ne devais pas m'apitoyer. Surtout quand mes compagnons étaient affligés, qui de bougeotte chronique, qui d'épilepsie, qui d'un autre syndrome quelconque. Il eût été indécent de pleurer sur mon sort, puisqu'il y avait bien pire que moi.

Et pour m'en convaincre davantage, je m'imaginais les malheureux voisins d'à côté, la cohorte de Robert-

---

22. Antidépresseur (amitriptyline).

23. Neuroleptique antipsychotique (perphénazine).

24. Neuroleptique antipsychotique (perphénazine).

Giffard. Je me représentais les visages tordus et grima-
çants, les lippes baveuses qui s'ouvraient sur les langues
pendantes, des langues bien rouges, aussi épaisses
qu'ignobles... Et je m'imaginais les corps difformes. Les
faciès de gargouilles, barrés, mangés par d'immondes
rictus.

Je me figurais les pauvres cobayes, des gens déjà
fantômes d'eux-mêmes, en bretelles ou en haillons,
qui longeaient les souterrains de l'asile en piaillant,
gloussant, sanglotant. Images délirantes, scènes cau-
chemardesques! Et j'allais me plaindre, moi?

Pendant la première moitié de mon séjour, je m'efforçai d'avoir des relations cordiales avec l'ensemble
du personnel. Pourtant, je m'aperçus assez vite que les
infirmières, bien qu'efficaces et compétentes, demeuraient plutôt réservées, presque fermées.

Effet de l'usure ou de l'osmose, la plupart d'entre
elles avaient grise mine. On les sentait crispées, sur la
pointe des pieds. On les devinait toujours prêtes à s'effa-
cer devant le psychiatre. Mireille, une ancienne consœur
de cégep, vint me le confirmer : « Ici on se fait paterner.
Les psychiatres ne travaillent pas avec nous, mais sur
nous. On se fait dire subtilement quoi penser et comment
considérer les patients. C'est du gros nursing. »

Voilà un trait – le nursing – qu'on voyait beaucoup
moins ailleurs. Je parle ici des préposés, du personnel
de l'entretien ménager et de la cuisine. Ces gens-là, du
fait de leur authenticité et même si leurs tâches étaient
plus modestes, se voulaient de très bons écoutants. Et
c'était aussi des auditeurs souvent doublés de formidables motivateurs.

Parmi eux, Réal, Ti-Père et Jean-Claude, qui
étaient tous des gars de Giffard et des alentours.
De braves gens qui faisaient du métier de préposé

une tradition familiale de père en fils. C'étaient des hommes et des femmes qui méritaient le plus grand respect, à l'exception, toutefois, d'un très petit nombre, une poignée de loufiats dont le sport favori était de dénigrer les patients les plus vulnérables. Le meneur de ce petit groupe était un préposé d'une trentaine d'années, un homme plutôt courtaud, agressif et musculeux dont les yeux noirs et chafouins roulaient sur un large nez écrasé. Il s'appelait Léo.

Un soir de cantine, Léo et deux pareilles à lui commencèrent à se moquer d'une patiente nouvellement arrivée, une jeune novice de Roberval qui en était à son deuxième séjour et qui devait recevoir un électrochoc le lendemain matin.

— La grand' Lorraine est dans ses peurs en crisse, là! caquetait l'une des préposées.

— La maudite pisseuse a viré en rond toute la nuit, gloussait l'autre, sa vis-à-vis.

— Y vont y allumer la chandelle ben correct, de compléter le beau Léo, déclenchant ainsi l'hilarité générale dans la basse-cour.

Sur ce, hagarde et hirsute, la Lorraine en question fit son entrée dans la petite pièce devenue silencieuse. Elle portait une longue robe de chambre noire d'une autre époque et elle était visiblement perdue; elle cherchait des yeux quelqu'un à qui parler.

Joanne, une patiente du deuxième, lui prit doucement les deux mains, tout en essayant de la réconforter. Presque aussitôt, les blagues stupides reprirent de l'autre côté. J'entendis Léo traiter les deux patientes de vaches et de lesbiennes, juste assez fort pour qu'elles entendent. C'en était trop. Le silence s'était fait et un gars de notre table se mit à fixer Léo durement, de façon peu équivoque.

Le premier s'apprêtait à relever le défi quand Myriam, qui n'avait rien perdu de la scène, s'interposa violemment.

— Mon calvaire, lâcha-t-elle en frappant du poing sur sa table. Déjà que tu fourres gratis, icitte, au moins, reste poli avec les dames, câlisse!

Surpris, désemparé et honteux, le petit boulé teigneux n'eut d'autre choix que de battre en retraite et de vociférer à la ronde qu'il n'était pas un batteur de femmes, lui.

Cette nuit-là, je me sentis vivant comme jamais, au point d'en oublier l'électrochoc du lendemain matin.

Six mois plus tard, après s'en être pris à une autre patiente – mais surtout parce que considéré comme une disgrâce par son propre syndicat –, le «beau» Léo était congédié pour de bon.

Vers la fin de juin, tout de suite après mon quatorzième électrochoc, le docteur O. me signifia la fin des traitements. Selon lui, il fallait dorénavant se concentrer sur autre chose.

L'annonce me fit l'effet d'une bombe. Pendant quelques jours, je me sentis quasiment guéri. Je vécus littéralement une période de grâces. Je flottais, j'étais euphorique et je promenais mon nouveau bonheur sur tous les étages de Roy-Rousseau. Je me crus même obligé de vanter les vertus de l'électrothérapie. C'est dire!

Hélas, ce moment d'euphorie dura peu. Je ne tardai pas à constater que rien n'avait vraiment avancé et que j'étais toujours aussi déprimé, en plus d'être habité en permanence par le grand vide intérieur, par cette horrible impression que tout pouvait basculer dans la seconde. Je vivais les mêmes peurs crades qu'au tout début, les mêmes obsessions morbides qu'avant l'électrothérapie. Toutefois, et c'était toujours ça de pris, je n'avais plus peur de mourir dans la salle d'électro.

Un matin que je glandais au solarium, un jeune costaud en pyjama vint s'asseoir près de moi en maugréant. Il s'appelait Guy et c'était un nouveau patient arrivé seulement deux jours plus tôt. En d'autres temps, le gars étudiait la philo à l'université Laval et résidait à Sainte-Foy. Le gaillard était censé recevoir son premier électrochoc ce matin-là, ce qui expliquait probablement le fait qu'il demeurait obstinément prostré, tout en chantonnant de façon insistante, inquiétante. En outre, l'étudiant ignorait complètement les encouragements d'usage de notre petit groupe de nouveaux anciens.

Sur le qui-vive, une jeune auxiliaire vint doucement le prévenir que c'était son tour. L'homme ne broncha pas. Quelques minutes après, ce fut son infirmière qui tenta de l'amener à sa chambre. Mais Guy s'entêtait à fredonner et gardait le visage fermé.

Pendant ce temps-là, la parade des civières occupées allait bon train. On avait même commencé à ramener des patients traités jusqu'à leur chambre.

Jean-Claude, le plus expérimenté des préposés du deuxième, tenta alors sa chance, en vain lui aussi. Deux autres préposés alternèrent semonces et cajoleries pour amener l'étudiant à la raison, sans plus de succès. Guy ne bougeait toujours pas. Son visage était rouge et tendu, et l'homme était ramassé sur lui-même comme un animal blessé prêt à bondir.

J'étais sidéré. C'était la première fois que j'assistais à pareille scène, la première fois que je voyais pareil refus. Une bonne dizaine de préposés et d'infirmières se tenaient maintenant à distance respectable, ne sachant trop que faire avec l'énergumène. Guy, lui, s'était emparé d'une baguette de billard qu'il caressait silencieusement tout en fredonnant.

Entre-temps, le médecin attitré du jeune homme était apparu dans l'embrasure, flanqué du chef infirmier et d'un préposé qui trimballait une civière sous son bras. En parlant calmement, presque souriant, le psychiatre s'avança et tenta de toucher son patient à l'épaule. Guy riposta par un violent coup de baguette à la cuisse du psy, l'obligeant à reculer. En même temps, il se mit à hurler:

— Vous n'avez aucun droit sur moi! Je n'ai rien signé. Je n'en veux pas, de vos crisses d'électrochocs!

Une seconde après, Guy était sauvagement plaqué au sol et maintenu solidement par cinq ou six paires de bras.

On lui injecta du briéthal et... une... deux... trois secondes plus tard, ses yeux roulaient, sa tête ballottait et son corps s'affaissait, en plein comme une baudruche qui se vide de son air. On le hissa aussitôt sur la civière et ce fut en courant qu'on l'amena jusqu'à la salle d'électrothérapie.

Comme tout le monde au solarium, j'étais soufflé, abasourdi, liquéfié par la violence du spectacle. C'était la première fois que je voyais quelqu'un se faire endormir. Je n'en revenais tout simplement pas, ni de la brutalité de la scène ni de la féroce efficacité du briéthal. Surtout, je venais de voir ce à quoi je ressemblais après une injection dans la salle d'électro. Et ce n'était pas très joli.

Au reste, j'éprouvais un certain soulagement devant le dénouement de l'affaire, même si je demeurais pétri de sentiments contradictoires, des sentiments qui allaient de l'admiration pour l'étudiant à un mélange d'irritation et de désarroi devant son geste.

À la vérité, Guy venait de me mettre en face de mes

propres contradictions, en face de ma propre lâcheté. Il avait fait ce que moi, le révolutionnaire, je n'avais pas eu le courage de faire. Il avait crié bien fort ce que nous avions à peu près tous ressenti à un moment ou à un autre.

Pendant plus de dix jours, à chaque journée impaire, le jeune homme répéta le même manège, tant et si bien que nous eûmes droit au même branle-bas régulièrement, aux mêmes empoignades, aux mêmes déchirements.

Au matin du cinquième électro, l'étudiant s'avoua vaincu. Il grimpa de lui-même sur la civière... Tout rentrait dans l'ordre. La bonne conscience sociale de Roy-Rousseau était sauve.

Aux alentours de la Saint-Jean-Baptiste, on m'envoya voir monsieur G., le psychologue maison. Ce dernier, un binoclard trentenaire plutôt réservé, me plongea aussitôt dans Rorschach [25] et compagnie, des tests somme toute pareils à ceux effectués quand j'avais dix ans, et dont les résultats – à 135 et plus – m'avaient valu le sobriquet abhorré de p'tit génie.

Au bout d'une semaine, j'eus droit aux résultats. D'un ton cordial et posé, l'homme aux affreuses grosses lunettes s'avoua franchement impressionné par ma performance.

— Avec tout ce que vous prenez comme médicaments... Compte tenu de vos traitements, ça m'étonne vraiment.

Le psychologue me parla très simplement des principales caractéristiques de ma personnalité schizoïde. Il s'appliqua à différencier les termes dépression

---

25. Hermann Rorschach : psychiatre suisse, inventeur en 1921 du psychodiagnostic basé sur l'interprétation des taches d'encre.

et tempérament dépressif, deux choses très différentes, selon lui, que les gens mêlaient volontiers. Cela dit, avec un peu de temps, toujours selon son pronostic, avec un peu de chance aussi, j'allais reprendre le dessus sans trop de problèmes.

Pour finir, en réponse à ma question: «Suis-je fou?», l'homme éclata d'un gros rire franc et me donna une bourrade à l'épaule. Avec comme résultat que cet entretien, probablement parce que je n'avais pas d'attentes précises et en raison de l'humanité du psy, me fit le plus grand bien.

Dès lors, il me sembla que j'avais un allié sûr dans la place, quelqu'un dont le rôle paraissait effacé, mais dont la capacité thérapeutique était certainement tout aussi remarquable que mes résultats avec Rorschach et consorts.

*À cette époque du premier Front commun intersyndical, en 1972, les
employé-es en grève de Roy-Rousseau (à gauche) et ceux de Robert-Giffard
(à droite) avaient dressé leurs lignes de piquetage devant les deux
« vénérables » bâtiments, filtrant ainsi tout ce qui pouvait s'amener
du chemin de la Canardière, en face.*

CHAPITRE 3

L'insulinothérapie : tomber de Charybde en Scylla[26]

Juillet arriva et l'été s'installa définitivement. Le premier front commun intersyndical s'était largement effrité, et la grève des services publics était maintenant derrière nous. De plus, le séjour à l'ombre des Pépin, Laberge et Charbonneau était lui aussi chose du passé. Ne restait plus en prison que Michel Chartrand, un homme de cœur, un homme de tripes, une tête heureuse pour qui j'avais la plus grande admiration.

Je logeais au deuxième de Roy-Rousseau depuis presque trois mois déjà et j'étais considéré par le personnel, aussi bien que par les autres patients, comme une sorte de sage, un patient aguerri. Une pointure, quoi!

On n'hésitait pas à me demander conseil et à me faire des confidences, encore que ce rôle me mît dans mes petits souliers, surtout quand on me demandait mon avis sur l'électrochoc. Quoi dire pour que les nouveaux ne se fassent pas d'illusions? Comment ne pas trop les décourager, tout en leur en disant un minimum à propos du marteau? Idem à propos des médicaments ou de la dépression?

Un matin d'ergothérapie, je me décidai à aborder Lucien, un de mes voisins de palier. C'était un homme robuste, à la trentaine très affable, qui était à Roy-Rousseau depuis au moins cinq mois.

---

26. Aller d'un mal à un autre, pire encore.

Dans une autre vie, Lucien avait travaillé pour la Consolidated Bathurst, une papeterie de Clermont, dans Charlevoix. C'était un travail de nuit pénible, avec des cadences très exigeantes, qui l'avait lentement mais sûrement mis à plat. Une séparation douloureuse et une faillite personnelle avaient fait le reste, de sorte que sa dépression avait culminé en psychose.

À l'étage, Lucien avait un statut bien particulier. Outre son ancienneté, c'était un client – le seul d'ailleurs – de la chambre 275, une large pièce contiguë à la salle d'électro que l'on appelait aussi la chambre à insuline.

De fait, l'endroit était mystérieux à souhait. Le matin, on y entendait des bruits aussi bizarres qu'inquiétants. C'était comme une gamme de sons et de tonalités, qui changeaient continuellement. Ça allait d'abord en crescendo et ensuite ça retombait complètement à plat.

Au début, c'était de faibles bruissements, des couinements, des halètements diffus et des gémissements étouffés. Puis ça se transformait en plaintes rauques, en sanglots prolongés et en rires grinçants. Ensuite, ça redevenait des grognements, des cris étouffés, des coups sourds et des chuintements espacés. Qui plus est, ce tintouin, ce drôle de raffut, était entrecoupé de paroles obscènes, de gargouillis immondes et d'autres bruits tout aussi peu ragoûtants: flatulences, reniflements, raclements de gorge, borborygmes, bruits de chasse d'eau, tout y passait.

Pour ajouter à l'aura de mystère, Lucien avait droit aux services exclusifs d'un ou deux préposés et d'une infirmière, qui, en l'occurrence, étaient le joyeux Jean-Claude, le gros Réal et garde L., une infirmière aussi avenante que jolie, une soignante ultraspécialisée dans l'insulinothérapie.

De fait, ce traitement rare et peu utilisé – comme

je l'appris plus tard – était depuis longtemps l'un des glorieux fleurons de Roy-Rousseau, et aussi de Robert-Giffard. On disait insulinothérapie, mais le traitement était aussi appelé la cure suisse ou de Sakel, du nom même de son inventeur. C'était aussi une méthode thérapeutique très controversée et très coûteuse, une méthode de choc qu'on avait abolie en Europe, mais qui trouvait encore grâce en Amérique du Nord.

Or donc, ce matin-là, comme j'étais désireux d'en apprendre davantage sur le fameux traitement, j'entrepris de cuisiner Lucien.

— Est-ce que ça fait du bien?
— Oui, ça fait du bien. Ça fait dormir...
— Est-ce que c'est douloureux?
— Ben non! Tu dors.
— Est-ce que ça assomme comme les électros?
— Ben non. T'as connaissance de rien. Tu t'endors pour de bon...
— !

Le lendemain, j'abordai le sujet avec mon psychiatre. En peu de mots, il m'exposa que l'insuline était avant tout un traitement de choc.

— Et, ajouta-t-il, avec le départ de Lucien, la place devient libre. Une aubaine pour toi, vu ta forte constitution et ta grande forme physique.

Le docteur ajouta que le traitement nécessitait, outre la bonne santé, une absence complète d'antécédents cardiaques, ce qui était mon cas.

De plus, j'appris que deux de mes compagnons de chambre, Pierre et Henri, auraient droit au traitement eux aussi. Ce détail non négligeable acheva de me convaincre. Certes, à ce stade-ci de mon séjour en clinique, j'ignorais encore beaucoup de choses. Surtout, j'aurais fait n'importe quoi pour guérir. Si on m'avait donné le choix, j'aurais volontiers sacrifié un bras, une jambe, n'importe quoi pour redevenir comme avant. Le pire, c'est que je le croyais dur comme fer. C'est dire le degré de souffrance morale qui vient avec un état dépressif chronique!

Nous eûmes donc droit à une véritable batterie de tests. Même que, pendant les deux jours que dura l'opération, nous aurions pu passer pour des astronautes, tellement les examens du cœur et du cerveau étaient sophistiqués.

Un bon lundi, le traitement commença pour de vrai. On nous injecta une première et très faible dose d'insuline, d'une quinzaine d'unités seulement. Par comparaison, on nous en injecta presque dix fois plus la semaine d'après.

Le fait est qu'on jouait de prudence en commençant, parce qu'on voulait d'abord connaître nos réactions au produit et que l'insuline n'est pas du petit miel. C'est une substance complexe, délicate et dangereuse qui agit sur l'organisme dans son ensemble, une substance qui peut facilement tuer si elle est mal administrée. D'où les multiples tests et les très grandes précautions.

L'une des caractéristiques de cette hormone, je l'appris bien assez tôt, est d'agir sur l'appétit. En fait, dès la première injection, je connus cette bizarre de faim que déclenchait le produit de synthèse. C'était une sensation de faim immense, intense, dévorante, un décuplement de l'appétit que, même en doublant mes portions, je n'arrivai pas à combler ce jour-là. Du coup, je compris beaucoup mieux qu'on ait administré ce produit à Julie, cette jeune femme anorexique rencontrée à mon arrivée qui me parlait souvent de la petite insuline. Cela dit, ce désagrément était un bien petit problème, à côté de ce qui m'attendait.

Il est cinq heures du matin et ça fait belle lurette que je ne dors plus. Du côté du chemin de la Canardière, je vois par la fenêtre le soleil qui rougit déjà l'aube. Tout est calme au deuxième de Roy-Rousseau. Dans deux heures, après une semaine de petite insuline, Pierre, Henri et moi recevrons notre première grosse injection. On est censé nous faire dormir pour de bon, comme aurait dit Lucien, rentré à Clermont depuis.

À côté de moi, pour faire changement, Henri ronfle comme un engin de soufflerie. En face, en grillant une cigarette après l'autre, Pierre se berce silencieusement. C'est un gars de Trois-Rivières qui étudiait en psycho à Laval avant de faire une énième tentative de suicide. On a le même âge et on s'entend très bien.

N'empêche, je ne sais pas à quoi m'attendre avec la grosse insuline et j'ai une trouille carabinée. J'essaie juste de ne pas trop le montrer à mon vis-à-vis. Je finis par me rendormir malgré tout.

À sept heures, un peu avant la fin du quart de nuit, l'infirmière Mireille pénètre furtivement dans la 275. C'est elle qui fera l'injection d'insuline. L'infirmière L. nous a prévenus : la dose sera de plus de cent unités. D'un coup, la seringue remplie de liquide brun orangé m'apparaît gigantesque, menaçante, terrifiante.

Pendant que la mixture trouve son chemin au travers de ma fesse, mon ancienne consœur de cégep bavarde. Le paternage des psychiatres, le nursing, c'est fini pour elle. Elle a trouvé un poste ailleurs. Elle va enfin pouvoir travailler selon ses propres valeurs.

«Fous-moi la paix avec tes valeurs! Ça se voit pas, que j'ai peur de mourir? Je voudrais juste me cacher sous ta robe. Bon Dieu, tu t'en aperçois pas?» Voilà ce que j'ai le goût de lui hurler, mais je me retiens et je lui souhaite bonne chance en pensant : « Quelle foutue drôle de façon de se dire adieu... »

Le corridor du deuxième commence à s'animer. C'est la routine du lundi matin. On entend s'ouvrir en grinçant les lourdes portes de la salle d'électrothérapie. Des chariots de déjeuners et des civières envahissent les allées. Dans un joyeux babillage, l'infirmière L. et le préposé Jean-Claude font leur apparition, lui poussant un chariot rempli de literie, elle tapotant nerveusement l'extrémité d'un stéthoscope.

Depuis maintenant une semaine que je les côtoie, ces deux-là n'arrêtent jamais de se chamailler, de rire et de plaisanter, comme si c'était leur façon de garder leur quant-à-soi, leur équilibre mental.

Henri, Pierre et moi sommes tout à fait réveillés, maintenant. Nous sommes à jeun depuis la veille. Nous n'avons droit qu'à un peu d'eau. Les rideaux de chambre tirés, nous sommes tâtés, palpés, triturés, auscultés sous tous les angles. L'infirmière joue du thermomètre et du tensiomètre. Jean-Claude, lui, griffonne des notes dans de petits calepins. Au bout d'un moment, des seringues et des fioles sont disposées sur un plateau cuivré.

Il y a maintenant plus d'une heure que j'ai été piqué. L'insuline commence à faire de sérieux ravages. J'ai des vertiges, des palpitations, des nausées. Je me sens terriblement oppressé. Mes tempes sont douloureuses et je vois double. J'ai l'impression d'étouffer. La sueur perle sur mon front. Qu'à cela ne tienne, je tente de fumer une dernière clope. Jean-Claude s'esclaffe et me dit que, là où je vais, je n'en ai pas besoin.

Les vapeurs s'épaississent. J'ai la douloureuse impression d'avoir déjà vécu ça et j'ai l'horrible sentiment d'être aspiré par le fond. Jean-Claude rigole de plus belle. Il me dit que je suis en train de partir. J'entends sa voix au ralenti, comme déformée. On dirait un trente-trois tours qui déraille. J'ai encore le temps de voir l'infirmière L., carnet en mains, qui se penche sur Pierre.

On dirait que mon cœur va jaillir de ma poitrine. Je trouve la force de sourire en pensant à Tintin dans *On a marché sur la lune*, Tintin qui suffoque, alors que Milou hurle à la mort. J'essaie encore de résister. Peine perdue. Je sais maintenant que je vais mourir noyé. À travers mes yeux pleins d'eau, je vois Jean-Claude grimacer un rictus. Je veux protester, mais la lumière s'éteint. Je me noie et c'est le grand trou noir.

Deux heures après, je me réveille par étapes successives. Je suis dans le noir et j'enfile une suite de couloirs qui s'éternisent, des corridors qui débouchent sur un large tunnel qui va en montant. Soudain, j'aperçois une lumière qui m'attire irrésistiblement vers le haut.

Ça s'accélère et j'émerge enfin des profondeurs dans un long râle rauque. La première chose que je distingue, c'est le visage amène de garde L., puis, une seringue et un tampon ouaté entre ses mains. Ensuite, je vois Pierre qui grille une clope en se berçant à grands coups. Jean-Claude, lui, rigole en écoutant Henri qui aligne une flopée de sons de gorge incongrus. Du coup, je fais le lien avec les bizarres de bruits, les sons terribles qui émanaient de cette chambre à l'époque de Lucien.

Je suis en nage et mon pyjama, mes draps et mes couvertures sont trempés de sueur. J'ai l'impression d'avoir couru un marathon. De plus, je suis creusé par une faim dévorante.

On me présente du jus pour compenser le sucre brûlé par l'insuline. L'infirmière me dit qu'elle m'a injecté du glucose pour me sortir du coma insulinique. Le mot coma me fait tressaillir. C'est la première fois qu'on utilise ce terme pour parler d'insulinothérapie. Jusqu'ici, on avait toujours parlé de sommeil. Peu m'importe, je suis furieusement content d'être en vie. D'être encore là tout simplement. Comme après mes premiers électros, je suis dans un état qui avoisine l'euphorie. Je me sens très, très bien, très lucide, rempli de bienveillance et de compassion pour l'humanité entière, à commencer par les patients et le personnel du deuxième. Pour un peu, j'ouvrirais ma fenêtre et je m'envolerais afin de semer la bonne nouvelle. Alléluia! Alléluia!

De fait, après chaque réveil, pendant la première semaine je vécus cette ivresse bienheureuse et je pris l'habitude de promener allègrement mes airs de guéri triomphant dans tous les recoins de la clinique.

Je poussai même l'euphorie jusqu'à prendre sous mon aile Guy, celui qui avait refusé les électrochocs, et aussi quelques autres nouveaux arrivants. Hélas, quand arriva la deuxième semaine de grosse insuline, je fus obligé d'atterrir. Je dus admettre que, cure d'insuline ou pas, les choses ne s'amélioraient pas vraiment. La tristesse et le sentiment de grand vide intérieur étaient revenus en force et j'étais de nouveau assailli par les peurs paniques et les idées morbides. Surtout, j'étais à nouveau obnubilé par cette bonne vieille peur de devenir fou, d'être fou. Dès lors, comme pendant les électrochocs, je n'eus plus qu'un seul et unique objectif: survivre à la cure d'insuline.

Un autre mois passa, pendant lequel je m'efforçai de bien collaborer avec le personnel de la clinique et tins scrupuleusement à jour mon journal de bord personnel, un épais cahier rempli de barbeaux et de galimatias, dans lequel je fourguais aussi des noms, des dates et toutes sortes d'informations plus ou moins pertinentes. J'en profitai aussi pour tisser des liens avec Pierre, mon compagnon de chambre, et je nouai de nombreuses nouvelles amitiés.

Je devins un confident de Joanne, une fille noiraude et toute menue qui avait droit elle aussi à l'insuline. Au début de l'été, elle avait reçu quantité d'électrochocs, mais ça n'avait fait qu'aggraver son problème de trichotillomanie, une méchante bibitte, que celle-là, qui consiste à vouloir s'épiler les cils et sourcils et à manger ses propres cheveux.

J'eus aussi droit à la visite de mon frère André, accompagné de sa conjointe. De tous les membres de ma famille, André était celui de qui j'étais le plus près. Pourtant, cette rencontre me fut pénible, en raison, notamment, des regards empreints de peurs et de préjugés de ma belle-sœur, des regards furtifs, inquiets et douloureux dans lesquels j'imaginais l'expression de ma propre folie et où je croyais voir l'être pitoyable que je supposais être devenu. Pire, à cause des médicaments, j'avais l'impression de parler avec des cailloux en bouche. N'empêche, les quelques instants passés avec André m'obligèrent à sortir de moi et à me rapprocher du plancher des vaches. À présent, la glace était cassée côté visites.

Quelques jours après, on m'apporta un petit billet par lequel mon ancienne blonde, Michèle, me demandait si j'acceptais de la recevoir. Et comment, que j'acceptais!

La rencontre eut lieu au premier dans la petite salle des visiteurs. Quand je la vis si belle, si fraîche, et bronzée comme le café, mon cœur faillit jaillir de ma poitrine. Je m'apercevais que, dans une partie de moi, rien n'avait changé. J'avais eu beau essayer de l'oublier, je l'aimais toujours autant, même beaucoup plus qu'avant. Malheureusement, j'avais encore de fausses réserves et je n'arrivais pas à lâcher prise. Je fus donc incapable de lui dire clairement que je l'aimais. Nous convînmes néanmoins de nous revoir, un de ces quatre, après ma sortie.

La visite de Michèle me fit l'effet d'un électrochoc. Un vrai, celui-là! Dans les jours qui suivirent, je me sentis pleinement revivre, quelque part au-dedans de moi. Le fait est que je me sentais un peu mieux, ragaillardi, un peu plus dans mon corps et moins dans ma tête.

De temps en temps, j'avais d'agréables bouffées de chaleur qui montaient et se répandaient à l'intérieur, dans cet endroit où ni l'électricité ni l'insuline n'avaient accès. J'aimais quelqu'un, j'aimais Michèle... Et, comble d'espoir, je pouvais à nouveau le ressentir. Voilà qui me changeait des affres et des vertiges du grand vide, de la tristesse du matin jusqu'au soir, avec pause pour la nuit et retour au grand vide le lendemain matin. Voilà qui chassait un peu les idées morbides, et toute la mélasse de mes peurs confondues.

Cela fit en sorte que, même si je souhaitais que ça finisse au plus vite, je m'efforçai vaille que vaille de trouver du positif dans le rituel de l'insuline, une routine qui durait déjà depuis six semaines, toujours la même : injection au petit matin, réveil et coma de deux ou trois heures, réveil au glucose, douche et double portion de nourriture. Sport et ergothérapie – peinture avec les doigts – complétaient l'après-midi.

Mais j'avais beau y mettre du mien, la cure n'était pas du tout l'aubaine suggérée par le docteur O. C'était brutal. Extrêmement! C'était quelque chose de sournois et de capricieux, qui pouvait dégénérer en tout temps. Effectivement, pendant les heures que durait le coma, l'infirmière et un des préposés surveillaient en permanence nos signes vitaux. Un accident cardiaque, une chute de pression, une baisse de température pouvaient survenir à tout moment et transformer notre coma en aller simple pour l'au-delà.

C'était déjà arrivé avec un homme qui avait une malformation cardiaque congénitale. Un autre, qui avait une malformation au pancréas, avait bien failli y rester lui aussi. Autant de raisons qui faisaient que la chambre 275 était munie d'appareils d'oxygénothérapie et de réanimation dernier cri.

En plus d'être attentifs à l'endormissement et au coma, le personnel devait être très vigilant pendant la délicate étape du réveil. C'était une période cruciale, et il arrivait assez souvent que des patients, à commencer par mon voisin Henri, fassent des crises de délirium, ou encore qu'ils fassent preuve de violence contre eux-mêmes ou contre le personnel soignant.

Un matin d'août, je fus réveillé plus tôt que d'habitude, à cause notamment d'un problème d'arythmie cardiaque. En sortant de l'enfilade de mes longs couloirs intérieurs, je me sentais tout à coup animé d'une force incroyable, comme si rien ni personne ne pouvait me résister.

Je m'aperçus, en me réveillant, que j'étais en train de soulever le gros préposé Réal avec mes bras. La seconde d'avant, Réal avait tenté sans succès de m'immobiliser avec son gros ventre. Il fallut l'intervention musclée de Jean-Claude pour qu'ils arrivent enfin à me garder allongé sur mon lit. C'est dire la force que j'avais déployée.

Invoquant un phénomène de pulsions intérieures, l'infirmière me parla d'une manifestation secondaire courante. Elle m'expliqua que, naguère, on enfilait des camisoles de contention aux patients pour les garder allongés, en lieu et place des préposés.

Comme pour illustrer ses propos, mon compagnon,

Pierre, se mit à souffler et à cracher comme un serpent acculé dans un coin, en plus de se contorsionner violemment dans tous les sens. Les deux préposés se ruèrent et le plaquèrent au lit de longs moments.

Puis ce fut Henri qui commença par débiter une litanie de grossièretés. Il se tordait comme un ver au bout d'un hameçon. En émettant un rire quasi hystérique, Jean-Claude l'encouragea à en dire davantage. Le jeune homme faillit tomber de sa couche et on dut se mettre à deux pour le calmer. Aussitôt, Pierre récidiva en jaillissant de son lit comme un zombie-surprise.

L'infirmière et les préposés ne savaient plus où donner de la tête. Plus ça allait, plus ça devenait loufoque, grotesque, surréel. Là, j'eus cet autre flash de Tintin dans *Les Sept Boules de cristal,* où l'on voit les infirmières affolées tenter de calmer les savants pris de folie sur leur lit d'hôpital. J'étais ahuri, abasourdi par ce que je voyais.

Va pour Henri, j'étais bien au fait de ses délires! Mais c'était la première fois que je voyais le calme et stoïque Pierre donner un tel spectacle. Surtout, c'était la première fois que je pouvais juger des effets de l'insuline sur quelqu'un d'autre, l'insuline avec tout ce que ça avait de puissant, d'insolite et d'effrayant comme traitement.

Plus que jamais, je souhaitai vivement que la cure arrive à son terme. Je priai aussi très fort le dieu des abîmes et de la dépression pour m'en sortir indemne.

Je n'étais pas le seul à prier. Un peu plus tard, Michèle m'avoua ses craintes et ses angoisses, notamment après avoir vu un film dans lequel un psychiatre fou tuait ses victimes en les piquant à l'insuline.

On arriva à la mi-août et il ne me resta plus que deux semaines d'insuline à tirer. À cause de l'appétit immodéré provoqué par la substance, j'accusais maintenant un poids record de cent quatre-vingt-dix livres. Avec mes joues pleines et mon corps soufflé, j'étais rendu très loin du militant famélique qu'on avait admis en avril. J'avais pris quarante livres, rien de moins, et j'avais beau jogger, aller au gymnase, me faire suer, rien n'y faisait. Je n'arrêtais pas de prendre du poids. J'étais continuellement envahi par une faim insatiable et morbide, que n'arrivaient pas à combler les repas en double et l'abondance de fruits et de jus, pas plus que la panoplie de gâteaux et de sucreries dont nous nous gavions à la cantine. La faim était un vrai supplice de Tantale.

Pire, on nous donnait de la crème glacée à volonté afin de prévenir les chutes de pression inhérentes à l'équilibrage du sucre, des baisses de tension sournoises et fréquentes, qui nous valaient d'être accompagnés l'après-midi par nos anges gardiens du matin.

Le temps passant, j'étais devenu l'un des plus anciens patients de Roy-Rousseau, et l'insulinothérapie, du fait de son exotisme, ajoutait beaucoup à mon statut d'ancien, surtout auprès des patients nouvellement arrivés.

Ils étaient facilement reconnaissables au pyjama réglementaire, de même qu'à leurs incessantes et naïves demandes. On les entendait continuellement piailler :

— Docteur, docteur, est-ce que je vais pouvoir sortir en fin de semaine?

C'était là une litanie qu'on entendait dans neuf cas sur dix, une complainte qui témoignait généralement d'une coupure totale d'avec la réalité, d'un état de psychose bien installé. Et c'était là un discours qui n'avait jamais été le mien.

Par ailleurs, même si j'avais eu très tôt carte blanche pour effectuer des sorties, j'avais préféré rester encabané durant mes trois premiers mois, et ce, à cause de ma peur panique du regard des autres, de leur jugement. Je m'étais fait à l'idée qu'il me fallait faire mon temps seul, et que c'était très bien comme ça.

Du fait de mon séjour qui s'éternisait, mon entourage se renouvelait constamment, de sorte que, à l'exception de Pierre et d'Henri, je ne comptais qu'un seul autre ami. C'était Jacques, un gars un peu plus âgé que moi qui avait échoué à Roy-Rousseau en raison d'une sévère dépression et d'un état d'épuisement chronique. C'était un gaillard fort sympathique et très attachant, un gars qui devint un précieux confident doublé d'un authentique frère d'armes.

Vers la mi-août, toutefois, l'humeur de Jacques chuta de façon dramatique, tant et si bien qu'on lui proposa une nouvelle série d'électrochocs, une proposition dangereuse s'il en est, compte tenu du temps requis pour bien récupérer d'une série de tels traitements et du fait que Jacques avait reçu sa première séquence en même temps que moi, en juin et juillet.

N'empêche que, à ma grande surprise, Jacques accepta, ce qui illustrait fort bien tout ce qu'on peut être prêt à endurer pour se sortir la tête de l'eau, en plus de mettre en relief toute la voracité, toute la férocité du système de Roy-Rousseau. C'était une politique curative, une philosophie qui tenait bien plus compte de ratios à atteindre que de questions d'éthique ou de considérations humaines.

Le cas de mon ami Jacques témoignait aussi d'une équation très primaire, et d'autant plus odieuse. L'électrothérapie et l'insulinothérapie étant deux thérapies coûteuses, on ne pouvait tolérer d'espaces blancs. Il fallait que la machine roule. Et, croyez-moi, elle roulait, la machine!

Avec la mi-août arriva aussi Claude. Ce dernier, une vague connaissance du cégep, n'en décida pas moins de s'évader au bout de quatre jours seulement. Plus tard, j'appris par un pharmacien que l'homme avait été admis à l'urgence de Robert-Giffard après avoir tenté de se trancher le pénis. Rien de moins!

Ce récit d'horreur marqua nombre d'esprits, en plus de s'ajouter à l'histoire des deux sœurs jumelles admises dans la même unité et qui, après plusieurs tentatives de suicide, avaient finalement réussi à s'immoler par le feu. Autant d'histoires abracadabrantes, déformées et colportées depuis la grande maison grise, mais qui eurent pour effet d'espacer mes incursions de l'autre côté.

Ce fut aussi à la mi-août que frappa la tornade Donald, un jeune patient hyperactif et légèrement déficient, originaire de Saint-Ubald, dans Portneuf, un gars qui, en temps normal, lavait des *chars* pour son garagiste de père et qui était venu pour son *tune up* annuel, comme il se plaisait à nous le claironner.

Véritable bombe ambulante, premier levé et dernier couché, le bougre était l'incarnation même du mouvement perpétuel. Il monopolisait l'attention de l'étage au complet. Nous prenions même un malin plaisir à le comparer au *Tasmanian Devil* dans *Bug's Bunny*.

Entre autres, le gars avait l'habitude d'arriver en trombe et de lancer, après quelques instants de verbiage effréné. «Mais qu'est-ce que je disais, déjà? Qu'est-ce que je fous ici, moi? Vous le savez, les gars?» C'était alors des hurlements de rire. Et nous en redemandions.

Et l'énergumène se mettait à vroumvroumer, à pimponner, il faisait crisser ses espadrilles au plancher et repartait faire des courses d'autos dans les corridors, les chambres et les ascenseurs, tout cela au grand dam du personnel et de ce ceux qui faisaient la sieste.

L'exubérance et l'extravagance étaient quelque chose d'organique chez Donald. Et, plus il était menacé des pires sévices, plus il en rajoutait. Donald n'avait besoin ni d'électrochocs ni de médicaments. «C'est un naturel...» me confirma un jour le psychologue maison.

Pour sûr, Donald était un être d'exception, un garçon à la fois très pur et très vulnérable dont nous prenions le plus grand soin. C'était un être dont l'allant et la bonne humeur, choses éminemment rares sur l'étage, nous rapprochaient chaque jour davantage de la sortie.

Finalement, il m'a toujours semblé que Donald, avec sa bonne tête d'ahuri de service, avait bien plus compté pour moi que l'insuline et les électrochocs réunis. C'est dire...

Un peu plus tard dans le mois, je rencontrai Loulou, une jeune prostituée de l'hôtel Saint-Roch à l'air faussement revêche. C'était en réalité une femme sensible et charmante, directement à l'opposé de la petite dure dont elle affichait la mine rébarbative.

Louise, de son prénom, était à Roy-Rousseau pour y guérir de sa pharmacodépendance, et aussi pour prendre congé de son jules, un petit mec réputé batteur de femmes, un goujat, un malappris que j'avais souvent croisé au cabaret Saint-Jacques, dans les sous-sols du vénérable hôtel.

Je connus de fort beaux moments avec la jeune femme et je découvris, pendant nos quelques promenades à travers champs, une personnalité aussi aimante que fragile, une sorte d'Irma la Douce des temps modernes qui ne demandait qu'à être aimée pour ce qu'elle était vraiment. Louise prit aussi du bon temps à la clinique. Nonobstant cet infirmier qui essaya souvent, mais en vain, de la tripoter, son séjour à Roy-Rousseau se compara à des vacances. Malheureusement pour elle, son souteneur parvint à la retrouver, et Louise quitta la clinique de façon dramatique et prématurée.

Des années plus tard, cette femme fut à l'origine d'un reportage que je réalisai sur la question de la prostitution féminine à Québec[27]. Son souteneur, lui, fut tué dans une sordide affaire de règlements de comptes.

L'été tirait à sa fin et la grève du personnel paraissait bien loin derrière. Les gens n'en avaient plus que pour la super série de hockey entre le Canada et la Russie. On parlait alors de la série du siècle. Ce tournoi allait se jouer des deux côtés de l'Atlantique. C'était censé barder et tout le monde s'accordait pour dire que les « camarades » n'avaient aucune chance. Imaginez!

Septembre se pointa et le docteur O. nous annonça la fin de l'insulinothérapie. Encore une semaine et nous pourrions rentrer chez nous. Plutôt que de provoquer un délire de joie, l'annonce me laissa indifférent, comme blasé, même si la fin de la cure, après une cinquantaine de comas artificiels, me procurait un indicible soulagement, même si j'avais retrouvé le bonheur de pouvoir enfin m'endormir tranquillement le soir, pour me réveiller normalement le lendemain.

À la vérité, j'avais beau pouvoir faire ce que bon me semblait, je ne savais pas quoi faire de ma liberté retrouvée et j'avais toujours autant de difficultés avec l'effroyable dépression qui m'était tombée dessus. En fait, je n'arrivais pas à faire le deuil de cette partie de

---

27. En mars 1982 paraissait dans le journal *Le Soleil* une série de trois articles de fond sur la prostitution à Québec. C'était une première et c'était un reportage que j'avais fait en lien avec le programme de certificat en journalisme de l'université Laval. Loulou de la basse-ville était l'une des principales répondantes du reportage en question.

moi qui avait cédé, qui s'était effondrée. Surtout, j'avais toujours l'horrible impression qu'il était trop tard et que, quoi que je fasse, je ne retrouverais jamais mes moyens d'avant. Aussi, je me comparais sans cesse aux autres et je leur trouvais toujours plus de caractère que moi. Enfin, à ce carrousel de pensées tristes et moroses venait s'ajouter mon obsédante peur crasse de la folie, une hantise qui faisait qu'à toute heure, à tout moment, il me fallait me prouver que je n'étais pas devenu fou, que je n'avais pas traversé, que j'étais encore sain d'esprit.

Bref, ma confiance et mon estime de soi étaient complètement à zéro, de sorte que je ne voyais pas du tout ce que j'allais faire de bon à l'extérieur. Si tout le monde se réjouissait pour moi, pour ma part, je n'arrivais pas à me sentir heureux de ce dénouement.

Le départ approchait et mon angoisse, elle, ne faisait qu'augmenter. Je voulais seulement qu'on me laisse tranquille, qu'on me laisse récupérer, qu'on me foute la paix. Je voulais seulement qu'on me laisse végéter dans mon coin. Je ne voulais plus voir personne, pas plus le docteur qu'un autre. D'ailleurs, tout avait été dit entre lui et moi, ce qui faisait que j'évitais systématiquement les rencontres du matin.

Par chance pour moi, Véronique, une petite infirmière aux grands yeux tristes, réussit à me ramener la tête dans le corps. Un matin que j'étais affalé au solarium, elle me servit ces paroles simples :

— Gilles, lâche prise. Y en a des pas mal pires que toi, ici. T'es chanceux, toi. Tu t'en sors bien. Eux autres, c'est moins sûr...

Ce disant, elle me montrait les patients éparpillés dans la pièce. Parmi les personnes désignées se trouvait Louis, un jeune homme de Sillery qui avait sérieusement tilté et qui avait l'habitude de s'acharner bruyamment sur le piano de service. De son propre aveu, le gars cherchait l'harmonie parfaite, l'ultime cantate, au grand dam des abonnés de la chaise berçante, bien sûr.

Louis, dont le père avait été ministre, était toujours en pyjama après trois semaines. À l'exception d'un avoué de la famille, on ne lui connaissait pas de visiteurs. Toutes choses qui me l'avaient rendu sympathique.

Monsieur F., à côté, n'était pas en reste, avec ses airs de vieux bougon taciturne. C'était un homme de Roberval avec qui j'aimais bien faire des marches aux alentours. Avec ses treize mois d'hosto, le gars détenait un record d'ancienneté, un exploit qui désespérait le service social chargé de lui trouver un foyer d'accueil.

Calé dans son fauteuil, un peu en retrait, se tenait aussi un jeune Amérindien orphelin prénommé Daniel, qui m'avait montré à jouer au billard et sur qui la grosse sœur Gemma avait jeté son dévolu. Du fait de ses origines, il m'avait toujours semblé que Daniel était doublement seul, doublement abandonné.

Il y avait James, un chrétien reconverti issu d'une riche famille de Québec. Le pieux homme était sincèrement accro aux messes et aux anesthésies au briéthal, en plus de se vanter, avec une trentaine d'électrochocs en ligne, de détenir le record de la discipline.

Un peu plus loin, enfin, somnolait Julien, dit le Robinson de l'espace, un jeune homme qui s'était joyeusement défoncé à l'acide et aux solvants et qui, calculette en mains, dessins à l'appui, s'employait à démontrer que la théorie de la relativité était de la petite bière à côté de ses voyages dans l'espace-temps...

Louis, monsieur F., Daniel, James, Robinson... Tous de conditions sociales différentes, mais de pareilles misères, des gens que la dépression et la psychose avaient réunis pour un temps, des gens souffrants, tourmentés, bouleversés, effroyablement confus dans leur tête.

Des hommes que la maladie avait ramenés à cette vérité aussi cruelle qu'impitoyable : on naît seul et on meurt seul. Mais, entre les deux, il y a aussi la maladie qu'on doit affronter seul. Et, de toutes celles-là, la maladie mentale est probablement la pire, la plus redoutable, la plus désespérante, parce que cette maladie s'attaque au fondement même de notre identité, à l'essence même de ce qu'on est.

Quand même... Les paroles simples et touchantes de l'infirmière m'avaient profondément ému, tant et si bien que, deux jours après, ma vie continuait, mais dehors[28].

Mon arrivée chez mes parents à Lac-Beauport se fit en catimini. Néanmoins, je vis tout de suite qu'on avait achevé les rénovations du petit casse-croûte familial attenant à la maison. Ce resto qui faisait la fierté de mon père et le cauchemar de ma mère était le rendez-vous de toute la faune locale : voisins, camionneurs, travailleurs saisonniers et autres, de sorte que, pendant mes deux premières semaines de convalescence, j'évitai soigneusement d'y mettre les pieds. Je ne tenais pas à être vu et, mis à part mes parents et Daniel, mon plus jeune frère, je ne voyais à peu près personne. J'avais bien trop honte de ce qui m'était arrivé et du paria que je croyais être devenu.

Je me contentais donc de manger, de dormir et d'avaler mes médicaments, tout en respectant très scrupuleusement la posologie, même si je redoutais en diable l'effet marteau du Nozinan, un médicament qui me rappelait douloureusement l'endormissement au briéthal ou à l'insuline.

---

28. Sommaire du premier séjour : voir notes du docteur O., en annexe.

Il me suffisait d'exister. Mon entourage respectait mon silence, et mon père, chose peu courante, faisait montre lui aussi d'une surprenante délicatesse.

De temps à autre, je recevais un coup de fil de mon ami Jacques, rescapé de sa deuxième série d'électrochocs, et nous commentions les déboires de l'équipe de hockey canadienne. Évidemment, je n'avais pas le courage d'appeler mes vieux potes de travail et je ne me décidais pas non plus à relancer Michèle. J'avais bien trop peur d'essuyer une rebuffade.

Un jour – ce jour ô combien redouté –, ma mère décida de recevoir tout son monde à souper. Mon retour après cinq mois d'absence servait d'officieux prétexte aux agapes. Les retrouvailles eurent lieu un dimanche. Bien que tout le monde fît un gros effort pour me témoigner des attentions, l'atmosphère demeurait lourde et je m'en sentais directement responsable. Pour tout dire, je me sentais sur des charbons ardents et j'avais très hâte que le repas finisse.

À un certain moment, je me sentis tellement pris de panique que je dus battre en retraite aux toilettes. Là, en voulant prendre du Nozinan, je remarquai l'innocent petit flacon de Valium, avec son étiquette qui affichait : *À prendre si anxiété.*

Une fois n'étant pas coutume, j'avalai sur-le-champ deux petits comprimés jaunes. L'effet ne tarda pas à se manifester. Après quelques minutes seulement, j'étais déjà assez bien pour affronter les convives. Au bout d'un quart d'heure, je flottais littéralement.

Le feeling était génial, presque parfait. Je me sentais revivre, je redevenais moi, Gilles, celui-là même que tous les convives avaient connu. J'en aurais pleuré, tellement j'étais bien. Ça faisait si longtemps que je n'avais pas eu l'esprit aussi clair, que je n'avais pas éprouvé d'aussi agréables sensations! Sérieusement, ça devait faire au moins dix ans. Ça remontait à ces moments d'euphorie intense qui avaient accompagné mes premières consommations d'alcool, à cette époque où, adolescent, je découvrais les frissons des premières ivresses et où, comme Marguerite Duras, l'alcool me rendait égal à Dieu.

En cours de banquet, mon père nous servit, comme à son habitude, un long et dévastateur sermon sur la déchéance des joueurs de hockey canadiens. Fort de ma nouvelle arme secrète, je réclamai la parole tout de suite après lui.

Moment de silence et de stupeur dans l'assemblée... qui fut bien vite suivi, après mon brillant laïus, par de nombreux applaudissements.

Porté par l'effet magique du Valium, je jubilais littéralement. Mieux, en pensant aux jours meilleurs qui s'annonçaient, j'exultais, je côtoyais l'extase.

Pourtant, quelque part en moi, une petite voix avait déjà commencé à rouspéter, à vouloir m'avertir des dangers d'accoutumance. Une petite voix voulait me sonner des cloches.

Mais je n'en avais cure. J'avais déjà bien trop souffert et j'avais déjà assez donné, merci! Finies les abominables montées d'angoisse, les crises de panique abhorrées. Finies l'introspection et les horribles peurs qui viennent avec. Finis la culpabilité merdique et l'ego qui n'en finit plus de se morigéner. Sisyphe et son rocher, cet abominable sentiment de rouler dans le vide et de toujours recommencer à zéro, c'était assez.

Tout ce que je savais maintenant, c'est que j'avais la maîtrise de la situation. À portée de main, au fond de ma petite poche, j'avais la solution à tous mes problèmes, quels qu'ils soient. Les autres n'avaient qu'à bien se tenir.

Ce que j'ignorais, en fait, c'était que je venais d'ouvrir une boîte de Pandore, de donner à fond dans un des pièges les plus pernicieux qui soient. La pharmacodépendance, ça s'appelle... Une aventure catastrophique, cauchemardesque, qui allait durer trente ans. Et qui faillit m'emporter pour de bon.

CHAPITRE 4

Trahison!

Roy-Rousseau, 18 décembre 1975

Je végète tranquillement dans la salle d'attente de Roy-Rousseau. Je suis là pour ma rencontre bimensuelle avec le docteur O., un rituel auquel je m'astreins depuis que je suis sorti de clinique il y a trois ans.

Nous sommes cinq dans la minuscule pièce et chacun regarde pesamment le bout de ses semelles. Une jeune femme en jaquette s'amène dans un léger crissement de pantoufles. Elle est venue se rappeler à quoi ressemblent les gens du dehors, et peut-être aussi ce qu'était sa vie avant son internement. Elle soliloque doucement et regarde partout en tripotant nerveusement la courroie de sa grande sacoche vide.

La seule note de légèreté dans la salle est une branche de sapin remplie de glaçons scintillants, accrochée à côté d'un grand crucifix noir. La décoration fleure bon la résine et rappelle que Noël arrive dans peu.

Je vais bien. Je vais même très bien. Michèle et moi sommes redevenus un couple depuis trois ans. Il y a peu à en dire, si ce n'est que nous nous aimons. C'est beaucoup. Nous habitons un petit logement sur l'avenue Royale, à la limite de Giffard et de Beauport, près de la Côte-des-Pères. Nous y recevons régulièrement des amis pour souper, jouer aux cartes, prendre une bière et délirer pendant le hockey.

Il y a un an, nous découvrions le Mexique et ce fut un fabuleux périple. Une odyssée de mer, de soleil et de montagnes pendant laquelle j'ai élaboré un reportage sur les mythiques plongeurs de La Quebrada, à Acapulco.

Nous avons aussi un gros chien Saint-Bernard, censé répondre au nom de Bacchus, un chien que j'ai voulu élever de façon non directive, en m'inspirant des théories de Carl Rogers [29]. Le résultat est une vraie catastrophe.

Michèle fait des sciences politiques à Laval et je travaille à l'écriture d'un roman depuis plusieurs mois. Nous vivons grâce aux prestations d'assurance-chômage accumulées alors que j'étais journaliste au *Journal de Québec*, un bon job qui m'aura permis de côtoyer les Jos Hardy, Fernando Lemieux, Lionel Gallichan [30] et autres légendes du métier et qui m'aura amené par ricochet à publier un portrait de l'hôtel Saint-Roch et de la prostitution, dans le deuxième numéro à vie du journal communautaire *Droit de parole* [31].

Ma conjointe et moi sommes depuis quelques années des militants d'En Lutte!, une organisation qui entend doter la classe ouvrière du Québec d'un parti communiste.

Nous vendons le journal d'En Lutte! un peu partout et nous proposons le programme du futur parti aux abords d'endroits tels Ciment Saint-Laurent ou Anglo Pulp, de même que dans le mail Saint-Roch et les quartiers de la basse-ville de Québec.

---

29. Psychopédagogue américain inventeur de la méthode du non-directivisme.

30. Jos Hardy, Fernando Lemieux et Lionel Gallichan, trois journalistes chevronnés de la génération précédant la mienne. Aujourd'hui décédés, ils ont notamment travaillé au *Soleil*, au *Journal de Québec* et à l'*Action catholique*.

31. Journal communautaire et populaire du centre-ville de Québec, fondé en 1974.

J'ai beau faire du zèle et atteindre des records de vente – j'achète même mes propres journaux –, je ne parviens pas à être autre chose qu'un soldat de deuxième classe. Michèle, grâce entre autres à ses ardeurs féministes, réussit beaucoup mieux que moi dans l'organisation. Grand bien lui fasse!

J'ai lu passablement de choses sur l'antipsychiatrie, et aussi sur tout ce qui touche la remise en question du système asilaire. J'ai lu et relu *Les fous crient au secours*[32], *Corridor de sécurité*[33] et *Guérir la vie*[34].

Et j'ai un discours qui se réclame des Michel Foucault[35], Roger Gentis, Plekhanov[36] et autres grands bonzes de la question. Une joyeuse courtepointe de théories que le docteur O. a l'habitude d'écouter de façon polie, sans jamais trop vouloir en découdre.

Tout au plus m'arrête-t-il de temps à autre pour me dire que, plus jeune, il aurait peut-être adhéré à mon idéal. Mais, l'utopie, c'est une chose. La réalité en est une autre. Voilà ce qu'il me dit toujours.

Dans la salle d'attente de Roy-Rousseau, une grande dame à l'air pincé est venue rejoindre la jeune femme en pantoufles. En réprimant difficilement un sanglot, celle-ci s'accroche à la visiteuse, qui pourrait bien être sa mère. Elles disparaissent dans une pièce un peu en retrait. La salle redevient silence et je replonge dans le flot bouillonnant de mes pensées.

---

32. Un livre de Jean-Charles Pagé, 1961, Éditions du Jour.
33. Un livre de Philippe et Ednée Koechlin, psychiatres français, paru en 1974 aux éditions Maspéro.
34. Un livre de Roger Gentis, psychiatre français, paru en 1974 aux éditions Maspéro.
35. Philosophe français, auteur de nombreux ouvrages sur l'asile et la prison.
36. Socialiste russe, principal divulgateur des idées marxistes en Russie, auteur de quelques traités sur la folie.

« Bon ! Je vais très bien, mais j'ai un fichu problème... Je prends trop de Valium. Beaucoup trop, même. Au début, il y a trois ans, je minimisais le problème. Je me disais que ce n'était pas grave, qu'au bout d'un certain temps j'allais pouvoir me passer de la béquille. Même que je m'étais vendu l'idée de pouvoir arrêter quand bon me semblerait. Évidemment, j'avais tout faux. J'en prends le matin, le midi et le soir.

« Le matin, je profite de la combinaison café-diazépam[37] pour être bien éveillé, pour avoir du chien dans le corps. Le soir, j'avale du Valium pour être sûr de m'endormir, pour ne pas faire de sauts pendant mon entrée dans le sommeil et aussi pour ne pas me réveiller en apnée. J'en prends aussi pour juguler mes peurs et mes angoisses et pour réguler mes crises de panique.

« Il m'en faut pour conduire l'auto, sans compter celles que je dois prendre pour avoir les idées claires, les lendemains de veille. Ce qui ajoute au problème, aussi, c'est qu'il y a de plus en plus de lendemains de veille.

« Je bois beaucoup. Plus que de raison. Et je n'ai pas vraiment l'intention d'arrêter. C'est que, quand je manque de Valium, je compense avec de l'alcool.

« Comme avec le café, je sais maintenant à peu près tout de la combinaison du diazépam avec l'alcool. Je dis à peu près, parce que ça m'a déjà joué de bien vilains tours, comme la fois où je me suis endormi avec ma cigarette après une dure soirée au journal terminée par quelques grosses bières. Si Michèle n'était pas intervenue, on nous aurait trouvés morts, le gros Bacchus et moi.

---

37. Anxiolytique de la famille des benzodiazépines. Combiné à la caféine, le diazépam procure un effet particulier.

« Il y eut aussi cette fois où, à cause d'un mauvais dosage de l'alcool et des pilules, j'ai embouti la rutilante Chevrolet décapotable de deux jeunes mariés, et cette autre fois, enfin, où j'ai défoncé la vitrine d'une pharmacie en confondant l'accélérateur et le frein. Faut le faire!

« J'enfourne encore des Valium pour écrire inspiré, pour mieux parler en public, pour bien faire l'amour avec ma blonde et pour affronter ma belle-famille le dimanche. En fin de compte, j'ai besoin des petites pilules jaunes pour tout. Pour respirer, pour jouir, pour vivre, pour être tout simplement.

« *Ma vie est devenue une grosse pilule jaune!* Voilà le titre du livre que j'aurais parfois le goût d'écrire. Et que j'écrirai sûrement un jour. »

J'en suis là dans mon examen de conscience quand un sanglot déchirant retentit dans le réduit d'à côté. Je vois la jeune femme en jaquette s'agripper désespérément à sa mère et essayer de l'empêcher de partir. Ses lamentations sont bouleversantes. Personne ne sait comment réagir dans la petite salle. Finalement, échevelée, abandonnée, elle se livre en pleurnichant aux préposés appelés en renfort. Plus tard, elle m'avouera que la visiteuse était sa conjointe.

Sourire en coin, le docteur O. m'écoute depuis un bon moment. Le fait est que je discours des mérites de l'antipsychiatrie et j'en discute férocement, âprement, avec un luxe d'énoncés et de comparatifs de toutes sortes, citant Gentis et Foucault à tire-larigot.

J'essaie seulement de prouver au bon docteur que la psychiatrie moderne n'est rien d'autre qu'une discipline normative et répressive, une philosophie du guérir qui s'articule en fonction des valeurs de production du système capitaliste. Pas autrement...

Je voudrais bien qu'il admette que son commerce n'est rien d'autre qu'une sorte de thaumaturgie sophistiquée qui l'amène, lui, à jouer le rôle d'un contrôleur, d'un régulateur social et qui fait de lui et de ses pareils des chiens de garde des valeurs bourgeoises occidentales.

Évidemment, je n'ai pas la prétention de le convaincre. Ce que je veux surtout, c'est lui faire comprendre qu'il ne peut plus me faire n'importe quoi, n'importe comment, que les électrochocs, l'insuline, la pharmacopée genre petite chimie amusante, c'est fini. *Niet! Kaput!*

Le sourire du docteur O. disparaît lentement, et la conversation dévie sur le roman auquel je travaille. Et moi d'exhiber devant le médecin ahuri l'épaisse liasse de feuillets dactylographiés qui me tient lieu de manuscrit. Et celui-ci d'échapper un sifflement admiratif en feuilletant l'amoncellement de pages.

J'en profite pour aborder en douce mon problème de surconsommation de diazépam. Le docteur O. m'écoute en hochant la tête d'un air entendu, et son petit sourire carnassier revient. Il se lève et pose théâtralement ses deux mains sur la pile de copies.

— Donne-moi quinze jours, pis je te les enlève, tes maudites Valium!

Ravi, mais un peu abasourdi quand même, je veux en savoir davantage. Le médecin enchaîne en parlant de sevrage sécuritaire et facile, de techniques de relaxation, d'antidépresseurs plus performants et de la clinique comme milieu d'encadrement.

— Un milieu idéal, ronronne-t-il, que t'as la chance de bien connaître, maintenant...

Voilà des paroles qui sonnent allègrement et qui goûtent le miel chaud. Je jauge l'affaire pendant une minute encore, pour la forme, et nous topons. C'est entendu. Sitôt les Fêtes terminées, je m'amène à Roy-Rousseau pour une quinzaine, même le temps que ça prendra. Une décision téméraire, s'il en est, irréfléchie et empreinte de pensée magique, que je regretterai amèrement par la suite.

*

J'arrivai de façon très discrète à Roy-Rousseau, précisément pendant la matinée de la fête des Rois. En arrivant, je tombai nez à nez avec la corpulente sœur Gemma qui pilotait un groupe de jeunes infirmières stagiaires. La nonne à l'imposante poitrine me gratifia d'un sourire angélique et me présenta à ses brebis comme un ancien malade en rémission, un monsieur qui avait « coopéré » intelligemment et qui, de ce fait, méritait toute la confiance de la vénérable institution.

On m'installa dans la 257, la chambre que j'avais occupée trois ans plus tôt. J'y fis la rencontre de Richard et de Benoît, deux vieilles connaissances qui commençaient aussi leur stage.

Le premier, Richard, était un solitaire timide et introverti, qui avait longtemps erré d'orphelinats en centres d'accueil. Le gars, dont le cou et les bras étaient largement scarifiés, venait épisodiquement à la clinique pour y soigner une dépression chronique et pour se faire materner par les infirmières qui l'avaient un peu adopté.

Benoît, lui, était un jeune homme grassouillet d'origine libanaise, dont les parents étaient de riches commerçants de Québec. Il zézayait ferme et ses manières étaient doucereusement efféminées. Il avait été dirigé à la clinique par sa famille, après avoir été impliqué dans une nébuleuse affaire d'incendie criminel et de triangle amoureux homosexuel.

Un quatrième larron, Julien, vint compléter notre chambrée en cours de semaine. Outre le fait d'être affecté par les syndromes de la Tourette et de Diogène, le trentenaire accusait un sérieux problème de bipolarité.

Peu auparavant, Julien avait fait les manchettes en ouvrant de nuit, par vengeance, toutes les portes des cages de la fourrière de la Société pour la prévention de la cruauté envers les animaux. L'organisme avait osé saisir deux de ses chiens malades. Condamné à purger six mois de prison, l'énergumène avait abouti à la clinique après que des codétenus excédés par ses frasques eurent fait circuler une pétition à cet effet.

Exception faite de la chambre à insuline qu'on avait fermée parce que cette thérapie était devenue obsolète, rien n'avait changé sur les étages. La petite cantine du sous-sol était toujours aussi populaire, et les alcoolos du troisième regardaient toujours ceux du deuxième avec condescendance et mépris.

Pour le reste, c'était *business as usual*, de sorte que les murs de Roy-Rousseau continuaient d'exhaler le même parfum de tristesse et de peur larvée, surtout pendant les fameux jours impairs qui fournissaient toujours leur riche et nécessaire moisson de clients pour l'électrochoc.

J'étais sous l'égide de garde T. C'était une infirmière craquante, dont les allures de vamp faisaient fantasmer tous les mâles de l'étage. Mon plan de thérapie, lui, était des plus simples. Il consistait à m'isoler pour écouter une cassette de relaxation musculaire et à m'astreindre à un entraînement personnalisé au gymnase de Robert-Giffard.

Pendant les premiers jours, tout alla fort bien. Tellement que les membres du personnel prenaient des gageures sur la durée de mon séjour. Le préposé

Jean-Claude, le premier, me voyait sorti au bout d'une semaine. C'est dire, les apparences...

Nous en étions à la troisième semaine de janvier et je continuais à me défoncer pour bien suivre le plan établi. Mon zèle me valait l'approbation et les encouragements du personnel, mais, hélas, tout ça ne donnait pas les résultats escomptés.

Je dormais peu et mal, j'étais hypertendu et, pire, un rien pouvait m'amener au bord de la crise de panique. La sensation de manque était de plus en plus présente et provoquait d'effrayants moments de confusion mentale.

L'infirmière T. et son équipe avaient beau m'exhorter à la patience, je commençais à désespérer de pouvoir être bien un jour et d'habiter sereinement ma tête. Petit à petit, aussi terrifiante à regarder qu'un précipice sans fond, une cruelle vérité faisait jour : j'avais vécu sur du moral emprunté et je commençais à en payer le prix.

Lentement, inexorablement, le sol se dérobait sous mes pieds. En même temps que mes idées noires, me revenaient par bribes les conversations avec les amis du groupe militant En Lutte! des échanges où tout le monde convenait que la dépression n'était que la manifestation extérieure d'une réalité bien plus profonde, une vérité propre à chacun qu'il nous appartenait de trouver par nos propres moyens.

Mais quelle était-elle, ma vérité? Quelle était donc cette évidence que je ne voyais pas, que je ne voulais pas voir? Et surtout, quel serait le prix à payer, si je passais ma vie à rester dans l'ignorance?

Au début de la troisième semaine, les choses se gâtèrent. C'était ma huitième journée sans et j'étais de plus en plus obsédé par la peur de sombrer à nouveau, cette même peur bleue, vive et dévorante que je connaissais trop bien et qui m'avait amené, les jours précédents, à me nourrir d'introspections aussi terrifiantes qu'épuisantes. Cette peur sonnait comme cette vieille rengaine de ma mère : « Une personne qui a déjà fait une dépression est susceptible, plus qu'une autre, de recaler en tout temps. »

J'avais beau faire, je n'arrivais pas à chasser cette idée ventouse. Et je me voyais sans cesse traversant les murs de Roy-Rousseau pour échouer à Robert-Giffard, comme ça avait été le cas trois ans auparavant pour la gourmande et blonde Ginette de la Basse-Côte-Nord.

Inquiet de la tournure que prenait ma thérapie, le docteur O. m'enjoignait chaque matin de sortir de ma tête. Mais ça m'était impossible. Plus je forçais, plus je m'enfonçais.

Mince consolation, en cas de panique ou d'anxiété trop intense, je pouvais demander du Nozinan. C'était un soulagement dont je ne me privais pas, même si j'exécrais l'effet marteau du gros comprimé brun jaune. À tout le moins, le Nozinan m'avait empêché de succomber à l'affolement total et m'avait permis de connaître des journées à peu près normales, des journées qui s'orchestraient en fonction de cet unique moment, ô combien béni, où je pouvais enfin m'abandonner aux vapeurs du médicament. Là, je pouvais lâcher prise, me laisser doucement aller, oublier un peu, dormir sans fin.

Le lundi de la troisième semaine commença donc par une sérieuse prise de bec avec l'ineffable Julien. Syndrome de Diogène oblige, il s'était mis en frais de faire de la 257 un véritable capharnaüm. Sa garde-robe étant trop petite pour ses collections de livres, bibelots, gadgets, guenilles et autres trouvailles, Julien avait grugé sur notre espace. Et j'avais dû, en dépit de ses hauts cris, faire intervenir un préposé au ménage, ce qui avait alourdi le climat déjà pesant de la chambrée.

Plus tard, je me querellais avec Michèle au téléphone, et le docteur O., lui, me refusait l'accès à son bureau.

Après souper, Julien revint à la charge avec ses récriminations. Des coups et des injures furent échangés entre lui et Benoît, et je dus empêcher Richard de lui régler son compte. C'était là autant d'émotions négatives qui s'ajoutaient à une journée pénible et qui m'amenèrent au bord de la crise d'hyperventilation.

Voulant éviter le pire, j'atterris en catastrophe au comptoir du deuxième et je tombai pile sur garde M., laquelle venait d'officier pour la cérémonie des médicaments du soir. Cette quadragénaire à la large poitrine, de stature altière et d'allure compassée était l'incarnation même de l'infirmière Ratched dans le film *Vol au-dessus d'un nid de coucou*. Je parle ici du chef-d'œuvre de Milos Forman, qui faisait un tabac à Paris et que je ne verrais que deux ans plus tard.

La grande infirmière au langage précieux ne m'avait pas à la bonne et je le lui rendais bien. J'étais certain qu'elle me haïssait à cause de mon plan de thérapie unique, lequel me donnait presque toute liberté, en plus de faire de moi une exception à la règle *roy-rousseauienne*. J'étais certain que ça horripilait profondément la bonne femme, qui se faisait un point d'honneur de faire respecter le règlement à la lettre.

En me voyant surgir pâle et déjà suffoquant, l'infirmière à la coiffe impeccable eut peine à réprimer un sourire de joie féroce. Elle feignit d'abord de m'ignorer, bien que le comptoir fût libre d'accès. Ensuite, assez fort pour que tous entendent – dans le but manifeste de m'humilier –, elle y alla d'un suave prêchi-prêcha sur les conséquences de l'abus de médicaments. Elle m'obligea finalement à justifier ma demande de Nozinan, rien de moins.

— Parce que, voyez-vous, monsieur Simard, insinuat-elle perfidement, je lis ici que vous êtes censé verbaliser vos émotions avant de prendre le comprimé.

Je l'aurais volontiers étranglée, précisément comme McMurphy fait à l'infirmière Ratched dans le film. Hélas! mon désarroi était tel que je n'eus d'autre choix que de m'abaisser à lui raconter ma journée, ce qui la fit se trémousser d'aise derrière la baie vitrée du comptoir.

L'humiliation avait été cuisante et je m'abstins, pendant les autres soirées où M. officia, de prendre quelque médicament que ce soit, une décision qui me valut de pénibles souffrances, mais qui me procura une intense satisfaction, celle de faire un royal pied de nez à la mégère, devenue pour moi la reine des salopes.

J'atteignis tant bien que mal ma quatrième semaine, et le docteur O. commença à me parler de sortie, une étape que j'appréhendais au plus haut point. En fait, je n'osais pas encore me l'avouer ouvertement, mais je ne voyais pas comment je pourrais affronter le monde sans diazépam.

Bien sûr, chez moi, je serais dans mon milieu naturel et je pourrais pratiquer la relaxation à volonté, mais comment ferais-je, sans Valium, pour ne pas céder à la panique? Comment ferais-je, au lendemain d'une ou plusieurs nuits blanches? Pendant une réunion de militants? Ou même, pendant une entrevue d'embauche? Sans Valium, comment trouver l'inspiration et la sérénité nécessaires à l'écriture de mon roman? Avec l'ajout du Nozinan et d'autres antidépresseurs, quelle allait être la qualité de nos rapports sexuels, à ma conjointe et moi? Et surtout, en cas de coup dur, comment faire, sans Valium, pour ne pas perdre la face devant Michèle ou devant mes proches?

Comment leur faire comprendre que la réalité

du cinglant journaliste, de l'écrivain prometteur ou du baroudeur rebelle d'En Lutte! était tout autre que ce que l'on pouvait bien imaginer? Que derrière ces personnages se cachait un enfant abandonné, un garçon humilié, trahi, apeuré, en perpétuelle quête d'amour et d'approbation? Un être immature, comme le sont tous les dépendants affectifs et tous les codépendants affectifs de ce monde[38]?

Telle était donc cette vérité qui était la mienne, à ce stade de ma vie, une réalité cruelle et contraignante, qui me ravageait l'intérieur comme un acide malfaisant et dont, finalement, je ne saisirai un peu l'essence que vingt-cinq années plus tard, quand je commencerai à comprendre le phénomène des blessures de l'enfance et que, pour en guérir, je travaillerai à développer ce trésor tellement personnel qu'est l'estime de soi.

Un après-midi, à trois jours du départ, je me retrouvai dans la petite salle d'attente du premier étage, en compagnie de quelques patients de l'extérieur. J'avais fini par me faire une raison et, pour mieux réussir ma sortie, j'étais venu voir à quoi ressemblaient les gens du dehors.

J'étais assis là, ruminant paisiblement, quand Henri, mon vieux pote d'insuline de 1972, vint s'asseoir en face de moi. Je l'interpellai joyeusement. Mais le jeune homme resta de marbre et fit celui qui ne me connaissait pas.

— Ben voyons, Henri, la 275, il y a trois ans... Toi, moi, Pierre, Jean-Claude, garde L., tu ne peux pas avoir oublié, quand même!

Il me toisa de façon hautaine et déclara qu'il répondait au prénom de Simon, et non à celui d'Henri.

---

38. Le dépendant affectif a besoin du regard de l'autre pour se sentir important. Le codépendant, lui, a besoin de sentir qu'il est important pour l'autre.

Interdit, ne sachant trop s'il s'agissait d'une blague ou d'un malentendu, j'insistai. Mais le ton de mon vis-à-vis devint tel que je dus battre en retraite.

Était-ce sa schizophrénie qui avait amené Henri à changer de nom? Était-ce une résultante des amnésies consécutives aux électrochocs ou à l'insuline, ou bien était-ce là une façon de faire table rase du passé, une façon d'oublier ses souffrances et de repartir à neuf?

Voilà autant de questions qui se bousculaient dans ma tête quand je regagnai l'étage. L'infirmière T. m'expliqua alors que ce phénomène se produisait de temps à autre. Il arrivait parfois, entre deux cures ou après un choc psychique, qu'une personne veuille changer de nom, voire de sexe ou de personnalité.

Lorsque je la questionnai sur Pierre, le troisième larron de l'insuline, elle m'annonça d'une petite voix qu'il s'était suicidé il y avait peu. La nouvelle me fit l'effet d'un coup de masse. Pendant toute la soirée, je fus assailli par le souvenir de mon vieil ami de Trois-Rivières, avec une image très nette de lui qui me le montrait cigarette au bec et se berçant tranquillement.

Le lendemain matin, je n'avais plus qu'une hâte: sortir au plus vite avant de me mettre à disjoncter moi aussi[39].

*

J'étais chez moi depuis une semaine et ça n'allait déjà pas. En fait, ça n'allait plus du tout. À la longue, le manque de Valium s'était avéré aussi épouvantable qu'invivable. Ma gorge était pleine de nœuds du matin au soir et j'avais toujours la pénible impression d'être sur le point d'étouffer, de suffoquer.

---

39. Sommaire du deuxième séjour: voir notes du docteur O., en annexe.

Je n'avais pas d'appétit, je dormais à peine trois heures par nuit, et j'avais le ventre aussi pesant qu'une enclume de forgeron. À nouveau, j'avais l'horrible impression de vivre avec la tête prise en tenailles, dans un étau dont les mâchoires se resserraient un peu plus chaque jour. À nouveau, je pouvais sentir une main malveillante me broyer l'intérieur du crâne, comme celle d'un génie malin s'amusant à malaxer ma matière grise. J'avais chaud, j'avais froid, je frissonnais, j'avais le sang en feu, je suais à grosses gouttes, je grelottais, j'étais constipé, j'avais la diarrhée, et toutes sortes de symptômes contradictoires.

J'avais beau m'efforcer d'assumer les petites choses de la vie, si simples soient-elles, je n'y arrivais pas. Des petits riens comme promener Bacchus, faire la vaisselle, tenir une conversation avec ma suspicieuse de belle-sœur, laver un plancher, faire une commission, c'était suffisant pour me mettre dans tous mes états. Tout prenait un tour compliqué. Tout était difficile, laborieux. Et, plus j'allais, plus je m'emmêlais les pinceaux.

Toutes mes vieilles obsessions, dont celle d'être subrepticement devenu fou, étaient revenues en force. J'avais beau m'apitoyer, gémir, protester, blasphémer, me lamenter, invectiver mon chien, mordre mon oreiller, me masturber, hurler, faire comme si de rien n'était, me secouer, lire le programme d'En Lutte!, me masturber encore, essayer plus fort, m'arracher les cheveux, me cogner la tête contre les murs, rien ne fonctionnait.

La chose était revenue comme avant. Je vivais maintenant chaque jour, chaque heure, chaque minute, chaque seconde avec l'impression dévorante de m'enfoncer de plus en plus. Je vivais avec la certitude de m'enliser inexorablement. Je n'avais de brefs répits qu'après avoir avalé du Nozinan ou pris de l'alcool, toutes choses honteuses que je faisais en cachette, à la sauvette, loin du regard de ma blonde.

D'abord surprise et désemparée, puis de plus en plus inquiète, Michèle me regardait d'une drôle de façon, avec de la tristesse, de la consternation et même un peu de colère dans le regard. Elle ne savait plus quoi faire ni ne trouvait plus les mots pour m'encourager, pour m'aider à continuer. Elle aussi souffrait beaucoup de la situation.

Ça devenait un cercle vicieux. À cause de son désarroi, j'avais immensément honte de ce qui m'arrivait, de ce qui nous arrivait. Et je me sentais coupable doublement, parce que j'avais l'impression d'avoir failli à la tâche et que je faisais revivre à Michèle le même enfer que quatre ans auparavant.

À cause de cette propension maladive à me sentir coupable à propos de tout, il ne me serait jamais venu à l'esprit que je n'avais peut-être pas tous les torts, qu'il avait peut-être été prématuré, par exemple, de me couper le diazépam. Peut-être mon sevrage aurait-il dû être échelonné sur une plus longue période ou aurait-on pu trouver mieux que le Nozinan comme médicament de support! Hélas, je ne voyais rien de tout cela.

La seule chose dont je me rendais compte, c'était que non seulement ça n'arrêtait pas, mais ça empirait. J'étais de plus en plus avalé par la peur que j'avais si bien connue avant, pendant mon premier séjour aux enfers. La peur de traverser le mur, de capoter, d'être capoté. La peur de mourir tout le temps, n'importe où. La peur de tout et de rien, même celle d'avoir peur. Surtout, la peur de ça, cette chose horrible, visqueuse, gluante, noire mais blanche aussi, morte mais vivante aussi, putrescente mais bien en chair aussi. Une chose et son contraire, une chose qui me grugeait de l'intérieur et se nourrissait de ma raison, qui me tuait, mais qui demeurait innommable, inavouable, insaisissable.

Février de cette année-là fut des plus rigoureux, tellement qu'un beau matin, notre vieille fournaise à huile rendit l'âme. Une vieille connaissance, Luc-André Godbout, qui n'avait pas encore officiellement entamé sa carrière de ramoneur des pauvres, s'amena pour la réparer. Bien que n'ayant pas dormi de la nuit, j'étais content de revoir un de mes anciens colocataires, un ami du temps béni de ma commune politique de la rue Saint-Olivier, en 1970.

Michèle dormait encore et je regardais Luc-André s'affairer autour de l'appareil quand, subitement, je me mis à entendre sa voix au ralenti. Une voix comme décalée d'un cran. L'instant d'après, c'était le contraire. Je l'entendais bougonner en accéléré, comme un disque qui vient de passer de moyenne à grande vitesse.

Mon cœur s'arrêta de battre un instant et je me mis à suer à grosses gouttes. Je tremblais de tous mes membres et j'avais l'impression que ma tête allait exploser. Puis, mes yeux se voilèrent de rouge. Du coup, je crus que ça y était, que le moment était arrivé. C'était la minute M, la seconde S, j'avais traversé le mur de la raison. J'étais devenu fou pour de bon, complètement patraque. Sous peu, j'irais grossir la cohorte des patients de Robert-Giffard.

J'aurais d'abord des électrochocs, puis on me ferait une lobotomie. Après, j'irais rejoindre Coco et Madrier dans l'escouade des bleus. Des visiteurs viendraient et diraient, en me pointant discrètement du doigt : «Lui, c'était un président de cégep, un gars brillant, un vrai révolutionnaire des années 1970. Regarde-le maintenant. Si c'est pas malheureux!»

Mes yeux se remplirent d'eau, et je dus me retenir pour ne pas hurler. Un moment plus tard, j'étais caché dans un recoin sombre de la taverne Giffard. C'était bien le seul endroit, à défaut d'une urgence d'hôpital, où je pouvais retrouver un peu de calme.

Je descendis une grosse bière, puis une autre, puis une autre encore. Je me foutais éperdument d'avoir laissé Luc-André en plan. La seule chose qui m'importait, c'était de me retrouver comme avant, de faire baisser le niveau d'angoisse, de réentendre normalement les voix des autres comme tout le monde. Tout le reste pouvait bien attendre.

Après plusieurs pintes, je finis par retrouver un minimum de sang-froid. Je ne tremblais plus, le voile rouge s'était dissipé et mon cœur battait moins vite. J'avais maintenant les yeux en face des trous et les gémissements de la bimbo porno, à la télé, me parvenaient à vitesse normale.

Je pris alors une décision. Tout ce que j'avais enduré ces derniers temps n'avait aucun sens. Je n'allais nulle part. Ça ne pouvait plus durer. Lundi, j'avais rendez-vous avec le docteur O. et on verrait bien ce qu'on verrait. S'il le fallait, eh bien! je me ferais réadmettre à Roy-Rousseau. Ça ne pouvait pas être pire. Du moins, était-ce ainsi que je raisonnais, ce matin-là.

Malheureusement, je n'allais pas tarder à trouver bien pire que ce que je venais de vivre.

Quelques jours après la Saint-Valentin, dépité, gêné et vaguement honteux, je refaisais une entrée des plus discrètes au deuxième de Roy-Rousseau. Le docteur O. crut bon de me rassurer en s'engageant à tout faire pour trouver la bonne combinaison. Cependant, aucun préposé ne jugea bon, cette fois, de spéculer sur une quelconque date de sortie.

Je me retrouvai donc dans la même chambrée qu'en janvier, aux côtés de Richard, l'orphelin, et de Benoît, le rondouillard efféminé. Julien, l'homme aux chiens, ayant été expulsé, un dénommé Marcel avait pris sa place.

Cet homme qui était mon aîné d'une dizaine d'années avait été admis d'urgence après une tentative de suicide aussi pathétique que ratée dans la rivière Saint-Charles. Comme je l'appris plus tard, il avait été terrassé par une dépression très sévère qui avait fait suite à la perte de son emploi de premier commis dans un Steinberg de Limoilou.

Son histoire à la fois triste et banale, et aussi mon âme de sauveur, firent que je me crus obligé de lui enseigner les rudiments de syndicalisme et de l'économie marxiste, à partir de ma pratique au sein d'En Lutte! Comme si je n'en avais pas assez de mes propres contradictions à régler! Comme si ce gars-là avait besoin de moi pour être sauvé!

Heureusement pour tout le monde, je compris assez vite qu'on m'écoutait uniquement par politesse, ce qui fit cesser mon zèle.

Au bout de quelques jours, j'eus déjà l'impression d'avoir épuisé toutes les ressources de Roy-Rousseau, avec comme résultat l'absolue certitude d'être incapable de me sortir du cloaque dans lequel je marinais.

L'infirmière T., les préposés, Benoît et Richard avaient beau m'encourager, personne ne parvenait à m'enlever de l'esprit que je me dirigeais vers un naufrage, au mieux vers Robert-Giffard, au pire vers une lobotomie grand L.

J'avais beau suivre à la lettre le programme établi, ça demeurait une idée fixe, une noire obsession. Je me sentais pénible pour mon entourage et je m'en trouvais d'autant navré. Et, plus j'étais navré, plus je me sentais pénible. Le cercle vicieux dans toute sa splendeur, quoi!

Un matin que je contemplais tristement mes bouquins d'antipsychiatrie, le docteur O. entra, silencieux et solennel. J'eus tout de suite le pire des pressentiments. Un peu en retrait, l'air soucieux, suivait l'infirmière T.

Le psychiatre prit un de mes livres, le feuilleta avec une moue étudiée, puis me demanda d'un ton sec comment ça allait. Avant même d'entendre ma réponse, il déposa brutalement l'ouvrage et commença à me chapitrer. Je n'allais nulle part. Je tournais en rond. J'avais besoin d'aide. C'était ma troisième hospitalisation. Ça commençait à coûter cher. Ça ne pouvait plus durer. Il fallait qu'il se passe quelque chose.

Le temps s'étant arrêté, j'entendis plus ou moins distinctement ces quelques bribes: «Traitements... Juste quelques-uns pour commencer... On va ajuster en cours de route...»

J'étais abasourdi, paralysé. J'étais en état de choc. Par toutes les parcelles de mon être et par tous les pores de la peau, je me sentais trahi. Quoi? C'était donc à ça qu'avaient servi les quatre années passées avec le docteur O.? Toutes les confidences que je lui avais faites comme à un père, la confiance que je lui avais démontrée comme à un ami? Nos longues conversations sur une psychiatrie à repenser? Toutes mes souffrances, tous mes petits bonheurs, tous les moments de doute et d'émoi que nous avions partagés? Voilà ce que ça donnait! Un retour dans le passé, dans l'enfer des électrochocs.

Je voulus protester, crier mon indignation, mais les mots s'étranglèrent dans ma gorge, tellement j'étais soufflé. L'autre, sur un ton qui se voulait maintenant plus léger, continuait d'aligner des phrases que j'entendais par segments.

— On veut ton bien... Avons été très patients... Parle avec Michèle... Privilégié malgré tout... Tu as le dernier mot... Début lundi matin.

Le docteur O. s'en alla, et je finis par remonter à la surface pour respirer un peu. Voyons... J'avais rêvé. C'était un sale tour qu'on me jouait. C'était impossible, impensable. Le docteur O. ne pouvait tout de même pas..., depuis le temps que nous échangions, lui qui savait bien ce que je pensais des électrochocs.

Mais le cauchemar était bien réel et je le réalisai enfin quand je sentis la caresse de garde T. sur mon épaule, un geste comme pour me ramener dans le présent, comme pour me dire qu'elle aussi comprenait, qu'elle aussi voyait l'abomination, l'incongru de la chose, le malentendu.

Le barrage céda et je me mis à chialer sans retenue. Je pleurai de tout mon cœur, de toute mon âme, de toutes mes forces.

J'étais atrocement mal, j'aurais voulu être dans une autre peau que la mienne. Je pleurais parce que je me sentais rejeté et abandonné par celui que j'avais cru un allié, un ami même. J'éructais des flots de colère, de rage, de honte et d'humiliation.

Je braillai comme ça pendant longtemps encore, jusqu'au repas du midi, bien longtemps après le départ de l'infirmière qui, par pudeur, avait tiré un rideau autour de mon lit.

Je refis lentement, surface, vidé, vanné, lessivé. Autour de moi, Marcel, Benoît et Richard mangeaient silencieusement comme pour respecter mon intimité et me témoigner un peu de solidarité.

Pendant un temps, j'essayai de me convaincre que j'allais dire non au médecin. J'avais déjà assez donné. Une série d'électrochocs, ça pouvait toujours aller, mais deux, c'était une de trop.

Et puis, en établissant, comme je le faisais souvent, que psychiatrie et communisme étaient naturellement antagoniques, pouvait-on seulement imaginer ma honte et mon désarroi à la simple idée que d'autres membres du groupe En Lutte! apprennent que j'avais à nouveau « consenti » aux électrochocs?

De toute façon, ça n'arriverait pas. J'allais dire non. Il y avait des limites. J'allais dire non, mais j'allais obligatoirement me faire répondre :

— À ton aise. Mais, tu sais, nous, on n'est pas allés te chercher...

Et on allait me montrer la porte. C'était bien là où le bât blessait. Où pouvais-je donc me réfugier, dans l'état pitoyable où j'étais? Chez moi? J'en arrivais. Chez ma mère? Impossible. Me cacher à l'asile alors? Ou dans une cabane en plein bois?

Disparaître à l'étranger? Aller en prison? Disparaître pour de bon? Le suicide? Un suicide politique? Allons donc! Voilà où j'en étais. J'avais beau chercher, construire toutes sortes de scénarios, c'était mathématique. Si je refusais les traitements, j'avais droit au renvoi automatique. Et c'était ça le hic. Je n'avais nulle part où aller. Je n'avais aucun endroit physique pour guérir tranquille, à mon rythme.

Graduellement, je pris conscience que j'étais coincé comme un homard dans une trappe. Aussi, petit à petit, l'idée que je n'avais peut-être pas vraiment le choix commença à faire son chemin. À s'insinuer...

Michèle parut vraiment désemparée et attristée quand je lui appris la nouvelle par téléphone. Elle savait ce que j'avais enduré la première fois et elle voyait très bien, outre l'horreur physique, le genre de problème moral que me posait l'électrothérapie.

— Ce qui compte, finit-elle par lâcher, c'est que tu reviennes en santé. Et puis, peut-être que t'as pas vraiment le choix...

On était le dimanche soir 1er mars. Je revenais à ma chambre après deux jours passés chez moi, à Giffard. Ma fin de semaine qui s'était déroulée en dents de scie avait très mal commencé. Très tôt le samedi, en arrivant à l'appartement, j'avais surpris une amie lesbienne qui dormait aux côtés de Michèle. Marie, qui ne s'était jamais gênée pour reluquer ma blonde, s'était amenée la veille sans crier gare. Bien qu'il ne se fût rien passé, je n'avais pas été long à douter et à me sentir trahi.

L'importune s'était finalement évaporée et nous avions enfin pu nous rapprocher, Michèle et moi. La suite, après les interrogations muettes de ma compagne, après de longs silences parlants, après nos soupirs et nos pleurs entremêlés, n'avait plus été qu'un long et sauvage cri des corps, un soupir sans fin exhalé par nos chairs frétillantes et fondues, comme si c'était la dernière fois que nous nous aimions et que nous étions devenus, moi, le lieutenant déserteur, et Michèle, Elvira Madigan, l'héroïne de notre film fétiche éponyme.

Ce dimanche était aussi le jour de mon vingt-sixième anniversaire, un jour de fête que j'avais passé dans un état de tristesse voisin de la résignation complète et qui devait être suivi, le lendemain matin, par un premier électrochoc.

J'avais beau jouer les nounous avec Marcel, dont c'était le baptême de feu le lendemain, j'étais déjà mort de trouille. Et si je crânais avec mon infortuné compagnon, aussi malade de peur que moi, c'était pour ne pas me mettre à hurler, pour ne pas m'évader de Roy-Rousseau comme d'aucuns, plus peureux ou plus courageux, l'avaient fait avant moi.

En fait, toutes les bonnes vieilles peurs étaient au rendez-vous ce soir-là : peur de mourir, de me réveiller fou, de ne pas me réveiller. Toutes les peurs imaginables.

Qui plus est, l'infirmière M. étant de faction, je ne voulais pas quémander le comprimé de Nozinan de service. J'avais beau crever de peur, pas question de m'humilier devant la reine des salopes. Pas question de demander quoi que ce soit à celle qui m'avait accueilli avec un grand sourire hypocrite et faussement navré. Elle avait ajouté, sur le ton qu'on prend avec les enfants pour les gronder :

— Vous savez, vous pouvez vous compter chanceux d'avoir droit à pareil traitement. Ça coûte une petite fortune; vous le saviez, ça, hmmm?

«Et ta sœur, que j'aurais voulu lui hurler, elle s'en prend des électrochocs, dans son petit cul bien tassé, ta sœur, hmmm?»

L'idée des électrochocs avait tranquillement fait son chemin depuis le vendredi précédent. Vu les circonstances, l'électroplexie m'était apparue comme le seul choix possible.

Encore une fois, j'allais faire contre mauvaise fortune bon cœur. Encore une fois, j'allais collaborer avec le système. Encore une fois, j'irais contre mes principes.

De toute façon, rien ne pouvait être vraiment pire que ce que j'avais connu avec le sevrage du diazépam.

Curieusement, même si je voyais toujours l'électroplexie comme une thérapie monstrueuse, j'avais commencé à me sentir soulagé dès lors que j'avais accepté de recevoir des électrochocs à nouveau. Ou plutôt, je m'étais senti soulagé à partir du moment où j'avais accepté le fait que je n'avais pas le choix, qu'entre deux maux, il me fallait choisir le moindre, que de refuser l'électrochoc, c'était refuser l'hospitalisation et l'aura de sécurité qui allait avec, que refuser, finalement, c'était l'équivalent d'une sorte de suicide.

Pour sûr, les trois ou quatre prochaines semaines – ça dépendait du nombre d'électrochocs – allaient être difficiles, merdiques, voire terriblement éprouvantes. Mais, quelque part dans mon for intérieur, j'avais décidé que je ferais tout pour m'en sortir la tête haute. À tout le moins, j'allais essayer. Et quelque chose, je ne savais pas trop quoi, finirait bien par se produire. De toute façon, je n'allais pas y laisser ma peau.

Et puis tout le monde, les camarades d'En Lutte!, ma famille, mes amis et même Michèle pouvaient bien penser de moi ce qu'ils voulaient. Ces gens n'avaient qu'à aller se faire foutre s'ils n'étaient pas contents. Ça m'était complètement égal. De toute façon, au point où j'en étais... Les camarades d'En Lutte! ma famille, mes amis et même Michèle, c'était déjà bien loin, tout ça!

Richard et Benoît ayant glissé dans le sommeil, il ne restait que Marcel et moi pour parler à voix basse et fumer tige sur tige, comme deux gars qui essayent d'apprivoiser leur stock de monstres. Et Marcel, qui balançait entre l'espoir naïf et la plus vive inquiétude, de poser encore les mêmes questions.

— Les électrochocs, demandait-il, tu crois que ça va me faire du bien? Est-ce que je vais sentir quelque chose? Est-ce que je vais dormir longtemps? Est-ce que j'aurai mal à la tête? Est-ce que je peux en mourir?

Et moi, tant pour le rassurer que pour m'entendre parler, je lui répondais sur un ton de plus en plus monocorde:

— Non, ça ne te fera pas mal sur le coup. Oui, avec une décharge de deux cents volts, t'as de grosses chances d'avoir mal à la tête. On a tous mal à la tête après un électro. Non, tu ne vas pas mourir. Et si, par malheur, ça t'arrivait, tu n'auras pas le temps de t'en apercevoir, chanceux...

« De toute façon, que je me disais tout bas, tu ne seras pas long à trouver tes réponses. Au troisième électrochoc, tu sauras à quoi t'en tenir! Tu verras bien dans quel foutu merdier tu as mis les pieds et tu ne me poseras jamais plus de questions. »

Plus la nuit avançait, plus je travaillais à me conditionner pour l'électrochoc du matin. Je me désensibilisais à l'avance, et ce, en procédant par visualisation, un peu comme je l'avais fait trois ans plus tôt, pendant ma première séquence d'électrochocs, ainsi que pendant les deux mois d'insuline qui avaient suivi. J'imaginais mon corps entre les deux préposés, sur la civière, et je me disais que ça ne serait pas moi, que ce serait quelqu'un d'autre.

Ma méthode s'apparentait un peu à ce que faisaient certaines des prostituées de l'hôtel Saint-Roch avant d'aller pieuter avec un client particulièrement dégueulasse. « Le gars a beau me tripoter, racontait Loulou de la basse-ville, je te jure que, si je réussis à me concentrer, je ne suis plus là. Je suis ailleurs. Comme ça, je n'appartiens à personne d'autre qu'à moi. Le malheur, pour la plupart des filles, c'est qu'elles n'y arrivent pas. Elles doivent prendre toutes sortes de cochonneries pour parvenir au même résultat que moi. »

Je m'attendais à ce que les premières semaines de mon troisième séjour en clinique soient difficiles, merdiques et très éprouvantes. Elles le furent et pas qu'un peu!

L'effet assommoir des anesthésies trop rapprochées, la désorganisation mentale et physique qui suivait l'électrochoc, l'état de terreur qui précédait, tout cela avait été extrêmement difficile cette fois encore, à la limite du supportable.

À cette merde s'étaient ajoutées les jérémiades continuelles de Marcel, mes peurs paralysantes, mes dévorantes obsessions de folie, ma relation des plus difficiles avec O., l'omniprésence de l'infirmière M. et, pour finir, ma hantise de perdre Michèle à nouveau.

Comme lors de mes précédents séjours, je n'avais plus qu'une seule idée en tête : résister à l'abomination des électrochocs et en finir au plus coupant. En sortir vivant, en un seul morceau.

C'était la fin de mars et la tempête faisait rage ce matin-là. Depuis ma fenêtre, je n'arrivais pas à distinguer ciel et terre, tellement les bourrasques de neige étaient fortes. Les docteurs O. et V. avaient été empêchés de se présenter au travail. Faute de personnel qualifié pour procéder à l'électrothérapie, on nous avait donné congé pour la journée.

On avait donc refermé les deux lourdes portes coulissantes de la salle d'électroplexie. Le deux des messieurs baignait maintenant dans un silence ouaté et apaisant.

J'étais déçu qu'on ait remis la séance. J'avais travaillé très fort pendant une partie de la nuit, si bien que j'étais ultraconditionné – désensibilisé – pour le marteau, un neuvième traitement qui aurait probablement été mon dernier.

Benoît et Richard ayant quitté la clinique pour de

bon, il ne restait plus dans la chambre que Marcel et moi. Mon compagnon, dont c'eût été le cinquième traitement, était maintenant aussi rayonnant qu'un cancre qui aurait vu son très difficile examen d'algèbre reporté.

Il avait très vite éprouvé une sainte horreur pour l'électrothérapie et il s'était déjà enfui deux fois de Roy-Rousseau, d'où son plus petit nombre de traitements que moi. La première fois, quelques heures à peine après son deuxième traitement, l'homme de frêle stature s'était réfugié chez un ami qui avait fini par porter plainte au bout de quatre jours. Ramené par les policiers, il avait remis ça au bout d'une semaine. Avec son seul pyjama bleu griffé R. R.[40], le gaillard avait eu la mauvaise idée d'aller se terrer du côté des femmes, à Robert-Giffard. Après l'avoir sérieusement tabassé, deux gorilles de la sécurité l'avaient ramené manu militari dans nos quartiers.

Sermonné sévèrement par le docteur O., varlopé par les autorités, il avait été isolé pendant une semaine complète. Ensuite, il avait dû signer un contrat de la dernière chance avant de pouvoir enfin réintégrer notre chambrée. Depuis, les choses semblaient aller un peu mieux.

Sitôt mon déjeuner avalé, je me dirigeai vers la cantine du sous-sol, un endroit fort couru, ce matin-là, où régnait l'agitation typique des matinées de tempête. À notre table, la conversation allait bon train sur le résultat des prochaines élections provinciales et un organisateur péquiste qui prédisait une victoire au prochain scrutin y était la risée générale[41].

J'allais ajouter mon grain de sel quand, soudain, je

---

40. Les pyjamas prêtés par l'établissement étaient reconnaissables à leurs très visibles initiales en rouge. Donc, R. R. pour Roy-Rousseau.

41. À la surprise de tous, le Parti québécois remporta les élections du 15 novembre 1976 avec un score incroyable, un chiffre qui lui permit de former un gouvernement majoritaire.

le vis pour la première fois. Il était assis à une table du fond et il portait un veston avec un pull remontant jusque sous le menton. Il regardait droit devant lui. Et son visage morne exprimait la plus totale indifférence.

J'étais sidéré, statufié. Pendant un moment, je crus que je m'étais trompé. Mais non. Ces petits yeux chafouins noirs profondément encavés dans l'orbite, ces joues hâves et creuses mangées par une barbe drue, cette façon de joindre les deux mains et cette bouche molle ravalée dans les coins, c'était lui, c'était bien lui.

C'était le frère A., un frère de l'Instruction chrétienne qui avait été directeur de conscience, prof et surveillant de dortoir à cette époque où mes parents m'avaient expédié au Juvénat Saint-Romuald, douze ans auparavant.

Le frère A. s'était montré un pauvre type doublé d'un sadique, un psychologue de pacotille, qui s'immisçait de façon perverse dans l'intimité des jeunes ados pubères que nous étions. C'était un pseudo-éducateur qui nous emplissait de sa propre névrose, sous prétexte de nous éclairer et de nous apprendre à devenir des chrétiens dignes de ce nom. Le bon frère s'était avéré particulièrement malfaisant. Il nous obligeait à raconter nos rêves et jouissait de nos fantasmes de ti-culs.

Le frère A., finalement, était une raclure de bénitier dont j'avais été l'une des principales têtes de Turc, et ce, pendant les huit longs mois que j'avais passé dans cet enfer de bondieuseries, avant qu'on décide que je n'avais pas la vocation.

J'avais maintenant les yeux vissés sur le religieux malingre. Histoire de me venger, je m'étais juré, il y avait de cela des années, de le frapper sauvagement en pleine poire, quels que soient le lieu, les circonstances et le prix à payer pour mon geste.

J'avais souvent rêvé de cet instant ô combien béni! où j'entendrais craquer les os de sa mâchoire, en même temps que je lui balancerais toute ma haine en pleine tronche. «Tiens, mon salaud! En souvenir de tous ces gars que t'as amochés!» Et crac! En plein comme dans le film *La Correction*, où d'anciens jeunes délinquants règlent le cas de leur bourreau.

J'en avais rêvé longtemps de ce moment. Et souvent. J'en avais joui à l'avance.

Le religieux, lui, demeurait immobile et indifférent au brouhaha. Je m'approchai doucement. Furtivement. Comme un serpent s'approche d'un rat. Pendant ce temps, les questions affluaient. «Était-il hospitalisé lui aussi? Était-il venu consulter? Était-il en visite? Avait-il défroqué?»

Des images du juvénat se bousculaient, des images rageuses et violentes comme les tourbillons de neige au dehors, et aussi des souvenirs d'une tristesse sans nom, comme cette première nuit passée au dortoir où j'avais silencieusement vidé mon corps de toutes ses larmes parce que je m'étais senti abandonné et trahi par mes parents.

Ou comme pendant ces trois jours, quand la brute de frère directeur nous avait privés de souper, un malheureux confrère et moi, parce que nous avions osé critiquer notre infâme tambouille. «Quand on n'est pas capable d'assumer soixante dollars par mois, on ne critique pas ce qui nous est servi!» avait-il hurlé devant tous les camarades réunis pour la leçon de politesse. Vous dire la honte, la rage, le désir de vengeance que j'ai longtemps entretenu à la suite de cet incident!

Venus du tréfonds de ma mémoire comme autant d'effluves désagréables, les miasmes du passé n'arrêtaient pas de monter. D'un coup, je me rappelais le climat de peur, de suspicion et de terreur qui hantait le juvénat, une ambiance terrible, qui baignait tous les étages de la vieille bâtisse, à côté du fleuve Saint-Laurent.

Je me rappelais les longs offices religieux, la censure et la délation érigées en système, la sexualité, que les frères ramenaient à quelque chose de profondément sale et abject, au nom du Père, du Fils, et du Saint-Esprit. Amen.

Les sentiments d'humiliation et d'injustice s'étaient rapidement ajoutés aux blessures d'abandon, de rejet et de trahison du début. La rage et la haine continuaient de me gonfler, contenues dans un désir de vengeance insoutenable, un désir de broyer des os, de briser des chairs.

J'étais maintenant en face de A. et je le dévisageais ouvertement, essayant de plonger mes yeux brûlants dans son regard de fouine malade.

En fait, je n'arrivais pas à porter un premier coup. Aussi, voulais-je obliger l'autre à dire ou faire quelque chose. N'importe quoi pouvant servir de prétexte pour lui asséner des gnons.

— Vous ne seriez pas le frère A. du Juvénat Saint-Romuald, des fois? lançai-je innocemment.

Visiblement surpris, l'homme me dévisagea un bon moment, puis s'en retourna aux abonnés absents. Je répétai ma question en précisant, cette fois, que j'étais un de ses anciens protégés. Décontenancé, A. se tourna vers moi d'un bloc. En me fixant de ses yeux qui larmoyaient, il se mit à proférer quantité de sons aussi incongrus qu'inintelligibles. Pour s'expliquer, il abaissa le col de son pull et pointa du doigt une bande de gaze recouvrant une trachéotomie. Désemparé à mon tour, j'en déduisis que A. avait souffert d'un cancer de la gorge ou du larynx.

Consterné, voire dépité, j'allais m'en aller quand l'homme me retint par la main. En ouvrant la bouche sur un infâme moignon de langue, le religieux laissa sourdre un gargouillis grotesque, en pointant tour à tour son index sur lui et sur sa bouche tordue.

«Dieu du ciel! pensai-je avec effroi. A-t-il aussi souffert d'un cancer de la langue?»

Je me dégageai non sans mal, pendant que l'autre poursuivait sa muette tirade, une sorte de mimique obscène, truffée de sifflements de gorge, de chuintements et de borborygmes aussi répugnants qu'abjects.

Je m'aperçus alors que d'autres patients, sidérés par le hideux personnage, s'étaient groupés autour de nous.

Le religieux, lui, se balança encore un moment, puis il éclata d'un rire rauque, un long raclement qui se termina par un râle écœurant. L'instant d'après, A. s'effondrait et retournait dans l'abîme de ses pensées.

Bouleversé, complètement dégoûté, je m'empressai de quitter la petite pièce enfumée.

Il me fallut de longs moments pour retrouver un peu de calme. Était-ce de l'avoir vu dans un si pitoyable état, ou à cause du profond dégoût qu'il m'avait inspiré, que je n'avais plus à son endroit d'idées de vengeance? Même si je ne sus jamais ce qui était arrivé au frère A., ni pourquoi il était venu à Roy-Rousseau, j'avais compris que la vie s'était chargée de le rattraper.

C'était la première semaine d'avril et j'étais maintenant le seul occupant de la chambre. Marcel s'était évadé au lendemain de la tempête et nous étions sans nouvelles de lui depuis.

Mon compteur d'électrochocs s'était arrêté à onze et j'éprouvais maintenant un immense soulagement.

J'étais content encore une fois d'avoir survécu au traitement et de me retrouver avec tous mes morceaux.

Mon frère André, qui avait été bouleversé par le film *Vol au-dessus d'un nid de coucou*, me confierait, un an plus tard, qu'il n'avait jamais cessé de craindre pour moi, tellement ce genre de traitement lui était apparu horrifiant.

À nouveau, cette semaine-là, je me mis à connaître des pics d'euphorie. Toutefois, après deux ou trois jours de flottement, les choses sont revenues à la normale. Mais je constatai dès lors que, quoi que je fasse, je ne parvenais pas à me débarrasser de mes angoisses. Certes, je dormais mieux et je mangeais bien depuis quelques semaines. En revanche, cette maudite anxiété qui m'avait ramené à Roy-Rousseau continuait de me ronger comme un acide des plus corrosifs. C'était comme un poison qui s'insinuait partout dans mon corps et qui me donnait l'horrible impression de me transformer physiquement et mentalement.

À cette malédiction s'ajoutait la kyrielle de peurs habituelles, qui dégénéraient la plupart du temps en crises de panique quasiment impossibles à gérer. Je n'arrivais toujours pas, je n'avais toujours pas appris, à mettre des mots sur ces peurs, sur ces angoisses indicibles qui restaient collées à mes tripes. J'avais toujours une grosse roche sur l'estomac, une boule dans la gorge et la tête prise dans un étau. Plus je faisais d'efforts pour m'en sortir, plus je m'enfonçais. J'avais beau faire, je n'arrivais pas à lâcher prise, à me laisser aller, à me laisser être.

J'éprouvais toujours l'irrésistible besoin, après la moindre parole, le moindre geste, d'aller vérifier au fond de moi pour être bien sûr que tout était encore en place, pour être bien sûr que je n'étais pas fou.

Malgré le moment du départ de la clinique qui approchait, je me sentais toujours comme une mouche engluée en plein cœur d'une toile d'araignée. Aussi, je n'étais pas pressé de sortir de Roy-Rousseau. Je ne me voyais pas rejoindre Michèle dans cet état. C'était impensable.

Ma relation avec O., du fait de sa trahison avec les électrochocs, était devenue des plus pauvres. Je n'avais plus aucune confiance en lui et je l'évitais le plus possible. Nos rencontres du matin duraient à peine quelques secondes et portaient essentiellement sur des aspects pratico-pratiques. Il était bien loin, le temps où nous confrontions capitalisme et marxisme au regard de la psychiatrie. Néanmoins, c'était toujours lui le patron. Je n'avais d'autre choix que de le détester silencieusement.

Mais les jours passaient et je cherchais toujours la formule gagnante. Je cherchais désespérément la combinaison magique qui me ramènerait là où j'étais avant d'être malade. Ce faisant, j'oubliais la loi fondamentale qui dit que le temps est le plus grand guérisseur qui soit.

Un matin où, comme d'habitude, le désespoir le disputait à la détresse, j'allai jusqu'à m'enquérir auprès de O. de la possibilité d'avoir recours au lithium. Quantité de personnes autour de moi en recevaient et j'avais l'impression qu'elles allaient toutes mieux que moi. Le docteur examina cette avenue pendant quelque temps. Fort heureusement pour moi, il n'y eut jamais de·suite au projet.

Une journée avant mon départ, j'appris que Marcel, mon ancien camarade de chambre, s'était suicidé. Ce bon vieux Marcel avait enfin trouvé sa propre vérité, en même temps qu'il avait cessé de souffrir.

C'était le 16 avril et un printemps précoce achevait de gruger les bancs de neige entourant l'établissement. Mon troisième séjour à la clinique se terminait et c'était à reculons que je faisais ma valise.

J'avais beau étrenner un nouveau médicament, le Moditen[42], j'avais le moral et l'estime de soi à zéro et je ne voyais toujours pas comment j'allais survivre au-dehors. De même, je ne voyais pas comment je pourrais trouver et garder un emploi. Je ne m'imaginais pas non plus reprenant du service à En Lutte!, mon groupe d'attache et de militance. Qui plus est, je ne voyais pas comment Michèle pourrait accepter la pâle caricature de moi-même que je croyais être devenu.

J'étais triste et anxieux et je me sentais battu à l'avance. L'espèce de miracle que j'avais souhaité n'avait pas eu lieu. Par conséquent, j'éprouvais un profond sentiment de déception, et aussi de trahison.

À toute cette détresse s'ajoutait maintenant le suicide du bon vieux Marcel, un événement malheureux qui me chagrinait profondément, un drame parfaitement évitable qui me rendait encore plus amer à l'endroit de O. et consorts.

Toutefois, le bon docteur avait toujours le gros bout du bâton, de sorte que je dus ravaler ma morgue quand je le vis pour la dernière fois. La conversation glissa tout naturellement sur le décès de Marcel et je ne pus m'empêcher de poser directement la question :

— Advenant qu'on l'eût traité autrement qu'avec l'électrochoc, Marcel serait-il encore de ce monde, selon vous?

— Et toi, qu'est-ce que t'en penses? siffla O. sur la défensive.

---

42. Antipsychotique à base de pluphénazine.

—J'en pense que si on lui avait demandé son avis sur les électrochocs, Marcel ne se serait pas pendu, répliquai-je. Voilà ce que j'en pense.

—Si c'est si mauvais que ça, pourquoi t'as choisi d'en avoir encore? grinça le psychiatre.

—Vous et moi, cher docteur, on sait très bien que je n'ai jamais eu le choix.

—Tu regrettes d'être venu?

—Compte tenu du résultat, j'aurais aimé que ça se passe autrement.

—Tu voudrais peut-être que je te redonne tes Valium?

—Tant qu'à y être, pourquoi pas? m'entendis-je répondre du tac au tac.

—Je peux te les redonner, si c'est ça que tu veux, poursuivit O. sans se démonter.

—Et comment, que je veux! m'écriai-je avec le cœur qui s'emballait, sans trop y croire.

Aussi incroyable et invraisemblable que cela puisse paraître, je quittai Roy-Rousseau avec entre autres une ordonnance de Valium 10 mg – je passais des petites jaunes aux petites bleues – dûment signée par le docteur O. Pourtant, on n'en trouve aucune mention dans le sommaire du dossier établi à la sortie. Erreur de transcription? Omission volontaire? Allez donc savoir!

J'étais à peine sorti de la pharmacie de Robert-Giffard, une heure après, que, tremblant et réalisant plus ou moins ma bonne fortune, j'avalai d'un coup deux comprimés de Valium avec un café bien corsé.

Après quatre mois sans, l'effet fut presque immédiat. Je ne tardai pas à être envahi par la douce sensation de chaleur et de bien-être que procure le diazépam.

Un peu plus tard, j'étais assis bien peinard à une table du *Liseron*, le resto des patients de Robert-

Giffard, et je mettais en perspective les événements des quatre derniers mois. Ma relation avec Michèle, le retour aux électrochocs, mes compagnons de chambre, la sympathique garde T., l'ignoble et revêche M., le coup de poignard de O., le frère A., le désolant suicide de Marcel et cet incroyable et impensable retour aux Valium.

Au bout d'une heure, je baignais paresseusement dans le nirvana des pharmacodépendants et j'imaginais déjà toutes sortes de scénarios advenant un manque de diazépam pendant les derniers jours du mois.

L'effet du médicament était tel que je me sentis même assez fort pour discourir avec les patients hirsutes qui m'entouraient. En l'espace d'une heure, seulement, j'en étais arrivé à ne plus éprouver aucune crainte de devenir un jour pareil à l'un d'eux. C'est dire!

J'avais complètement changé de statut. Du gars souffreteux qui fonçait droit dans un mur en sortant, j'étais devenu le super ex-psychiatrisé de service. C'était tout juste si je ne me voyais pas déjà en train de donner des conférences et d'écrire un livre sur la dépression atypique, quelque chose comme *Quand on a affaire au système psychiatrique québécois*. Ou encore, *Une cure d'insuline et vingt-cinq électrochocs plus tard!* Cela dit, grâce aux Valium, j'étais maintenant certain de redevenir *le* Gilles... *The One!*

J'étais certain de redevenir pareil à l'ancien président du Cégep Limoilou, à l'animateur fameux, à l'agitateur flamboyant, au gars de principes, au gars des discours à l'emporte-pièce, pareil à tous ces personnages que j'avais joués.

J'allais aussi redevenir le même homme qui avait séduit Michèle, à l'époque où elle errait dans les rues de Saint-Jean-Baptiste avec ses bottes de caoutchouc, son chapeau cloche et son livret de poèmes de Paul Eluard.

Oh oui! Certain, j'allais redevenir ce Gilles-là. Il le fallait, sinon...

Grâce aux Valium, j'allais aussi redevenir celui qui avait osé quitter le *Journal de Québec* pour écrire un livre, un affront que n'avait pas digéré l'état-major du journal.

Finalement, j'allais redevenir Gilles, le pur et dur, celui qui *délinquait* joyeusement dans les bars louches de la ville, celui aussi qui pouvait tenir tête aux grands guignols de camarades-cadres d'En Lutte!

C'était absolument pur délice que de me sentir renaître. C'était un puissant euphorisant, et je ne m'en lassais pas, je ne voulais plus que ça s'arrête. Surtout après avoir cohabité si longtemps avec l'obsession crasse et morbide de la folie, ce monstre qui sévit à l'intérieur et qui peut vous avaler tout rond n'importe quand.

Il y avait un je ne sais quoi de profondément grisant à juste pouvoir me sentir, tout simplement, me sentir, sans plus, pouvoir lâcher prise, m'abandonner, être, enfin!

Pour sûr, il y aurait un prix à payer pour tout ça et je savais déjà qu'il serait très élevé. Mais, au moment de ma sortie, je m'en foutais éperdument, je m'en *contrecrissais* royalement. J'étais maintenant prêt à tout. N'importe quoi pour ne pas revivre l'enfer des derniers mois. J'allais férocement défendre mon dû. Il n'était pas né celui qui allait m'obliger à autre chose.

Quoi qu'il advienne, j'allais être heureux avec Michèle et j'allais m'assumer.

Trente-cinq ans après, bien qu'elle m'apparaisse encore tout aussi irrationnelle et incongrue, je considère toujours l'étonnante proposition du docteur O. comme étant la meilleure chose qui ait pu m'arriver, compte tenu des circonstances. Mon degré de souffrance était tel que je ne vois pas comment j'aurais pu m'en sortir autrement. Je crois que j'en étais à ce stade où, comme avec l'alcool lorsqu'on veut éviter le delirium tremens, il fallait guérir le mal par le mal[43].

---

43. Sommaire du troisième séjour : voir notes du docteur O., en annexe.

CHAPITRE 5

« Ici, on soigne nos patients. On ne les tue pas! »

Centre-ville de Québec, le 20 novembre 1981

Ça faisait déjà trois semaines que je rongeais mon frein dans une des piaules sordides de l'usurier Marceau, à Saint-Roch, dans la basse-ville de Québec. J'occupais une mansarde où grouillaient les cafards et les punaises de lit, au deuxième étage d'un vieil immeuble triste et crasseux, un édifice rempli à ras bord d'ivrognes, de pauvres hères et de filles de joie moroses et fanées.

Désœuvré, fauché comme les blés et littéralement vidé, je passais mes journées à occire des coquerelles et à manger les filets des morues attrapées au grappin pendant l'été en Haute-Gaspésie.

Le soir venu, j'allais rôder incognito sur de la Couronne, autour de ce qui restait du *Café Classique*, un repaire de militants gauchistes détruit par un *pipe bomb* qui avait explosé durant l'été.

C'était au Café, l'hiver précédent, que s'était amorcée ma désastreuse aventure gaspésienne. J'avais aidé un certain André, petit entrepreneur et coopérant tiers-mondiste, à mettre sur pied un projet de soumission pour l'entretien paysager du parc Forillon, en Gaspésie. À cette époque, je vivais très chichement. Aussi, l'idée d'aller dans la péninsule pour me refaire une santé morale et financière m'était apparue comme une avenue des plus avantageuses. J'avais déjà une très bonne expérience du paysagisme, et, même en ayant subi les deux très sévères dépressions-qu'on-sait, mes capacités physiques étaient encore très étonnantes pour un gars de trente et un ans.

Je comptais aussi sur cette équipée pour faire mon deuil de Michèle dont j'étais toujours amoureux, même si nous étions séparés depuis bientôt deux ans.

Elle qui vivait à Limoilou avec son nouvel ami avait la garde officielle de Camille, une mignonne petite fille de trois ans issue de notre union. J'espérais donc aussi combler mes nombreuses lacunes de papa à temps partiel en donnant à mon ex une partie des faramineux salaires que j'étais certain d'encaisser à Forillon.

Sitôt notre projet accepté par Parcs Canada, je fus promu contremaître d'une petite équipe de quatre gars et deux filles, tous militants et gens qui gravitaient autour des activités du Café.

À peine juin était-il arrivé que nous nous installions en grande pompe dans une petite bicoque de fortune, à Cap-aux-Os, entre Penouille et Petit-Gaspé, à côté de l'auberge de jeunesse locale.

Si beau, si invitant et si «collectif» fût-il au départ, notre projet de travail ne mit pas longtemps avant de dérailler complètement. Dès la Saint-Jean-Baptiste, nous reconnaissions de façon chagrine, l'entrepreneur et moi, que notre évaluation du contrat avait été complètement faussée. Notre soumission était beaucoup trop basse et, dès la fin de juin, nous n'avions presque plus de marge de manœuvre.

À cette mauvaise évaluation s'était ajoutée l'idée ô combien naïve! issue de nos idéaux militants, mais découlant de la pensée magique, que ce qu'un homme peut faire, une femme peut le faire. Force nous fut de constater, hélas, que, même avec la meilleure volonté du monde, nos deux jeunes consœurs étaient incapables de manier les lourdes tondeuses dont nous faisions usage dans les talus du Parc.

Ainsi, nous devions faire à quatre ce qui était prévu pour six. Le pire, c'était que, des quatre compères restants, l'un faisait régulièrement profession de théories anarchistes pour justifier une paresse crasse. L'autre, lui, en plus d'être sujet à toutes sortes de maladies imaginaires, était vite devenu le disciple du premier.

Pour pallier le manque de main-d'œuvre, nous dûmes donc embaucher trois travailleurs locaux, une chose qui contribua à grever davantage nos salaires déjà hypothéqués, en plus de faire disparaître toute marge de manœuvre financière en cas de bris mécaniques ou de contretemps. Et, des pépins, il y en eut de toutes sortes.

Nous étions condamnés à travailler comme des forçats du matin jusqu'au soir, sans jamais pouvoir prendre ne fût-ce qu'une heure de congé, dans des conditions de travail effarantes et des salaires réduits à l'état de symboles. En outre, nous devions composer avec une promiscuité très contraignante, une atmosphère de grogne permanente et de fréquentes disputes de couples.

C'était d'autant plus frustrant qu'il était devenu tout bonnement impensable, contrairement à ce dont nous nous étions vantés, de profiter des splendeurs que l'on retrouve partout à Forillon. Les plages extraordinaires, les sites naturels enchanteurs, les magnifiques sentiers, la Gaspésie dans toute sa sauvagerie, tout cela nous était interdit parce que nous tirions constamment de l'arrière.

À force d'avancer à marche forcée dans ce gigantesque univers de sueur, de cambouis, de sels marins, de houblon et de températures extrêmes, la majorité d'entre nous en étaient venus à détester profondément la région. Le premier, l'anarchiste de service proclamait Forillon comme le trou de cul de la terre.

À force d'être un peu plus aspirés chaque jour dans cet incessant tourbillon de machinerie rugissante, nous perdions le peu d'humanité qui nous restait et nous devenions des brutes épaisses. À force de vexations, vacheries, coups bas et autres avanies, nous apprîmes à nous détester profondément, sournoisement, si bien que ce qui devait s'avérer un projet de travail mémorable était devenu l'enfer vert du parc Forillon.

J'étais à la fois terriblement déçu et très frustré par la tournure des choses. L'argent escompté pour subvenir en partie aux besoins de Camille s'envolait en fumée. J'en étais réduit, comme dans la fable de La Fontaine, au « Adieux veaux, vaches, cochons » de Perrette et son pot au lait.

J'étais désappointé, aussi, parce que je comptais sur cette aventure pour redorer mon blason social auprès de ma famille et de mon entourage à Québec. En parallèle, je sentais très bien que, si d'aventure nous parvenions à mener le projet à terme, la note à payer serait encore une fois très salée. Et elle le fut.

Au mois d'août 1981, des six intrépides de l'équipée originelle, il ne restait plus que moi. Trois collègues avaient été ramenés à Québec, tandis que le pseudo-anarchiste croupissait en prison pour une histoire de faux passeport. L'entrepreneur, lui, était devenu indisponible, à cause de prétendues nouvelles affaires qui le retenaient ailleurs.

Je me retrouvais donc fin seul. Mais, au moins, j'avais les coudées franches. Finis les bouderies, les silences méprisants, les jérémiades, les menaces, les frondes, les silences inquiétants et tout ce qui avait contribué à empoisonner notre quotidien. Avec trois vaillants gaillards nouvellement embauchés à Cap-des-Rosiers, j'allais tant bien que mal essayer de sauver ce qui pouvait encore l'être.

À ce stade de l'entreprise, cependant, j'étais tellement épuisé et lessivé moralement que le moindre bon sens aurait commandé que je décroche sur-le-champ.

Mais voilà, ce n'était malheureusement pas aussi simple. Je me sentais responsable de ce projet – ceux qui avaient décroché me l'avaient d'ailleurs rappelé *ad nauseam* – et mon profil de sauveur faisait que je me sentais obligé d'aller jusqu'au bout, quoi qu'il advienne.

Le gros hic, dans toute cette équipée fofolle, c'était que ma consommation d'alcool n'avait jamais cessé d'augmenter, et ce, dès le premier jour de mon arrivée à Cap-aux-Os. À cette consommation effrénée s'ajoutait aussi un usage dangereux des comprimés de Valium 10 mg.

Je buvais le matin pour me donner une erre d'aller, je buvais pour tenir le coup en journée, je buvais pour tenir tête aux frondeurs, je buvais pour ne pas être en reste avec mes nouveaux amis gaspésiens... Finalement, toutes les raisons étaient bonnes pour boire.

Quant au diazépam, j'en avalais pour éviter les lendemains de veille, pour juguler les peurs et les obsessions-qu'on-sait, pour mieux conduire le camion et pour être capable de décélérer le soir, afin de dormir quelques heures.

Bref, c'était un régime de vie infernal et démentiel, qui me valut, rien qu'au mois d'août, trois accidents de camion très sérieux et, un coquart impressionnant, résultat d'une bagarre avec un policier du CN, sur la plateforme de la station de Restigouche. Rien pour écrire à sa mère dans toute cette épopée de merde!

À la fin d'octobre, après avoir survécu comme je l'appris plus tard à un empoisonnement alimentaire, à cinq accidents de camion, à deux arrestations préventives et à de multiples accidents de travail, je remis les clés à l'entrepreneur et je laissai la Gaspésie pour emménager discrètement dans mon gourbi de la rue du Roi. J'avais alors pour tout bien mon linge de corps, quelques maigres affaires personnelles et un congélateur rempli d'excellents filets de morue, des poissons pêchés avec les travailleurs gaspésiens, mes nouveaux compagnons d'infortune. Voilà tout ce qui me restait de la glorieuse épopée amorcée au chic *Café Classique*.

Vers la fin de novembre, alors que je tenais compagnie à ma mère dans un resto de la basse-ville, j'évoquai la possibilité d'une cure fermée à Domrémy, dans Limoilou. Un ami m'avait assuré que je pourrais y soigner ma dépression latente et aussi freiner ma consommation très problématique d'alcool et de médicaments.

Chose certaine, si j'allais quelque part, ce ne serait pas à Roy-Rousseau. D'une part, j'y subissais depuis quatre ans les rebuffades de la très venimeuse infirmière M., devenue, pour mon plus grand malheur, responsable des services à l'externe. D'autre part, je savais très bien que je ne résisterais pas à un nouvel enfermement à cet endroit. J'étais devenu complètement blasé et cynique par rapport à cette institution. Aussi, c'est à peine si je me gardais une petite gêne quand venait le temps d'aller renouveler le diazépam, une chose que n'appréciait pas du tout le nouveau psychiatre de service qui avait remplacé le docteur O.

Plus tard ce même soir, après avoir laissé ma mère

à l'arrêt d'autobus, je me retrouvai nez à nez avec un grand gaillard d'allure négligée, un jeune homme maigre qui se tenait parfaitement immobile le long du trottoir. Ce grand échalas, c'était mon frère Daniel, de dix ans mon cadet, fraîchement sorti de Robert-Giffard après y avoir été admis avec un diagnostic de schizophrénie.

Je n'avais pas eu de contact avec mon frangin depuis des mois. Aussi, de le voir figé comme ça, en proie à ce qui ressemblait à des hallucinations visuelles ou auditives, me déchirait.

Je m'approchai et lui tapotai doucement l'épaule. Paraissant peu surpris de me voir, Daniel me rendit mon salut en gardant – c'était ça que je trouvais particulièrement effrayant – une attitude rigide et catatonique, typique des personnes souffrant d'une maladie mentale. Je le ramenai sur le trottoir et nous nous dirigeâmes vers la résidence Chapleau[44] où, comme me l'avait appris notre mère, il résidait depuis quelque temps.

Daniel parlait de façon plutôt incohérente, et j'eus beaucoup de difficultés à décoder son discours vaseux et logorrhéique. Au bout de quelques minutes, me sentant vaguement coupable, j'allai le reconduire à sa nouvelle demeure.

En arrivant dans mon cagibi, j'avais le cœur encore plus lourd qu'à l'accoutumée et je n'avais de cesse de ressasser la phrase que mon frère aîné, André, lançait souvent à propos de Daniel : «La vie est une loterie. Certains sont chanceux, d'autres

---

44. Située en plein cœur de Saint-Roch, la résidence Chapleau accueille depuis plus de trente ans des gens ayant éprouvé des problèmes de santé mentale. Ces gens proviennent majoritairement du Centre hospitalier Robert-Giffard et d'autres hôpitaux semblables.

moins. » Plus que jamais, il m'apparaissait que notre benjamin, septième et dernier de la famille, avait tiré l'un des pires numéros qui soient.

Daniel était né au début des années 1960. Parce qu'il était dernier de famille, et parce que ses frères et sœurs avaient presque tous déserté la maison, il dut apprendre très jeune à se débrouiller tout seul. Beau garçon, vif, enjoué et très doué à l'école, il devint malheureusement la tête de Turc de notre père, qui acceptait mal cette naissance tardive et qui avait pris l'habitude de le rendre responsable des malheurs de la maisonnée. Excédée, et voulant à tout prix protéger son fils, notre mère n'avait eu d'autre choix que de le confier aux bons soins des sœurs de l'orphelinat d'Youville...

Par la suite, Daniel avait eu droit à une adolescence à peu près normale. C'était en élève brillant et studieux qu'il s'était présenté, à dix-huit ans, pour faire ses arts visuels au Cégep de Sainte-Foy.

Malheureusement, cette année-là s'était avérée désastreuse à tous les chapitres. En l'espace de quelques mois, Daniel était devenu de plus en plus confus et refermé sur lui-même. Du jeune et joyeux leader bien entouré qu'il avait été, il ne restait plus bientôt qu'un grand adolescent à l'air triste.

Sa blonde et ses amis n'avaient pas tardé à l'abandonner, et on s'était bientôt aperçu que Daniel ne s'était pratiquement jamais présenté à ses cours. Ce qui expliquait des résultats académiques qui voisinaient le zéro absolu.

Son absentéisme et ses comportements bizarres avaient d'abord été attribués à sa trop forte consommation de marijuana et autres substances toxiques. On ne fut malheureusement pas long à comprendre, comme c'est presque toujours le cas en pareille affaire, que les drogues n'avaient été qu'un élément déclencheur et que son histoire était beaucoup plus douloureuse et complexe.

Les deux psychiatres consultés à Roy-Rousseau furent unanimes pour établir un diagnostic de schizophrénie à caractère paranoïde. Dès lors, si tant est qu'on pût imaginer pareille chose compte tenu de sa déjà très difficile enfance, la vie de Daniel devint un enfer à la puissance 10. Outre de vivre sa maladie et d'être stigmatisé par un entourage aussi ignorant qu'hostile, mon jeune frère devait composer avec les brimades d'un père complètement désemparé et déchaîné.

Non pas que notre père fût un monstre, loin de là. Mais son tempérament violent et sa propre souffrance le rendaient incapable de donner à Daniel l'amour et le réconfort dont il avait tant besoin. Quant aux autres membres de la famille, ils n'étaient plus à la maison pour le protéger.

Dans ma chambre, je revivais ma pénible rencontre trois ans plus tôt avec le docteur O. à propos du traitement de mon frère. Daniel venait tout juste d'être hospitalisé à Roy-Rousseau et c'était à O. qu'on avait demandé d'élaborer sa thérapie.

L'ayant su, j'étais aussitôt accouru. Là, j'avais presque supplié le psychiatre de lui épargner les électrochocs ou l'insulinothérapie, convaincu que ça n'allait absolument rien changer du tout, convaincu surtout que ça ne pouvait qu'empirer son désarroi et sa grande confusion. Le médecin m'avait dit oui du bout des lèvres.

Deux semaines plus tard, alors que j'étais avec Michèle dans le Maine, j'avais appris au téléphone que Daniel avait reçu le premier d'une longue série d'électrochocs. Encore une fois, O. me trahissait. J'étais en furie. Tellement qu'au retour, j'avais envahi le bureau du docteur pour protester énergiquement. Mes récriminations s'étaient vite transformées en un cri du cœur contre la monumentale aberration de l'électroplexie.

Piqué au vif et délaissant son habituelle réserve, O. m'avait brutalement rétorqué que c'était lui le patron et que les choses iraient à sa façon, pas autrement.

Cette rencontre avec le docteur O. avait été ma dernière. Le lien de confiance était définitivement rompu. Pour ne pas nuire à Daniel, je m'étais arrangé pour changer de médecin. De toute façon, si mon rapport avec la clinique se résumait juste à une question d'ordonnances de Valium, qu'est-ce que j'en avais à foutre que ce soit Chose ou Machin qui soit signataire?

Au bout d'un an et demi, après deux longues séquences d'électroplexie et toutes sortes d'ajustements de pharmacopée, Daniel avait été transféré à Robert-Giffard où son état s'était stabilisé un peu; après quoi, comme des milliers d'autres à Québec et à Montréal qui faisaient les frais d'une désins[45] mal planifiée, sa vie s'était résumée à une très difficile quête du quotidien, entre la morosité de la basse-ville et la grisaille de Robert-Giffard, entre un avenir n'annonçant rien de bon et un passé qui lui filait comme du sable entre les doigts.

Plus que jamais, la vie de Daniel m'apparut comme un immense et authentique gâchis, un incroyable gaspillage de ressources et de talents naturels. Plus que jamais, j'éprouvai un double sentiment d'impuissance et de culpabilité, un sentiment qui affligeait d'ailleurs

---

45. Abréviation courante du terme désinstitutionnalisation. En santé mentale, la première désins eut lieu pendant les années 1970, à l'instigation de personnes comme le Dr Denis Lazure, ex-ministre dans le gouvernement du Parti québécois.

tout le reste de ma famille, au regard de la terrible maladie de Daniel.

Fut-ce la rencontre avec ma mère qui servit de déclencheur, ou bien cette étrange rencontre avec mon jeune frère, ou encore parce que ma limite était atteinte? Toujours est-il que, le lendemain, j'obtenais de comparaître devant un comité d'admission du secteur D-2, à la clinique Domrémy de l'hôpital Saint-François d'Assise, à Limoilou.

Ce fut donc par un petit matin de neige mouilleuse que je laissai derrière moi le gourbi humide de la rue du Roi pour bientôt atteindre le parc Cartier-Brébeuf.

Là, en voyant la Saint-Charles qui charriait des déchets et de gros glaçons, j'eus l'impression que c'était mon histoire que la rivière racontait. J'imaginai les débris tournoyant dans les eaux sombres et gonflées comme autant de vestiges de mon passé qui refaisaient surface.

Plus j'avançais le long des berges, plus j'avais des pensées noires et tourmentées. C'était des fixations, des images crades et glauques comme les remous vaseux de l'ancienne rivière à saumons.

Je ne savais pas du tout ce qui m'attendait à Domrémy et je me sentis bientôt gagné par une peur insidieuse et glacée, cette peur hurlante et paralysante qui menace de vous noyer quand vous plongez dans l'inconnu. C'était très physique, ça me collait lourdement aux tripes, c'était la même terreur inénarrable que j'avais connue la première fois, quand j'avais erré en pleurant le long des piquets de grève de Roy-Rousseau, il y avait de cela neuf ans. Une éternité...

Au loin, à travers les têtes d'épinettes, je finis par distinguer la haute cheminée noire du vieil hôpital en briques rouges. J'essayai de dominer mes frayeurs en prenant de grandes respirations. Comme pour faire écho à mon état d'esprit, des images du passé se mirent à papillonner dans mon cerveau brumeux.

Je me revis sortant de clinique, cinq années plus tôt, et goûtant ensuite deux années de bonheur tranquille avec Michèle. Une époque de douceurs et de tendresses, un temps d'accalmies dont l'aboutissement avait été la naissance, ô combien attendue! de Camille, notre gros bébé Leboyer[46].

Père heureux et comblé, j'avais assumé la garde de notre fille durant toute une année. Ma conjointe, pendant ce temps, avait pu continuer sa maîtrise à Laval.

Puis, lentement, sûrement, les choses s'étaient dégradées. Nos épiques et joyeuses chicanes de couple avaient fait place aux longs silences parlants.

Étaient venues ensuite toutes sortes de frustrations. À la fin, une indifférence glaciale et meurtrière s'était installée, jusqu'à ce vendredi d'août où Michèle m'avait annoncé d'une voix beaucoup trop douce:

—Nous deux, ça ne va plus. Je crois bien que c'est fini. De toute façon, il y a quelqu'un d'autre dans ma vie.

Je me rappelai honteusement qu'à l'annonce de Michèle, mon premier réflexe avait été non pas de me mettre à hurler, ou de déchirer ma chemise, mais plutôt de me dire: «Aurai-je assez de Valium pour traverser cette fin de semaine de merde?» Ma nouvelle ex aurait pu s'attendre à ce que je lui demande des noms, des dates, des comptes, ou que je la questionne, la supplie, l'invective. Mais il n'en fut rien. J'en étais absolument incapable. J'étais dans ma tête depuis déjà bien trop longtemps et je savais depuis tout ce temps

---

46. Méthode de naissance en douceur du nom du médecin français Frédérick Leboyer, très en vogue au Québec au début des années 1970.

que je vivais un amour sur du temps emprunté. Je savais, je sentais que notre séparation était inévitable.

Quelques minutes après la déclaration de Michèle, j'avais les jambes en guimauve et un vide sidéral m'avait rempli, un espace néant dans lequel s'était aussitôt engouffrée une peur abyssale, rougeoyante, terrible, qui me déchirait les entrailles et qui m'empêchait de rester au-dedans de moi, ne fût-ce qu'une seule seconde.

Je me rappelai honteusement qu'un de mes premiers gestes avait été d'aller rôder du côté des prostituées du café *Chez Richard*, pour essayer de grappiller quelques Valium sur le marché noir. Comme d'habitude, j'allais bientôt être en manque. Comme beaucoup d'autres fois qui suivraient, je m'étais morigéné à souhait. «Voilà ce que c'est, mon gars, quand on vit accro. Voilà ce que c'est que de vivre sur du bonheur emprunté!»

En doublant la Croix de Jacques Cartier, je me revis dans le rôle impossible du papa-de-fin-de-semaine-encore-amoureux qui acquiesce benoîtement aux critiques de son ex, et même aux critiques du nouveau chum qui en rajoute, comme si, du fait de ma dépendance à l'alcool et aux médicaments, je devais toujours avoir tort. Comme si, du fait de son nouveau bonheur et de ses allégeances féministes, Michèle devait toujours avoir raison.

Je me revis, crâneur et stoïque, ténébreux ou hystérique, picolant ferme et discourant dialectique pendant les longues soirées creuses dans les bars à intellos de la haute-ville. Je me revis, faussement calme et cartésien, jouant les hommes roses et cassant du *nationaleux* avec les camarades du groupe En Lutte! ou bien faisant risette avec d'aucunes de mes anciennes prétendantes et frimant fort pour donner l'image du cocu baba cool.

Je me rappelai aussi les tentatives avortées pour me remettre à flot financièrement, par exemple, cet improbable boulot de télégraphiste, au CN de Pointe-aux-Trembles, un travail abandonné au bout de trois semaines, et ce, malgré le généreux appui moral et financier de Jeannot, mon frère cadet. N'eût été celui-ci, d'ailleurs, ma descente aux enfers aurait pu être beaucoup plus cuisante, beaucoup plus dramatique.

Je me revis aussi dans un emploi de réécriveur pour la *Presse canadienne*, qu'une amie compatissante m'avait dénichée. Un job intéressant, mais qui n'avait pas résisté à un contexte de restructuration et qui avait débouché sur du moins que rien, comme Forillon.

Les trois membres du comité d'admission de Domrémy me reçurent dans un petit bureau de l'aile D, dans la partie nord de l'hôpital.

Édouard, un grand type osseux à l'air affable, se présenta d'abord comme l'un des deux médecins de l'unité. À côté de lui, les bras croisés sur un uniforme jaune soleil, se tenait Iris, l'infirmière. C'était une beauté classique, tout en finesse, avec des yeux d'azur qui irradiaient dans le demi-jour de la pièce. Un peu en retrait, une petite préposée boulotte avec qui j'avais déjà parlé au téléphone prenait des notes.

Sitôt que je fus assis, la blonde infirmière me demanda comment je me sentais. Surpris, je commençai à résumer d'une voix rauque mon expérience des mois précédents à Forillon.

— Non! s'écria-t-elle, je veux savoir comment tu te sens à l'intérieur au moment où je te parle.

La gorge nouée, je répondis que j'avais le cœur gros. Que je me sentais épuisé.

— Alors, voilà! Tu te sens triste.

— Triste?

— Eh ben, oui... Tu te sens triste. Et t'es un peu sec à l'intérieur, continua l'infirmière en faisant allusion à ma voix rauque. Ici, on essaie de mettre des mots sur les choses, sur ce qu'on ressent. Si c'est triste, c'est triste. Si c'est joyeux, c'est joyeux.

— !

Édouard commença alors à parler du programme de l'établissement et, de temps à autre, la préposée complétait.

On me demanda ce que, moi, j'attendais de Domrémy et de son personnel. Je parlais depuis peu quand Iris m'invita à hausser le ton et à regarder mes interlocuteurs dans les yeux.

Il y eut un lourd silence.

Agacé, contrarié, je poursuivis en déclarant que je ne m'attendais pas à des miracles et en disant que je voulais stabiliser mon humeur. J'évoquai ma rupture avec Michèle, mon incapacité à reprendre pied, ma dépression latente et mes excès d'alcool et de médicaments. J'ajoutai que je voulais cesser de boire et si possible en finir avec le diazépam.

À ce stade, j'étais aussi tendu qu'au début de l'entrevue. Surtout, j'avais très peur de ne pas être accepté. J'osai tout de même poser la question qui me hantait.

— Est-ce qu'on donne des électrochocs, à Domrémy?

Les trois membres se jetèrent des regards surpris et navrés. L'infirmière déclara sur un ton cinglant:

— Ici, on ne tue pas nos patients. On les soigne!

Pressé de justifier ma drôle de question, je confessai mon aversion pour l'électrothérapie et toute autre méthode lui ressemblant. Je racontai comment le psychiatre O., cinq années plus tôt, s'était servi des élec-trochocs pour un sevrage du diazépam prévu comme devant être de la petite bière.

— Ici, on fait de la thérapie, dit le médecin en s'em-pourprant. On ne donne pas des chocs. On ne punit pas non plus. Quand un patient décompense ou fait une psychose, on le réfère au B-8, en psychiatrie. Même là, les électrochocs n'existent pas. De toute façon, ce n'est pas une façon de soigner les gens.

L'homme expliqua que, dans un cas comme le mien, on effectuait un sevrage progressif. De plus, on ajoutait une médication de support pour contrer l'état dépressif et pour favoriser les principales fonctions. Les différentes thérapies – de milieu, individuelle et en groupe – étaient censées faire le reste.

— Même à ça, conclut le médecin, on ne fait rien sans consulter nos patients. Ici, on travaille en équipe. On ne décide pas pour, on décide avec!

Je voulus savoir si ça allait être long avant que j'ob-tienne une réponse. Le médecin interrogea du regard les deux femmes, puis, d'une voix joviale, il lança:

— À partir de maintenant, mon gars, on travaille ensemble.

On me donna une chambre, et Iris entreprit de me faire visiter les lieux. La détresse du matin faisait place à un bienheureux sentiment de quiétude. Enfin, j'étais casé. J'avais surtout l'impression qu'il ne pouvait m'arriver que de bonnes choses dans cet hôpital vieillot, mais éminemment sympathique, un endroit où la majorité des patients avaient les yeux brillants et le sourire contagieux. Certes, je ressentais toujours une immense et profonde lassitude morale et physique. Mais, juste à l'idée d'éviter les électrochocs, j'exultais.

Lorsqu'elle m'amena à ma chambre, l'infirmière me proposa une sorte de pacte, un contrat qui l'amènerait, elle, en toutes circonstances, à m'inciter à parler plus fort et qui m'obligerait, moi, à regarder davantage les gens dans les yeux et à me tenir le dos droit sur ma chaise.

— L'idée derrière ça, dit-elle, c'est de commencer par travailler sur des choses simples, des trucs de base. C'est une question de respect de soi et des autres.

Aujourd'hui, ce contrat peut faire sourire, tant il pouvait apparaître simple, voire simpliste, à l'époque. Rien n'empêche que c'est grâce aux attentions de la jeune infirmière si j'ai pu commencer à mieux habiter mon corps et à mieux le comprendre. C'est bien à partir de ce fameux contrat que j'ai pu apprendre à remonter aux causes psychiques des problèmes vécus par mon corps.

Le plus drôle, c'est que, même trente ans après, le contrat que j'ai passé avec Iris tient encore. Ainsi, quand la fatigue ou les mauvaises habitudes reprennent le dessus, je revois les gesticulations muettes de la grande blonde aux yeux bleus et parfois, son exaspération.

Je ne fus pas long à m'intégrer au système du D-2. Ma première semaine à Domrémy passa comme un véritable enchantement. Je n'avais pas tardé à me faire des amis, et André, mon nouveau compagnon de chambrée, s'avérait facile à vivre. En outre, Iris et le docteur étaient de formidables intervenants, et il me semblait que tout le personnel était aux petits soins avec moi.

Pour sûr, le fait de pouvoir rencontrer le médecin tous les jours était pour beaucoup dans ma lune de miel. Ed, comme tout le monde l'appelait, avait eu tôt fait de dissiper mes frayeurs en matière de sevrage. Du reste, notre plan pour diminuer progressivement le diazépam était des plus simples. Nous avions convenu d'en parler le plus souvent possible et avions décidé d'éviter la trop forte pression des dates butoirs.

Néanmoins, habitué à tricher avec l'alcool et le Valium pour trouver le repos, il me fallut au moins deux bonnes semaines pour voir mon sommeil s'améliorer un peu. J'avais droit à seulement deux ou trois heures de sommeil par nuit, et ce, même avec l'administration d'un narcotique. Sur ce point, le médecin m'avait prévenu : j'allais devoir travailler très fort et exercer ma patience avant de retrouver un sommeil substantiel.

Le plan de thérapie de l'établissement était conçu selon les besoins les plus élémentaires d'alcooliques et de toxicomanes en voie de réhabilitation. Depuis leur implantation à travers le Québec au milieu des années 1950, plusieurs générations d'intervenants des cliniques Domrémy s'étaient employés à en peaufiner les méthodes. Je parle ici de façons de faire aussi variées que complémentaires, surtout basées sur les thérapies dites du comportement, cognitives ou psycho-corporelles.

Aussi, bien qu'un certain nombre des clients de Domrémy fussent contraints de s'y faire soigner – justice, conseil de famille, curatelle –, une bonne majorité d'entre eux le faisaient de leur plein gré. De même, un bon pourcentage de patients aboutissaient naturellement au D-2 après avoir suivi une cure de désintoxication au sixième étage de l'endroit, le D-6.

Enfin, contrairement à ce que j'avais vu à Roy-Rousseau et à Robert-Giffard, la majorité de la clientèle provenait des environs immédiats de Québec, exception faite, peut-être, de la Rive-Sud et de la Beauce.

Trente ans après sa fondation, la renommée de

Domrémy Saint-François était grande, et n'importe qui n'y entrait pas, du moins en théorie. Il fallait montrer patte blanche et démontrer, comme je l'avais fait devant le comité d'admission, un désir sincère de se sortir du pétrin.

Malheureusement, tout cela n'empêchait pas, je l'appris bien assez tôt, l'intrusion en permanence d'une flopée de resquilleurs dont les motivations étaient douteuses, même nulles. Parmi ces profiteurs se trouvaient de futurs condamnés soucieux d'amadouer le juge, des détenus en fin de parcours désireux d'avoir du bon temps, de pauvres hères sans chèque ni ressource, d'authentiques crapules voulant se faire oublier, des prostituées venues se reposer la tête et le corps, des itinérants entre deux saisons de migration et des mauvais payeurs qui fuyaient les créanciers, tous comédiens chevronnés et pros de la manipulation qui avaient su donner un bon spectacle devant le comité du classement et de l'admission.

Les quelque quarante patients de l'étage, dont un tiers de femmes, étaient répartis en deux grands groupes, qui se subdivisaient à leur tour en quatre petites cellules, pour des activités à caractère restreint s'échelonnant sur toute la semaine. Chaque groupe avait sa propre structure et ses officiers, chefs et sous-chefs, dûment élus par la majorité.

Mis à part les patients qui étaient en attente, les seuls à être exemptés de la routine du D-2 étaient Gérard, Albert et monsieur B. de Lévis. Tous trois étaient des patients de longue durée atteints du syndrome de Korsakoff, que la direction de l'établissement était tenue de garder à l'étage. Quant au syndrome en question, il s'agissait d'une maladie neurologique caractérisée par une amnésie de fixation et de sérieux problèmes d'orientation, une maladie dégénérative souvent causée par une intoxication alcoolique grave.

Pendant mon séjour, il m'arriva maintes fois d'escorter Gérard jusqu'aux tables de billard du gymnase, à seulement un étage plus bas. Ce dernier, un ancien camionneur âgé de quarante ans, pouvait se perdre n'importe où dans l'hôpital. Aussi, la consigne des infirmières était très claire dans son cas :

— Oui, vous pouvez l'amener jouer, mais, de grâce, ramenez-le !

Quant aux deux autres, le fait d'entendre le personnel leur répéter cent fois par jour la même chose devint bien vite un rituel maison qui ajoutait au décor ambiant. Pendant certaines périodes, par exemple, on devait rappeler à tout instant à monsieur B. que, oui, il avait parlé à sa fille le matin même et que, non, il ne pouvait pas téléphoner à nouveau.

Les trois hommes avaient tellement l'air tristes et vulnérables qu'il était pratiquement impossible de ne pas éprouver de compassion à leur égard. Aussi, à tour de rôle, nous prenions un réel plaisir à les piloter à travers l'édifice, d'autant plus que nous avions enfin l'impression de nous sentir utiles à quelqu'un.

Dès mon admission, mes matinées furent employées à faire de la thérapie ou à voir des films avec un petit groupe de patients animés par Édouard et Iris. Le fait de voir le docteur jouer le rôle d'animateur de service accentuait vraiment son côté médecin au ras des pâquerettes. C'était là une des facettes plaisantes du bonhomme, qui contrastait royalement avec le côté docte et prétentieux des psychiatres de Roy-Rousseau.

Mes après-midi étaient réservés à des occupations comme l'ergothérapie, la méditation en groupe, les jeux et les sports d'équipe.

Le vendredi, enfin, était une journée plus sérieuse, pendant laquelle nous faisions de petits et de grands bilans des activités de la semaine. Moment bénis de renforcement positif pour les uns, véritables séances d'autoflagellation pour les autres, les bilans étaient l'occasion de souligner les bons et les mauvais coups de la semaine et de prendre des résolutions pour la semaine suivante.

À ce programme déjà bien chargé s'ajoutaient des entrevues en solo avec Réjean, un psychologue qu'on m'avait assigné d'office. Nos rencontres, basées en partie sur le principe de l'approche motivationnelle, étaient censées me permettre d'approfondir ce que je répugnais à dire en thérapie de groupe. Reste que j'étais peu friand de ces rencontres. Je ne voyais pas comment elles pouvaient changer quoi que ce soit à ma vie. Toutefois, l'avenir allait me prouver que, pour qui s'y prêtait avec un minimum d'honnêteté, ces face-à-face étaient loin d'être banals.

Nous arrivions à l'Immaculée Conception, et mon sevrage du diazépam allait fort bien. En outre, j'avais retrouvé un bel appétit et j'avais presque réussi à mettre en veilleuse mes problèmes de l'extérieur. Je me sentais littéralement revivre et j'étais beaucoup plus confiant devant l'avenir. Un peu comme le phénix, je me voyais une fois de plus renaître de mes cendres.

La routine de Domrémy me plaisait bien et je me donnais à fond de train dans les activités de groupe, si bien que je commençais à en inquiéter sérieusement d'aucuns.

L'infirmière Iris elle-même m'avait sonné une cloche. Selon elle, il était plutôt anormal de voir quelqu'un comme moi dépenser autant d'énergie après seulement dix jours de stage. Toujours de son point de vue, j'étais victime d'une sorte de *pink cloud*[47], et j'allais devoir redescendre sur terre à un moment donné.

— Relaxe, respire par les ouïes, m'avait-elle lancé après un match de badminton où je m'étais défoncé comme si ma vie en dépendait.

Il faisait très sombre, ce matin-là, et je me dirigeai à pas feutrés vers la salle de séjour, plus communément appelée le solarium. L'endroit, avec ses grandes fenêtres rectangulaires qui buvaient la clarté du nord, était le lieu le plus prisé de la population du D-2. Qu'il s'agît de dissiper les affres d'une nuit blanche ou d'exorciser ses fantômes, on aimait bien s'y agglutiner le matin. Ça fleurait bon les arômes de café et on pouvait toujours y griller une clope avant l'activité à venir.

La lumineuse pièce servait aussi d'agora pour une brochette de grandes gueules qui se faisaient un devoir de discourir en toutes circonstances. Entraient dans cette catégorie les incontournables amateurs de *chars* et de grosses boules, les irréductibles fans des Nordiques dont c'était la troisième année dans la grande ligue, les traîtres du Canadien dont j'étais, les grands déprimés du référendum de 1980 dont je n'étais pas, ceux qui avaient fait du temps à Orsainville et enfin ceux-là, les *tavernologues*, *pénissologues* et futurologues toutes catégories confondues. Des olibrius qui savaient tout sur tout, qu'il s'agît de thérapie, d'alcool, de femmes et des mystères de la vie en général.

Faisaient aussi partie de ladite catégorie des

---

47. Littéralement, «nuage rose». On dit de la personne qui est sur un *pink cloud* qu'elle est *high*, qu'elle flotte dans une autre réalité. Ce genre d'état survient généralement à la suite d'un stage intensif ou d'une quelconque thérapie. Parmi les symptômes, la personne touchée voudra sauver tout le monde autour d'elle, dira qu'elle veut devenir thérapeute, etc.

mâchoires, des cas de toutes sortes : les *borderline* en crise, les cyclothymiques en phase de *high* et les patients mal sevrés, naturellement hystériques, sur un nuage ou trop fraîchement arrivés du secteur de dégrisement du D-6. Tous ces gens, remplis d'une authentique souffrance, étaient affectueusement désignés par la population dite normale comme des « hosties de soucoupes », des « sautés du crinque », des « écartés de service » ou des « échappés de l'asile ».

Ce matin de l'Immaculée ne faisait pas exception à la règle, alors que, réunis autour de la grosse cafetière en acier, un petit groupe d'hommes s'abreuvaient des insipidités d'un gros rural faisant l'apologie de sa motoneige.

Quant à moi, j'étais en compagnie d'Olivier, de Québec, et de Charlie le débardeur quand monsieur P., un troisième larron de notre groupe de thérapie, s'invita à notre table. Je connaissais bien l'homme qui était originaire de mon patelin, Lac-Beauport, et je savais le quinquagénaire, un ancien avocat et un aristocrate déchu, capable de se montrer très arrogant à l'occasion.

Nous étions donc là à échanger des banalités, quand monsieur P. commença à traiter Charlie d'arriéré de campagne et autres épithètes peu flatteuses. L'autre, bonne pâte, bougonna un peu, mais ne releva pas l'insulte.

Un peu plus tard en matinée, alors que nous étions tous rassemblés autour d'Édouard, l'aristo déchu retrouva sa hargne et recommença à invectiver sans raison le gros débardeur. Cette fois-ci, Olivier se porta à la défense de Charlie en offrant à l'agresseur une paire de claques. D'autres membres du groupe voulurent lui faire un mauvais parti.

Bredouillant et rouge de honte, fusillé du regard par l'assemblée, monsieur P. dut battre en retraite à sa chambre. À partir de là, l'homme fut mis en quarantaine sévère par le groupe. Personne du D-2 ne voulut plus jamais lui adresser la parole, et encore moins s'asseoir avec lui. Iris et le docteur eurent beau essayer de récupérer l'affaire en thérapie, rien n'y fit. La condamnation était sans appel.

Car telle était la loi du groupe à Domrémy Saint-François d'Assise : une façon collective de réagir qui allait directement à l'essentiel sans s'embarrasser des détails. Cette loi pouvait aussi s'avérer très cruelle et des plus expéditives, comme je devais m'en rendre compte dans peu de temps.

Monsieur P. endurerait vaille que vaille son sort pendant quelque temps et quitterait l'endroit misérablement à une semaine de Noël. Un mois après les Fêtes, je lirais son avis de décès dans les pages du journal.

Quelques jours après l'incident entre les deux hommes, je rencontrai une stagiaire qui me fit remplir une grille de questions, en rapport avec un supposé test de personnalité.

Deux jours après, j'avais droit à des résultats stupéfiants, des résultats qui contredisaient nettement la perception que j'avais toujours eue de moi-même. En effet, alors que je croyais avoir un côté social très développé, j'apprenais que cette facette de moi était plutôt une de mes faiblesses notoires. Il était évident, selon l'étudiante, que j'avais, et ce, depuis toujours, de grosses difficultés dans mes rapports avec autrui. Par conséquent, m'assurait-elle, j'allais devoir travailler fort pour corriger cette évidente lacune.

Cela me parut tellement absurde, tellement incongru que je me mis à rire au nez de la jeune femme. Moi, des problèmes avec les autres? Moi, des lacunes à corriger de ce côté?

— Ben voyons, rigolai-je.

Qu'on en juge! J'avais été élu président de classe partout où j'étais passé. J'avais exercé toutes sortes de fonctions publiques et j'étais un expert en animation de groupe. Qui plus est, j'avais un réseau de connaissances qu'aurait envié n'importe quel politicien. Et j'étais censé, moi, avoir de la misère dans mes rapports avec autrui? Et quoi, encore?

Ces drôles de résultats trouvèrent aussi un écho chez le psychologue, qui faisait, lui, une nette différence entre des relations de surface et une relation de qualité, ajoutant qu'on pouvait très bien avoir un réseau social des plus garnis et vivre en même temps une profonde solitude, être entouré de beaucoup de monde et vivre une immense détresse.

La nuit qui suivit fut longue, pénible et peuplée de revenants. Les paroles de la stagiaire et du psychologue avaient ouvert une brèche et, quelque part en moi, je devais admettre que les deux trouble-fêtes pouvaient bien avoir raison.

Je savais depuis longtemps, au chapitre des relations sociales, que je ne pouvais compter que sur un ou deux amis sincères, même si je connaissais des centaines de personnes de milieux différents. À ce trop petit nombre d'amis s'ajoutait également le fait que j'avais toujours éprouvé beaucoup de difficultés à vraiment leur parler de moi. Soit j'avais peur de leur jugement, soit je ne me trouvais pas assez intéressant. Quand j'osais me confier, ce n'était qu'à mots couverts, en demi-teinte et à contre-jour.

En fait, il fallait absolument qu'on vienne me

chercher, me décrocher, pour que je déballe un brin mes états d'âme. Il fallait me harponner pour que je m'ouvre un peu et que je dise de vraies choses, de celles qui gênent ou qui font mal, qui dérangent ou qui font peur.

J'étais aussi tout à fait conscient que mes relations avec les femmes étaient boiteuses, immatures, tordues. J'avais beau avoir un carnet d'adresses bien rempli, recevoir des demandes, je ne voyais que très peu de femmes dans l'intimité.

Non pas que j'hésitasse de me retrouver en tête-à-tête, mais j'avais une peur bleue du contact véritable, du grand frisson, du courant électrique pouvant s'établir directement d'un cœur à un autre. En un mot comme en mille, j'avais peur de l'amour.

J'avais une sainte frousse de tout ce qui pouvait devenir profond et sincère. J'avais peur d'une authentique relation, tellement plus nourrissante que le simple collage d'une peau nue contre une autre, tellement plus exigeante qu'un orgasme, partagé ou pas.

Je répugnais d'autant plus à connaître de vraies liaisons amoureuses que j'étais rongé par une terrible crainte de m'engager et aussi de ne pas être à la hauteur ensuite. Surtout, j'étais obsédé par l'idée d'être rejeté, balancé. C'était là une fixation qui m'amenait à quitter mes blondes avant de subir l'opprobre d'être rejeté par elles. C'était là une idée parasite, un ver rongeur qui m'avait toujours amené, au moindre choc, au moindre écueil, à rompre sans mot dire, en me maudissant toujours davantage chaque fois.

De toutes les filles que j'avais tant, mais si mal aimées, Michèle était la seule qui était restée, même si j'avais voulu rompre avec elle aussi, peu après le début de notre aventure. C'était la seule qui avait su me deviner, qui m'avait accepté sans trop savoir et qui m'avait aimé plutôt malgré moi.

J'étais conscient de porter plusieurs masques et de me cacher derrière quantité de personnages. Ces masques étaient comme des armures, des carapaces, et il me faudrait encore beaucoup d'années pour comprendre qu'ils protégeaient le petit garçon-en-moi qui avait connu très tôt le rejet et l'injustice, un petit garçon qui s'était senti abandonné, trahi et humilié par son entourage.

Je savais en outre, même si je n'étais pas encore capable de me l'avouer, que je portais toujours en moi un immense besoin d'être accepté, reconnu et aimé par les autres. Cette dépendance d'autrui m'empoisonnait l'existence et constituait ma pire ennemie, mon talon d'Achille. C'était cette contrainte, ajoutée à ma sensibilité naturelle et à mes idéaux de justice sociale, qui m'avait irrésistiblement poussé dans des rôles de sauveur et de messie. Cela m'avait amené, dix ans plus tôt, à jouer les présidents et les animateurs militants au cégep et dans le quartier Limoilou. Un besoin d'être reconnu, finalement, qui m'avait confirmé dans un rôle de vedette sociale, avec en arrière-plan les flonflons du *flower power*, l'ivresse de mon idylle naissante avec Michèle, les camarades d'octobre chauffés au rouge, les complots ourdis dans l'absolue paranoïa, la griserie de l'action directe, les dangereuses bombes artisanales, l'explosion finale... et aussi, hélas, l'implosion du moi agonisant.

J'avais tenu là un rôle extrême, je m'étais investi d'une mission qui avait fait de moi une gloire locale, une sorte de Che Guevara-de-service. J'étais devenu un mythe de quartier.

Mais rien de tout cela, je le répète, n'avait d'assises solides. C'était du toc. Dans la vraie réalité, je n'avais été qu'une ombre pour moi-même. J'avais été une caricature, le roi des Zôtres, comme dans Achille Talon.

Toutefois, même si je ne savais plus trop bien qui j'étais au juste, ce ne serait certainement pas cette nuit-là que j'allais le découvrir. Mais je savais que mes personnages sonnaient faux et c'était amplement suffisant pour me rendre malheureux. Pourtant, mauvaise perception de moi et perfidie de l'ego, je croyais encore être cet incassable, cet increvable, ce gars authentique et plutôt kamikaze que les gens avaient toujours connu.

Je n'allais tout de même pas donner raison à une petite infirmière stagiaire et à son commettant de service, le *lologue* efféminé de Domrémy. Pas question que je lâche le morceau. J'étais habitué de me relever et cette fois-ci ne ferait pas exception. J'allais reprendre la situation en mains et on allait voir ce qu'on allait voir.

Il faudrait encore vingt ans, après l'épisode Domrémy, pour que je connaisse un royal et salutaire bas-fond qui m'obligerait à lâcher prise et à m'abandonner complètement. Il faudrait pas moins de deux décennies pour que craque mon ego aux multiples carapaces, pour que tombent les couches qui s'étaient enroulées en pelures d'oignon autour des blessures de mon enfance.

Là, seulement, alors que j'entreprendrais une thérapie basée sur les douze étapes des Alcooliques anonymes, je pourrais commencer à travailler sur les nombreux aspects de ma personnalité, marquée au coin par la codépendance affective.

Ce serait justement pendant les premiers jours de cette thérapie suivie à l'Arc-en-ciel, dans Saint-Roch, que m'apparaîtrait comme une évidence le lien entre les propos de Bill W. traitant de la dépendance aux autres[48] et ce lointain petit examen que m'avait fait passer une petite infirmière stagiaire, à Domrémy, vingt ans plus tôt, une petite infirmière stagiaire qui m'avait dit que j'étais pratiquement incapable de vivre des relations affectives saines avec autrui, une petite infirmière stagiaire qui avait frappé en plein dans le mille!

---

48. Le texte dont il est question ici est tiré des *Réflexions de Bill* (p. 176) et traite du fait que l'alcoolique est incapable d'entrer en véritable relation avec un autre être humain.

CHAPITRE 6

Comme un cœur enveloppé

Nous étions le lundi matin suivant le congé de l'Immaculée Conception et, après seulement deux semaines passées à Domrémy, je pouvais me féliciter d'avoir repris du poids et de me sentir beaucoup plus énergique qu'à l'arrivée. Je mangeais maintenant avec un appétit féroce et je prenais des suppléments de vitamines B-12 afin de pallier les carences de phosphate typiques des abus d'alcool. Je m'astreignais à un rigoureux programme de poids et haltères que je complétais avec plus ou moins de bonheur par des exercices de méditation et de musicothérapie. J'étais en train de me réapproprier mon corps et j'en éprouvais une fierté légitime.

En outre, j'en étais à ma dernière semaine avec un comprimé quotidien de Valium 5 mg. J'avais droit aux antidépresseurs habituels, Élavil et Trilafon. La combinaison m'apparaissait bonne et je n'avais pas le goût d'en changer.

Il y avait déjà une très nette amélioration au chapitre de la dépendance aux benzodiazépines, surtout si on considère que je pouvais en avaler jusqu'à 200 mg par jour dans les mois précédents, sans compter les désespérantes quantités d'alcool qui faisaient descendre le produit.

Somme toute, j'étais très content de moi, même si j'appréhendais au plus haut point les jours sans Valium qui s'amenaient à grands pas. L'expérience de mon sevrage manqué à Roy-Rousseau cinq ans auparavant avait laissé de profondes marques et je ne voulais plus jamais revivre un tel enfer. Plutôt mourir!

Comme chaque lundi, le solarium du D-2 résonnait du joyeux tintamarre des gens qui revenaient de leur congé de fin de semaine. Toutefois, faisant contraste avec cette atmosphère bon enfant, quelques clients avaient plutôt choisi de se tenir discrètement à l'écart du tohu-bohu. Parmi eux se trouvaient les patients qui n'avaient pas eu de permission de sortie et ceux qui avaient connu une rechute pendant le week-end, facilement reconnaissables à leur grise mine et à leurs mimiques angoissées. Tantôt, il leur faudrait rendre des comptes et valait beaucoup mieux pour eux de se garder une petite gêne et d'emprunter l'air compassé de circonstance.

J'étais de ceux qui, à l'instar des trois patients Korsakoff, n'avaient pas eu droit à une sortie de fin de semaine. J'en avais profité pour lire, méditer et faire plus ample connaissance avec Hervé, mon nouveau voisin de lit.

Un drôle de zig, que celui-là! Un grand mec osseux et blondasse à la voix très douce, avec de petites lunettes dorées sur le bout du nez, qui arborait en permanence un sourire carnassier.

Hervé s'était présenté comme un pharmacodépendant qui venait à Domrémy pour se reposer l'esprit. Quand j'eus fait allusion à ma dépendance à l'alcool et aux benzodiazépines, notamment le Valium, le gars s'était moqué en alléguant que le diazépam était un nanane de bonne femme de bingo, une dope de maternelle, qui n'avait rien de commun avec les produits dont il avait été accro: la morphine, le Démérol, les dérivés d'opiacés et l'héroïne.

À ce sujet, j'avais essayé pendant toute la fin de semaine d'en savoir davantage sur le gars et je m'étais continuellement buté à son rictus de prédateur, une grimace qui, combinée à la dureté de ses yeux bleu acier, conférait au personnage une aura trouble, inquiétante. J'avais commencé à me méfier de l'oiseau, et l'avenir allait me prouver que je n'avais pas tort.

Après le retour de fin de semaine coutumier, notre groupe de thérapie eut droit au film *L'Été dernier, au 85 des Épinettes.* C'était un classique de la filmographie béhavioriste[49] de Domrémy. En gros, ça racontait l'histoire d'un père qui picole avec des amis à la taverne, pendant que sa fillette l'attend éperdument dans une voiture garée non loin.

En regardant défiler les scènes tournées dans un quartier pareil à Limoilou, je me sentis ramené à ma propre histoire et je repensai à toutes les fois où je m'étais retrouvé attablé à la taverne du coin avant d'aller chercher Camille chez sa mère. Je revis en un éclair tous les petits mensonges, toutes les combines foireuses que j'échafaudais pour étirer mon plaisir et justifier mes retards. «Rien de trop beau pour la classe ouvrière», que je me disais complaisamment. Je me rappelai aussi les commentaires de Michèle devant mes nombreux retards, des propos d'abord empreints de surprise et de tristesse, qui avec le temps étaient devenus exaspérés et méprisants.

Le documentaire terminé, il y eut des raclements de gorge, et un lourd silence pesa sur notre petite bande. Chacun regardait le bout de ses souliers, et personne n'avait le cœur à commenter. La plupart d'entre nous avaient des enfants et presque tous avaient vécu des situations analogues.

Ce fut Olivier, qui plongea le premier. Le petit homme débita d'une voix basse et monocorde comment une soirée bien arrosée l'avait amené à causer un acci-

---

49. Se dit d'un courant psychologique qui étudie le comportement à partir de l'observation de la personne en excluant l'introspection.

dent mortel sur l'autoroute. Avec force détails, sans jamais lever la tête, il raconta comment sa compagne avait été littéralement décapitée lorsque leur voiture avait percuté un arbre, sous le regard épouvanté des deux enfants de la victime, deux pauvres mioches, qui auraient pu être exemptés de cette horreur sans nom, n'eût été le délire de l'homme et son insistance d'ivrogne pour les trimballer.

Le drame d'Olivier me projeta à Forillon à la fin de l'été précédent, alors que, devant ramener Camille à Québec, j'avais fait le trajet d'une traite en buvant de l'alcool pour rester éveillé. J'avais risqué gros et je n'étais vraiment pas fier de moi.

Je n'avais jamais parlé de cette affaire et je n'allais certainement pas commencer ce matin-là, surtout pas devant Chantal, une grande brune de Beauport pour qui je commençais à éprouver des sentiments, même si l'image de Michèle demeurait omniprésente.

Le gros Charlie enchaîna en racontant comment on l'avait retrouvé dans le broyeur à déchets d'un pétrolier qui faisait escale à Toronto, nu comme un ver et fin saoul. Son aventure, qui en d'autres temps nous eût fait brailler de rire, ne fit qu'épaissir davantage l'atmosphère glauque et opaque distillée par nos souvenirs embrumés.

Nous étions là à ruminer pesamment depuis de longues minutes quand Cécile, une travailleuse sociale alcoolique et maniacodépressive, osa exprimer ouvertement des doutes sur les buts de l'exercice.

— Bon là, calvaire, c'est assez! répliqua aussitôt Édouard. On n'est pas au club Med, je vous le concède. Mais on n'est pas encore en enfer ni au cimetière. L'enfer, c'était quand vous buviez, quand vous vous défonciez. Là, vous êtes passés à autre chose. Vous avez décidé de vous donner une chance, peut-être la première de votre vie. Notre petit bonheur, c'est qu'on est juste notre petite gang autour de la table, et on est là pour faire de la thérapie. C'est peut-être plate, mais c'est ça notre réalité au moment où je vous parle. Notre moment présent, c'est ça! C'est à prendre ou à laisser... Avis aux intéressés!

Les paroles cinglantes du médecin-chef avaient claqué comme un fouet et il n'y eut plus aucun commentaire de tout le reste de la séance.

Finalement, était-ce l'ambiance morbide engendrée par le film, la royale colère d'Édouard le bonasse, ou l'expression ahurie de l'infirmière Iris? Toujours est-il que jamais je n'ai oublié ce tableau de vie du lundi matin qui suivit l'Immaculée 1981.

Chose sûre, c'est très certainement grâce à et à partir de cette matinée-là si j'ai pu commencer à intérioriser des concepts comme ceux de l'acceptation et du moment présent, deux notions de base qui ramènent nos préoccupations à cette très simple proposition: le bonheur, c'est d'apprendre à vivre en acceptant ce qui est, au moment où on le vit; faire avec ce qui est, le plus sereinement possible, une journée à la fois. Deux idées aussi simples que fondamentales, redoutablement efficaces, qui sont à la base de toutes les recettes de bonheur proposées par les religions orientales, les philosophies New Age et les doctrines modernes se réclamant de la catharsis ou de la panacée.

Deux postulats élémentaires, donc, deux axiomes que j'ai apprivoisés très, très lentement, à partir de cette fameuse matinée où Édouard a fait une colère. Deux évidences, finalement, deux prémisses universelles qui m'amèneront, vingt ans plus tard, à adopter résolument un nouveau mode de vie, complètement différent de tout ce que j'avais connu et imaginé, basé sur l'être, plutôt que sur l'avoir, où la réalité du moment présent transcende tout, en plus de déboucher sur cette autre grande vérité : le bonheur, ce n'est pas d'obtenir ce que l'on veut, c'est de vouloir ce que l'on a.

Vers le milieu de la semaine, nous apprenions le renvoi de deux hommes et deux femmes qui avaient consommé de l'alcool dans un local désaffecté du sous-sol. Une rumeur voulait qu'Hervé, mon nouveau voisin de chambre, ait été leur fournisseur attitré. Cette drôle d'histoire, ajoutée à un furieux combat de boxe entre deux gars de l'étage, contribua fortement au climat électrique qui régnait au solarium.

Quant à moi, j'étais particulièrement angoissé à l'idée de revoir Michèle et Camille, dont la visite était prévue le lendemain midi. Aussi, pour trouver un peu de calme, j'avais cru bon de me réfugier dans la chambre de Raymond, un chambreur de Saint-Roch dont j'aimais bien la franche dégaine.

Plus que de la thérapie, Raymond profitait de l'isolement artificiel que lui procurait l'établissement pour échapper aux menaces de représailles dont il était l'objet, qui provenaient d'un redoutable propriétaire usurier de la basse-ville, contre qui mon compagnon devait prochainement témoigner. À la vérité, il fallait beaucoup de courage pour aller en cour contre l'usurier en question. Dans un passé récent, j'avais rencontré quelques-unes de ses victimes et je savais que la fripouille ne faisait pas dans la dentelle.

Notre bavardage fut interrompu par l'arrivée inopinée d'un visiteur, un jeune prêtre-ouvrier que Raymond souhaitait me présenter depuis belle lurette. Même si je n'en avais pas le goût, je dus m'obliger à faire un effort de cordialité pour être agréable à Raymond. La conversation se mit très vite à rouler sur toutes sortes de sujets.

Pour ne pas être en reste devant le jeune visiteur, je me mis à pérorer sur le cas de Benoît et de Jean-Paul, deux prêtres-ouvriers de mes connaissances qui s'employaient à syndiquer les employés du Hilton de Québec.

L'invité continuait de m'écouter respectueusement, tout en plongeant un regard étonnamment doux et triste dans le mien, celui d'un homme à qui pas grand-chose n'échappe et qui pouvait facilement scanner l'intérieur d'une façade de circonstance. Bien plus que le col romain honni, c'était l'impression de mise à nu qui faisait que je me sentais si mal devant lui. Si bien que je ne tardai pas à m'en aller.

Plus tard, Raymond vint me retrouver et reparla de la visite de son ami en vantant ses mérites et sa modestie.

— Pis toé, Gilles, continua-t-il avec son habituelle franchise, mon ami Bruno te trouve ben smatte. Mais y trouve que t'as le cœur enveloppé. Comme si t'étais prisonnier à l'intérieur, comme si tu parlais juste avec ta tête, pas avec ton cœur.

— !

Sur ce, l'ami Raymond s'en fut en me laissant dans un état où s'entremêlaient l'indignation, la fureur et la stupéfaction.

Il était trois heures du matin et je connaissais une autre nuit blanche et affreuse, pleine de ricanants squelettes et de fantômes filamenteux, marqués au coin de l'introspection et de l'autoflagellation. Bien plus que les ronflements de mon voisin Hervé, c'était les remarques de l'ecclésiastique qui m'empêchaient de dormir. « Quoi? Moi, j'étais prisonnier de l'intérieur? Moi, j'avais le cœur enveloppé? Mais qu'est-ce qu'il en savait, le cureton-prolo de mes deux! De quoi il se mêlait, celui-là! En admettant que ce fût vrai – ça l'était –, il était qui, le Bruno, pour se permettre de telles remarques? Qu'est-ce que j'en avais à cirer, moi, de son boniment à la petite semaine? Non, mais, des fois, quand même... »

Mais j'avais beau vouer le prêtre aux gémonies, l'agonir d'injures, les mots de Raymond me revenaient sans cesse. «Cœur enveloppé, prisonnier à l'intérieur... »

Ce qui faisait le plus mal, ce n'était pas tant la nature du propos que le fait de sentir plus ou moins confusément qu'il pouvait bien avoir raison, le bougre d'animal, la crisse de soutane. Et soupire d'un bord, tourne de l'autre, grognasse, salive, bois de l'eau, grille une tige, compte les pas du préposé de nuit, et clip et clip et clop, compte le tic-tac de l'horloge, regrille une tige...

Et voilà que je ne dors toujours pas et que je replonge malgré moi dans le film de ma vie, ma vie marquée par la violence de mon père, la pauvreté, la honte, l'abandon, le rejet, l'humiliation et bla-bla-bla; ma personnalité introvertie, modelée autour d'un immense besoin du regard des autres, tissée serré comme un gros cocon ayant pour tâche de protéger le pauvre petit Gilles, pas toujours montrable, pas toujours sortable, le petit Gilles fragile, larvaire, lamentable des fois.

Heureusement, il n'y avait pas que ça dans le cinéma de ma vie. Il y avait ma mère, mes frères et mes sœurs, et des amis que j'avais aimés, pour qui j'avais compté. Et il y avait aussi quantité de souvenirs heureux, des souvenirs de Lac-Beauport, mon patelin. S'y retrouvaient pêle-mêle des images chaudes et belles de mon enfance : le ruisseau Denis, les jacasseries des mésanges, la complainte des *frédérics*, la petite école Saint-Dunstan, les sous-vêtements des maîtresses flottant sur la corde à linge, les feux d'artifice du centre de ski Le Relais, la rivière Jaune, la pêche au pain, les carpes indolentes et les truites frétillantes dans l'eau claire, la chute bleue du chemin du Brûlé, le froufroutement de nos grandes bottes de caoutchouc dans l'herbe mouillée, le stridulement des cigales, les concerts de grenouilles sous les grosses lunes blanches de l'été, les beaux tétons roses et blancs de la sœur d'André Proulx, le mystérieux abri atomique de mon père, les magnifiques dahlias rouges et blancs de ma mère, la télé de *Bobino* et des *Belles Histoires*, la radio du *Cabaret du soir qui penche*, les maringouins dévorants du mois de juin, *Tarass Boulba*, mon premier livre, la plage de la maison jaune, les épiques guerres de mottes de vase, les jolies baigneuses au corsage bien rempli, le chic *Casse-croûte Régal*, l'odeur des frites incrustée à nos vêtements, les senteurs des feuilles mortes l'automne, les chums de mes sœurs, l'inquiétant monsieur Mattews, son laboratoire secret et ses visiteurs de Vénus, les premières épluchettes de blé d'Inde, les slows cochons avec les filles des alentours, la mystique de l'hôtel Pagoda, *mister* Rourke et les *Irlandos* de Stoneham, les parties de hockey sur la glace du lac Montclair, les messes de minuit de la petite chapelle au bord du lac Beauport, les fidèles en carrioles, les soûlons du banc de queue, mes juteuses petites cousines, nos bagarres avec les taupins des Laurentides, les premiers baisers sucrés, le goût âcre et salé des premiers chagrins d'amour... Autant d'images apportées par le vent des souvenances, dans une nuit de décembre blanchie par l'insomnie crasse, à Domrémy Saint-François d'Assise.

Quelle épopée, mes frères, quelle saga, mes sœurs! Et surtout, surtout, quelle joyeuse tempête, dans ma pauvre tête de fer-blanc!

Et me voilà revenu – ça ne s'arrête pas, ça ne veut jamais s'arrêter quand ça s'emballe – aux épisodes de dépression précédant Roy-Rousseau. Maudite incapacité à me dire, à sortir de moi! Puis ce sont les électrochocs, la Stélazine, la camisole chimique, l'insuline, Pierre, Marcel et tous les compagnons de route décédés qui m'apparaissent. Ensuite, c'est le fantôme excédé du docteur O. qui se met à hurler: «Gilles! Faut que tu apprennes à sortir de toi!»

Comme si je ne le savais pas, qu'il me fallait sortir de moi. Qu'il me fallait parler de mes émotions. Mais au fait, les comiques, comment on fait pour sortir de soi? Comment on fait pour sortir de soi, quand y a jamais rien qui sort? Quand ça reste écrasé à l'intérieur? Comment on fait?

On prie pour que ça débloque en conchiant une image du pape? On pisse debout en chantant *L'Internationale*? On fait gouzi-gouzi avec l'infirmière de garde? Comment qu'on fait, bon Dieu?

Ciel, que je lui en voulais, à cet ostifi de prêtre! C'était sa faute, ce délire éveillé!

J'étais dans une colère noire, mais je ne savais pas encore que, cette colère, elle était dirigée contre moi. Plus j'y pensais, dans cette nuit qui n'en finissait pas, plus cette incapacité à sortir de moi m'écrasait, m'aplatissait.

Je me sentais un minable, un incapable et, de ce fait, j'étais certain que tout le monde devait bien rire de moi. C'était là une certitude qui s'accompagnait de profondes bouffées de désespoir, d'une détresse sans fond, tourbillonnante comme la neige du dehors.

Au petit matin, j'étais couetté, hirsute et complètement lessivé. Je n'avais pas fermé l'œil de la nuit et j'eus toutes les peines du monde à participer aux activités de l'avant-midi. Ce fut par conséquent dans un état de demi-hébétude que je rencontrai Michèle et Camille, tôt l'après-midi.

Dès qu'elle me vit, ma fillette de quatre ans se précipita dans mes bras en lâchant un déchirant «Bàbà!». Je la hissai délicatement contre moi et enfouis ma tête dans ses belles boucles blondes. Elle planta ses immenses yeux noirs dans les miens et me déclara d'une petite voix plaintive qu'elle ne voulait plus retourner en «S'pésie» (Gaspésie).

Je restai longtemps immobile, Camille lovée contre ma poitrine. Je m'extasiais en silence devant la candeur et la beauté de la petite. Je n'avais pas vu ma fille depuis la fin de juillet, et il me semblait que nous vivions là un moment d'éternité, comme si nous étions suspendus quelque part en dehors du temps réel.

Toutefois, je me mis bientôt à éprouver des sensations bizarres, étranges. J'avais l'impression de sortir de mon corps et il me semblait que c'était un autre moi qui vivait cet instant, à Domrémy, avec les deux femmes de ma vie. C'était là des sensations de dédoublement fort désagréables que j'éprouvais assez souvent, des vertiges attribuables, selon le médecin, à la baisse du Valium.

Sitôt que j'avais toisé Michèle, qui se tenait un peu en retrait, j'avais ressenti l'habituelle brûlure au creux du ventre. C'était comme un sabre qui aurait tranché au plus profond de mes entrailles. À chacune de nos rencontres depuis notre séparation, c'était la même déchirure, le même feu.

Dieu qu'elle était belle, plus souriante et plus désirable que jamais. Mais que lui faisait-il donc, celui qui m'avait remplacé, pour qu'elle ait l'air si heureuse? J'avais beau essayer de toutes mes forces, je n'étais pas encore capable de lui en vouloir, à ce salaud. Et à elle non plus. C'était moi, l'imbécile. Moi, le con.

Mais, tout de même, qu'est-ce qu'elle me faisait comme effet! Cela s'arrêterait-il un jour? Aurais-je les tripes arrachées pendant bien des années encore?

Pendant ce temps, Michèle me parlait de garde partagée renouvelée, d'un nouveau départ, de contribution volontaire sur d'autres bases. Camille, elle, s'ingéniait à faire des nœuds dans mes lacets en riant des grimaces que je faisais. C'était un de ses jeux préférés.

J'acquiesçais à tout ce que Michèle disait. Pourtant,

j'avais du mal à saisir, à bien comprendre. J'étais assis là, en face d'elle, avec Camille sur mes genoux, mais j'étais ailleurs, comme assis entre deux mondes, entre deux réalités bien différentes. J'étais coincé entre un passé qui ne voulait pas mourir et un présent que je n'arrivais pas à envisager.

De temps en temps, je plantais mes yeux dans les siens, comme à une certaine époque pas si lointaine, quand j'avais besoin de la séduire. Mais c'était peine perdue. Je me heurtais toujours à ce regard pétillant de fermeté, à ce sourire de circonstance un peu navré, un peu glacé.

Aux questions polies sur ma santé et ma thérapie, je répondais par des généralités, des évidences. Je faisais celui qui en a vu d'autres, qui n'a pas à s'en faire avec tout ça. Pfff! N'avais-je pas survécu à trois séjours à Roy-Rousseau? À côté de ça, Domrémy, c'était de la petite bière, n'est-ce pas?

Ce que j'aurais voulu dire à Michèle si j'en avais eu le courage, c'était que je l'aimais encore malgré tout. C'était ça que j'aurais voulu lui crier, plutôt que d'échanger des banalités sur ma santé. Mais voilà, il me fallait bien garder un peu de gêne, un peu de quant-à-soi. La rencontre prit fin et nous convînmes que Camille passerait quelques jours avec moi pendant les vacances de Noël.

Quelques heures après ces retrouvailles, le groupe était réuni autour d'Édouard, et nous nous efforcions d'exprimer nos sentiments après une activité de relaxation. Je fus le dernier à me prêter au jeu. Excès de zèle ou conséquence d'un trop-plein d'émotions refoulées, je me lançai dans une longue tirade pour bien montrer à quel point la relaxation m'avait été bénéfique. J'employai, comme cela m'arrivait de temps à autre, une flopée de termes aussi académiques qu'ésotériques, associant volontiers l'harmonie du yin et du yang, avec la quintessence du moi retrouvé dans mon corps libéré. Mal m'en prit, et les réactions fusèrent, aussi vives qu'inattendues.

Onésime et Charlie roulèrent de grands yeux en exhalant un profond soupir de découragement. Michel, mon partenaire de sports, murmura à voix haute que le grand Gilles s'en venait pas mal sauté du crinque.

Chantal évita mon regard, et Pierre, un ancien motard, me regarda d'un air ouvertement méprisant. L'homme, qui en pinçait lui aussi pour la belle, avait cette habitude de défier n'importe qui pour impressionner l'entourage.

L'infirmière Iris eut beau essayer de récupérer mes propos, le mal était fait. J'avais erré, et la meute allait maintenant sévir. Telle était la norme, telle était la loi du groupe. À Domrémy, le groupe faisait foi de tout. Au souper, je dus manger seul, personne n'ayant osé s'asseoir à la table de celui qui parlait en capoté.

Pendant tout le repas, du reste, j'eus la très désagréable impression que tous les regards étaient braqués sur moi. Plus tard, au début de l'habituel tournoi de cartes du soir, mes coéquipiers réguliers me firent faux bond. J'en fus réduit à regarder les parties depuis le bout de ma chaise. La seule personne qui voulut bien m'adresser une parole fut Alvin, un homosexuel séropositif, lui-même en quarantaine depuis longtemps. Finalement, écœuré par l'attitude générale, paranoïaque à souhait, je dus retraiter comme monsieur P. l'avait fait quelques jours auparavant.

La visite inattendue de mon frère Daniel, le lendemain, n'arrangea pas les choses. Il se présenta à l'heure du dîner et je dus me faire violence pour ne pas me mettre à crier en le voyant. Son beau visage était constellé de petites coupures rouges, dues à sa maladresse avec le rasoir, et ses grands yeux tristes étaient entourés de profonds cernes. Il était plutôt mal attifé et un peu tout le monde se retournait sur son passage.

J'avais honte et je me sentais profondément coupable d'avoir honte. Comme d'habitude, son discours était décousu et j'eus beaucoup de difficultés à le décoder. Je finis par comprendre qu'il était sur le point de quitter la maison Chapleau pour aller demeurer en chambre dans le quartier Saint-Roch. Aussi comptait-il sur moi pour l'aider à s'installer en basse-ville.

J'expliquai patiemment à Daniel que je n'étais pas en état d'aider qui que ce fût. Néanmoins, je l'assurai que j'irais le visiter dès que possible.

Mon jeune frère finit par s'en aller et, en le regardant s'éloigner, je constatai avec découragement que son état général était loin de s'améliorer. Trois ans, déjà, que Daniel avait été diagnostiqué schizophrène. Trois ans et j'avais l'impression qu'il était encore plus confus qu'au début.

Par ailleurs, je ne pus m'empêcher d'avoir une pensée pour ma mère, qui allait se sentir obligée de superviser son déménagement, ce qui voulait dire beaucoup de nouveaux soucis, sans compter les nombreux allers-retours en autobus entre Québec et Lac-Beauport.

Le cœur gros, je finis par rejoindre les gens de mon groupe qui faisaient déjà cercle autour des thérapeutes et qui, comme chaque vendredi après-midi, s'apprêtaient à tour de rôle à faire le bilan de leur semaine. J'avais été tellement bouleversé par les derniers événements – le prêtre-ouvrier, mon exclusion temporaire, Camille et Michèle, la visite de mon frère

– que j'aurais donné n'importe quoi pour être dispensé de l'exercice et pouvoir brailler dans ma chambre. Quand vint mon tour de parler, j'éprouvai tellement de difficultés à ravaler mes larmes que je me mis à hoqueter bruyamment et craquai pour de bon.

Un peu comme la veille, pendant l'exercice, un silence de mort s'installa. À nouveau, la meute se mit à gronder. Aux reniflements gênés et aux toussotements d'usage succédèrent bientôt les œillades entendues, les expressions faussement navrées, les chuchotements et les sourires parfaitement idiots. Le visage enfoui dans une main, j'aperçus alors Chantal qui me regardait avec un air désemparé, tandis que le gros Charlie, lui, m'offrait généreusement un mouchoir crasseux. Ne voulant pas être en reste, Onésime y alla de quelques jurons bien sentis, alors que Pierre, l'ancien motard, lançait à la ronde qu'il en avait vu d'autres, lui, et qu'il n'était pas né, le câlisse qui allait le faire brailler. Et Michel, mon compagnon de badminton, de conclure à mon sujet :

— Crisse, y est encore plus capoté que je pensais!

En fin de compte, j'eus quasiment droit, après l'exercice de groupe, au même genre de mise en quarantaine que la veille.

Je dis à peu près, parce que, cette fois-ci, probablement parce que plusieurs s'étaient reconnus dans mon geste, je reçus quelques surprenantes manifestations de sympathie.

Chantal, entre autres, me glissa discrètement quelques mots d'encouragement, et des patients de l'autre groupe me firent connaître leur soutien moral.

Au bout de quelques jours, tout était rentré dans l'ordre. J'allais mieux et j'avais retrouvé un peu de ma superbe. J'avais tout loisir, maintenant – surtout après ces deux rencontres de groupe très pénibles –, de reconsidérer les paroles d'un ancien, à propos des séances de thérapie. «Au début de la thérapie, mon grand, ça va toujours bien. Mais attends un peu, quand tu seras vraiment dedans. Tu vas voir que ça va te chauffer entre les deux oreilles!»

L'incident passé, j'en voulus quelque temps à l'équipe de thérapeutes, et aussi au gros Pierre. Le gars n'avait qu'à bien se tenir, parce que j'allais sûrement lui rendre la monnaie de sa pièce. J'avais beau ressentir une certaine peur, j'étais certain que c'était pareil pour lui. Une semaine après cet incident, je fus élu sous-chef de groupe pour la dernière semaine d'activités. Je vis là une marque de confiance, comme si mes collègues avaient voulu me prouver qu'ils ne me tenaient rigueur de rien.

Ainsi en était-il de ces fameuses rencontres de thérapie, censées être un des éléments les plus importants du programme de Domrémy. C'était une sorte de théâtre permanent des relations humaines, où les batailles de coqs étaient monnaie courante et où chacun tentait de régler ses comptes à sa manière. C'était un passage obligé, un espace officiel, où se faisaient et se défaisaient des alliances et des amitiés, selon les situations et les intérêts du moment.

Enfin, pour peu qu'on joue le jeu honnêtement, ces rencontres s'avéraient une sorte de grand miroir de l'âme, un laboratoire de la nature humaine dans lequel chacun pouvait en apprendre un peu plus à propos de lui-même et d'autrui.

Malheureusement pour moi, je n'arrivais toujours pas à comprendre, séances de thérapie ou pas, que j'étais plein de colère et que je dirigeais cette colère contre moi. Je ne comprenais pas non plus que, sous cette colère, il y avait une mer de tristesse et de mélancolie qui ne demandait qu'à être épanchée. Et surtout, il me manquait les mots pour dire mes sensations, pour nommer les vraies choses.

Les jours avant le départ pour le congé des Fêtes furent à la fois difficiles à vivre et délicieusement mémorables. Pendant au moins trois jours, je dus composer avec le fait qu'Hervé, mon voisin de chambre, était intoxiqué de façon quasi permanente. Je n'avais pas de preuve, mais c'était l'évidence même. Le grand blondasse s'absentait régulièrement des activités, ne mangeait presque plus rien et bougeait de façon très suspecte quand arrivait la nuit. Signe que mes soupçons étaient légitimes, des membres du personnel me demandèrent par deux fois si j'avais remarqué quelque chose d'anormal dans son cas. Évidemment, je n'avais pas la moindre idée de ce qu'il pouvait absorber en cachette. N'empêche, Hervé avait à peu près toujours les pupilles anormalement dilatées, le regard un peu fou et les mains moites, en plus de présenter une sudation beaucoup trop abondante.

Un après-midi, alors que j'avais quitté le gymnase à l'improviste, je le surpris en train de manipuler ce qui ressemblait à une seringue. Je le sommai aussitôt de cracher le morceau, mais rien n'y fit. Je n'eus droit, en guise de réponse, qu'à cet écœurant sourire carnassier qui flottait en permanence sur ses crocs luisants. Le pire, c'était qu'il avait beau agir de façon particulièrement malhonnête et débilitante, j'étais incapable, au nom de je ne sais trop quels principes, de le dénoncer aux autorités. Les choses en restèrent donc là, et je ne parlai à personne de ce que j'avais vu. Toutefois, il allait bien falloir que quelque chose se produise, car la situation devenait aussi intenable que grand-guignolesque.

Finalement, au lendemain de l'incident avec la seringue, un peu avant souper, trois policiers vinrent sur l'étage pour procéder à l'arrestation de mon voisin. Un peu plus tard, alors que nous étions entassés devant la télé, nous apprenions avec stupeur que le gaillard, avec deux autres complices, était soupçonné d'au moins un braquage, commis plus tôt dans une pharmacie de la région. En plus de l'argent, on avait dérobé des quantités importantes de Démérol, de morphine et autres analgésiques destinés aux grands malades.

Tout devenait clair : les comportements bizarres d'Hervé, son peu d'implication, ses absences répétées, sa paranoïa, ses mouvements suspects la nuit. Tout s'expliquait.

Les autorités de l'hôpital eurent beau s'employer à étouffer l'affaire, cela n'empêcha pas les journaux d'en faire leurs choux gras. En fin de compte, Hervé fut condamné à quelques années de pénitencier.

Je ne fus pas davantage inquiété par l'affaire, et ce fut à peine si un policier prit ma déposition. Toutefois, j'éprouvais une sainte colère contre moi-même, tant pour ne pas avoir dénoncé Hervé que pour m'être laissé déranger par lui. J'avais aussi beaucoup de ressentiment à l'endroit du comité de sélection et des autorités de l'établissement. Comment avait-on pu permettre à un tel hurluberlu de venir soi-disant faire une thérapie? Comment pareil zigue avait-il pu s'infiltrer parmi d'autres éléments à peu près normaux? Pourquoi n'avait-on pas décelé plus tôt que ce gars-là s'était servi du D-2 comme d'une base d'opérations criminelles et comme d'une piquerie?

J'enrageais, d'autant plus qu'avec un peu de recul je dus admettre que pareil imbécile aurait fort bien pu me coûter ma sobriété. Que j'aurais pu, comme d'autres avant moi, aller décanter les choses à la taverne voisine, au chic *Gobelet d'argent*.

Outre le cas Hervé, ce fut pendant la période avant Noël que je fis la connaissance du père Ubald Villeneuve, un oblat de Marie Immaculée. Septuagénaire bien portant et bonhomme très affable, il traînassait à tout moment de la journée sur les étages et dans les chambres de l'établissement. Certaines fois, je l'apercevais dans le bureau d'Édouard ou de l'un ou l'autre des membres du personnel. D'autres fois, je le croisais avec son étole au cou, sur le point d'aller officier chez les patients chroniques des autres départements.

C'était un personnage des plus appréciés, qui ne laissait personne indifférent. Ce qui ne m'empêcha pas, du moins au début de mon stage, de m'employer à faire peu de cas du religieux habillé en *clergyman*. Quand je m'aperçus qu'il tentait de se rapprocher de moi, je m'assurai de bien lui faire comprendre que je l'exécrais, lui et toute son engeance de mangeurs d'hosties. Mon discours et ma morgue le faisaient plutôt sourire et, un de ces soirs, il s'inventa un prétexte pour pénétrer dans ma chambre. Là, j'eus beau lui parler des horreurs sans nom de l'Église, émailler mon discours de citations du *Défroqué*[50] et autres ouvrages dérangeants pour le clergé, l'homme demeura inatteignable. Il se montra même assez d'accord avec mes constats.

— Tout ce qui m'importe, c'est le bien-être des alcooliques et des drogués, me dit-il. Tu as raison à bien des égards : les curés n'ont de leçon à donner à personne.

De guerre lasse, je m'obligeai à faire semblant de l'écouter et... surprise ! je découvris quelqu'un de très humble qui, plutôt que de m'étouffer avec sa chrétienne de charité, me parla simplement de ses doutes et de ses angoisses.

---

50. Livre de l'auteur Hervé Le Boterf, paru en 1954 aux éditions Empire. Ce livre si cher à mon défunt père raconte les avatars d'un curé qui revient à la vie civile.

— Car, résuma-t-il, vous autres, les alcooliques, vous avez beaucoup souffert. Et je préfère parler de ces choses-là avec des gens qui ont connu une telle souffrance plutôt qu'avec le beau monde ou les soi-disant spécialistes.

— !

J'appris ce soir-là que ce drôle de paroissien n'était rien de moins que le fondateur des établissements Domrémy à travers le Québec. C'était à ce quinzième et dernier-né d'une famille pauvre de Sainte-Scholastique que l'épopée des quelque vingt-cinq centres de traitements devait ses lettres de noblesse.

Tantôt sérieux, tantôt blagueur, le père Ubald me raconta avec force détails comment était née, en 1957, sur la rue Calixa-Lavallée à Québec, la première maison Domrémy, ainsi baptisée en l'honneur de Domrémy, le village de Jeanne d'Arc, en Lorraine. À cette époque, j'avais sept ans, lui, cinquante. De même, j'appris qu'Ubald avait été un intime du légendaire père Victor Lelièvre, qui avait été très célèbre pour ses prêches dans les quartiers ouvriers de la basse-ville.

J'appris tellement de choses de lui qu'en le regardant s'éloigner dans le corridor, j'eus l'impression que l'homme était deux fois plus grand qu'à son arrivée. Et moi, deux fois plus petit. Toujours est-il que je m'étais fait un ami, et que j'avais eu le rare privilège de rencontrer un humain avec un grand H.

Dans les mois qui suivirent, il m'arriva encore quelques fois de faire semblant d'écouter le père Villeneuve, et cela me fit toujours le plus grand bien. Sa présence était de celles qui rassurent et, surtout, je ne me sentis jamais jugé. Sauf que, pudeur oblige, je me gardais bien de le lui faire savoir.

Quand j'apprendrais le décès du patriarche à l'âge de quatre-vingt-treize ans, en mai 2000, je ne pourrais m'empêcher d'avoir une pensée émue, comme très probablement les centaines de personnes qui lui rendirent hommage dans une église de Saint-Sauveur, son fief ouvrier préféré.

Le vendredi de cette dernière semaine passée au deuxième fut une journée aussi trépidante que mémorable. Au matin, j'appris par ma mère que je pourrais passer une partie du congé à la maison paternelle, à Lac-Beauport. Elle avait usé de ruses et de diplomatie, et mon père, avec qui j'étais en brouille, avait bien voulu oublier ses rancœurs le temps d'une trêve.

Ça me plaisait d'autant plus que j'allais pouvoir passer quelques jours avec Camille dans un endroit à peu près normal, à proximité d'une fort belle nature. Comble de luxe, j'allais pouvoir m'endormir en lisant des bandes dessinées, dans une vraie chambre, avec un vrai lit, loin du tapage de la ville.

Tout de suite après dîner, nous vîmes notre sieste prendre fin abruptement en raison de cris et de hurlements en provenance du solarium. La cause du ramdam : Olivier venait de gagner la rondelette somme de dix mille dollars, grâce à un billet chanceux de Loto-Québec. C'était là beaucoup d'argent, bien assez pour déranger le petit homme du quartier Saint-Sauveur. Il fallut toute la force de persuasion de ses amis et du personnel pour l'empêcher d'aller réclamer illico son dû. De le laisser aller dans un tel état d'excitation eût été courir au-devant d'un désastre certain.

Après cet épisode, je participai avec grand plaisir aux activités spéciales organisées pour l'étage. N'eût été une brève escarmouche – encore – avec le gros Pierre, cette dernière journée avant le départ aurait été parfaite. L'atmosphère continuait d'être magique et nous avions tous le sentiment de vivre un vendredi exceptionnel. C'était une de ces rares et belles journées précédant Noël, chargées d'arômes et de parfums enivrants, où remontent en nous les précieux souvenirs de l'enfance. C'était surtout une journée qui marquait le début d'une pause très attendue, pendant un réapprentissage de vie des plus éprouvants parmi des gens qui n'avaient pas choisi d'être ensemble.

J'étais très content des progrès enregistrés depuis mon arrivée et j'envisageais sans trop d'anxiété les mois d'hiver qui s'annonçaient. J'en étais maintenant à presque zéro Valium par jour et, dans ma pensée magique, j'étais certain de pouvoir m'en passer tout à fait d'ici peu.

Le soir venu, Chantal et moi aperçûmes le père Villeneuve au beau milieu d'un petit groupe d'une vingtaine de personnes. Parmi elles se trouvait un ancien directeur de cégep de mes connaissances.

— Ces gens font partie des Alcooliques anonymes, me glissa Ubald. Ils se réunissent à la petite chapelle du premier, et vous y êtes les bienvenus.

Histoire de faire plaisir au vieil homme, nous gagnâmes la partie avant de la nef, au moment où la petite bande commençait son cérémonial par une prière dite de sérénité.

Même si mon attitude générale trahissait une forme d'hostilité ouverte, je n'en étais pas moins intrigué, même charmé par l'impression de calme qui émanait des gens qui m'entouraient. Ils avaient un je-ne-sais-quoi de force tranquille que j'aurais bien voulu posséder.

Était-ce le fait d'être dans une minuscule chapelle

catholique, ou bien la proximité d'une immense crèche de Noël, ou plus simplement le très petit nombre de participants, toujours est-il que je ne pus m'empêcher d'associer ce groupe d'alcooliques repentants aux premiers chrétiens des Catacombes, à cette confrérie du poisson qui, dans les premiers siècles, donnait bien plus dans l'amour et la subversion que dans l'adoration proprement dite d'un dieu fait homme.

Évidemment, je ne comprenais rien au charabia de leurs lectures, mais je n'en trouvais pas moins leur rituel apaisant, envoûtant.

Toutefois, les choses se dégradèrent en deuxième partie quand une jeune femme se proposa pour partager son vécu d'alcoolique. Au bout de quelques minutes, quand elle eut prononcé l'expression dieu d'amour pour la cinquième ou sixième fois, je vins bien près de me mettre à hurler, tellement ces deux mots m'horripilaient, tellement ils heurtaient de front le cartésien et l'areligieux que j'étais.

Je quittai donc mon siège en maugréant, laissant sur place une Chantal complètement baba. J'étais devenu furieux et j'en voulais à toute cette confrérie d'hypocrites, de sirupeux et de néo-mangeurs de balustres. C'était décidé, jamais on ne me reverrait dans une salle de AA. Jamais, au grand jamais[51]!

---

51. Voir notes d'évolutions du docteur C. et du psychologue B. en annexe. Voir sommaire de sortie en annexe également.

Vue partielle (en hiver) de la clinique Domrémy (à droite), laquelle était établie dans la « vieille » partie (nord) de l'hôpital Saint-François d'Assise, juste à côté de l'ancienne École des Infirmières, à l'angle de la Première Avenue et de la rue Leclerc, dans Limoilou.

CHAPITRE 7

Gloria et compagnie

Les quelques journées passées à Lac-Beauport avaient filé beaucoup trop vite à mon goût. Toutefois, d'avoir pu lézarder dans mon ancienne chambre, lire de vieux *Bob Morane*, m'endormir devant la télé, relire de vieux *Tintin* et marcher dans les grands espaces extérieurs enneigés m'avait requinqué et permis de trouver une relative paix intérieure.

C'était une sorte d'accalmie, avant les bourrasques annoncées pour la mi-janvier, avant la tempête des jours sans diazépam.

Comme prévu, Camille était venue et, fait notoire, je m'étais réconcilié avec mon René-Claude de père. Qui plus est, je m'étais autorisé à amorcer l'année dans une communauté hippie du rang Saint-Louis, dans la maison de mon vieux camarade Vital, à Saint-Omer, près de Carleton en Gaspésie.

Même si j'étais demeuré sobre pendant toute la durée du congé, je n'en éprouvais qu'une fierté relative, puisque l'idée de boire ne m'avait jamais traversé l'esprit. J'avais été tellement préoccupé par certains signes avant-coureurs du manque de Valium que j'avais préféré ne pas en rajouter avec l'alcool et ses miasmes.

À peine débarqué au solarium du deuxième, j'appris que six de nos collègues ne reviendraient pas finir leur stage. C'était une statistique inquiétante pour les personnes qui étaient revenues, et peu encourageante pour le personnel de l'établissement.

Parmi les absents notoires figuraient Pierre le motard et Chantal qui, selon une amie digne de foi, avaient frayé ensemble pendant une bonne partie du congé. En l'apprenant, je me suis senti à la fois soulagé et peiné.

J'appris aussi qu'Olivier et Charlie avaient passé leurs vacances dans les tavernes de la basse-ville, histoire de célébrer dignement la bonne fortune du premier. Selon cette source, Olivier avait dilapidé presque tout son magot, et ruiné une bagnole d'occasion achetée en sortant. Le gros Charles, lui, avait été écroué à Orsainville pour diverses infractions, dont ivresse ambulante et grossière indécence sur la voie publique.

Finalement, des treize patients que comptait mon groupe avant Noël, nous n'étions plus que sept braves pour continuer l'aventure. Par ailleurs, chose pour le moins surprenante, des sept valeureux qui étaient de retour, j'étais le seul qui n'avait pas bu d'alcool pendant la pause des Fêtes.

Du fait de notre petit nombre, la première semaine de janvier s'écoula dans une sorte d'intimité feutrée. Je n'allais certainement pas m'en plaindre, étant donné la détestable anxiété qui recommençait à m'envahir un peu plus chaque jour, à mesure qu'approchait la date butoir des jours sans, à mesure que pointait la très redoutée journée A, soit celle où je recevrais d'innocents comprimés d'Anafranil[52] en lieu et place du diazépam.

J'avais maintenant un nouveau compagnon de chambre prénommé Gaston. C'était un gars de mon

---

52. Antidépresseur tricyclique à base de clamiprasine.

âge, plutôt taciturne, dont c'était le troisième séjour dans l'établissement. L'homme, qui avait dû quitter son patelin pour d'obscures raisons, tentait vaille que vaille de se refaire une santé morale et financière à Québec. Du coup, il voulait sortir du cycle de l'itinérance, avec tout ce que ça peut comporter de désespérantes errances, d'humiliations gratuites et de préjugés garantis. J'appréciais beaucoup le côté vieux hibou de mon nouveau voisin. Ça faisait contraste d'avec les monologues insipides et malsains du peu regretté Hervé.

Parmi les nouveaux arrivants figurait aussi Léopold, un vieux compagnon d'armes surnommé Monsieur le maire, et André, un ancien militant du comité de citoyens de Saint-Roch, rencontré à l'époque des démolitions sauvages du quartier, dans ce temps particulièrement honni où on avait enterré vivante la rue Saint-Joseph dans un cercueil de verre et de béton pompeusement baptisé mail Saint-Roch.

Léopold était un cinquantenaire aux cheveux blancs comme neige, un peu ébréché du carafon, et dont la préciosité sans malice faisait sourire. Quant à son surnom, l'homme le tenait de ses innombrables stages à Roy-Rousseau, Domrémy, Robert-Giffard et autres institutions pareilles. Ainsi, l'homme avait acquis une solide expérience et il s'en servait volontiers pour aider ou rassurer ses congénères, à plus forte raison, bien sûr, si c'étaient des femmes. Le bonhomme, on l'aura deviné, était un redoutable coureur de jupon, pour qui suivre une thérapie relevait toujours de la partie de plaisir.

En outre, fait plutôt exceptionnel, Léopold était accro à tout ce qui entourait le processus d'électrothérapie. J'entends par là les examens préalables, l'anesthésie coup de massue au briéthal, la décharge électrique et les différents types d'amnésie qui pouvaient en résulter[53]. De son propre aveu, toute la procédure, toute la mécanique qui était propre aux électrochocs constituait pour lui une sorte d'aphrodisiaque, un incroyable rush d'adrénaline.

Je me souvenais de Léopold comme d'un homme qui rayonnait littéralement pendant les heures pénibles qui précédaient l'électroplexie. Je m'en rappelais comme quelqu'un dont la tronche extasiée contrastait avec celles, piteuses et catastrophées, des malheureux qui imploraient leur mère avant d'aller au barbecue. Ce vieux clou de Léopold se vantait même – et j'étais certain que c'était vrai – d'avoir reçu pas moins d'une centaine d'électrochocs en carrière. C'était là un chiffre inouï, qui faisait de lui une vedette du marteau pour d'aucuns, et un méchant sauté de la cafetière pour les autres.

Pour étayer ces considérations, je ne fus pas du tout surpris de l'entendre ânonner pendant toute la semaine qu'un traitement aussi génial que l'électrochoc avait sa raison d'être partout, a fortiori dans un établissement sérieux comme Domrémy.

André, l'autre nouvel arrivant, était un bonhomme plutôt maigre, dont le visage ahuri était surmonté d'une tignasse en épis roussâtres. Le Baron, puisque tel était son surnom, devait ce sobriquet à une parlure châtiée et aux nombreuses cascades de bijoux qui ruisselaient sur ses maigres membres. L'homme, qui émergeait d'une tentative de suicide,

---

53. Types d'amnésie pouvant résulter de l'électrochoc : amnésie antérograde, dans laquelle la perte du souvenir porte sur les événements qui suivent le traitement. Amnésie rétrograde, qui consiste dans l'oubli des informations fournies avant le traitement. Amnésie subjective, qui est une perte de mémoire concernant les souvenirs de l'histoire personnelle avant le traitement.

était venu à Domrémy pour ajuster son lithium et pour tenter de reprendre goût à la vie.

Pendant au moins trois jours, le délirant phénomène se donna en spectacle devant des patients tantôt amusés, tantôt médusés, la plupart du temps consternés. Ce fut une telle débauche d'excitation et de sparages qu'on dut lui interdire l'accès au solarium pour un temps.

André était homosexuel et fier de l'être. Son personnage de grande fofolle hystérique drapée dans un kimono bleu royal n'avait rien pour tempérer nos préjugés, d'autant moins qu'on tardait à trouver le bon dosage de lithium et que le pauvre gars avait perdu ses dentiers avant d'être hospitalisé. D'où l'avalanche de blagues et de grossièretés à son endroit. Toutefois, cela n'enlevait rien au fait qu'André avait le cœur gros comme l'hôpital, en plus d'être doté d'une conscience sociale des plus aiguës.

Un soir, à l'étage, on me présenta Gloria, une jeune coiffeuse réputée pour ses aventures avec des patients de l'établissement. Curieuse coïncidence, cette femme était aussi la conférencière de ma réunion des AA d'avant la pause des Fêtes, celle-là même qui m'avait tellement écorché avec ses histoires de Dieu d'amour.

N'empêche, elle et moi nous retrouvâmes assez vite dans un recoin du sous-sol de l'hôpital. Comme je n'avais pas goûté l'intimité d'une femme depuis longtemps, je devins très excité quand elle me proposa de la rejoindre chez elle le lendemain soir.

Gloria logeait dans un petit trois-pièces situé à deux pas de l'hôpital. À peine étais-je arrivé qu'elle m'ouvrait déjà une bière. D'abord interloqué, je refusai net.

— Allons donc! insista Gloria. T'es un gars bien trop brillant pour que la boisson soit ton véritable problème. Si t'es à Domrémy, c'est juste pour te reposer. Le reste...

Et l'enjôleuse de continuer en disant que je n'avais rien de commun avec les poivrots de l'étage, les Onésime, Charlie, Raymond... des gens, selon elle, tout juste bons à tirer profit d'un système beaucoup trop permissif.

Je bus quelques gorgées. Pouah! Dieu que c'était mauvais après tant de semaines.

Et la femme de se verser un grand verre pour elle-même en plaidant qu'elle ne se reconnaissait pas comme une alcoolique pure et dure. Selon elle, il ne fallait pas prendre le concept d'abstinence trop au sérieux et, surtout, il fallait saisir les occasions que la vie nous offrait. À côté de cela, de résumer la coquine, tout le reste n'était que fadaises, balivernes et bouillie pour les chats.

Même si je n'en avais rien laissé paraître, les propos de la jeune femme m'avaient sidéré et je me posais maintenant toutes sortes de questions. «Quel était donc ce mouvement AA qui permettait qu'on prenne de l'alcool, comme ça, au petit bonheur des aventures du jour? Comment cette femme pouvait-elle s'accommoder d'une morale aussi élastique, aussi déjantée? Enfin, qui était-elle pour être aussi cassante et aussi méprisante envers mes compagnons de stage?»

Autant de questions qui ne m'empêchèrent pas de me retrouver dans son lit et de promener ma bouche et mes mains affamées sur ses chairs roses et frémissantes. Il y avait tellement longtemps! C'était arrivé si peu souvent après Michèle...

Nous fîmes l'amour chaudement, brutalement, avec beaucoup de gymnastique et un souci comptable de ne rien devoir à l'autre. Je titille, tu mouilles, tu mordilles, je mords, tu suces, je bande, tu feules, j'en bave. Je lèche, tu soupires, je gémis, tu râles. Je te grimpe, te prends, t'enfonce, j'halète, j'ahane, tu couines, tu miaules, tu vagis, je me rends, tu cries, j'explose et tu jouis toi aussi... Au pire, vilaine, tu fais semblant. Et moi aussi...

Après l'amour, nous restâmes allongés dans la pénombre à observer les volutes de fumée bleue qui montaient au plafond. Par la fenêtre, on pouvait voir clignoter les néons rouges et verts de la tabagie du dessous. Venant du mur de l'appartement voisin, nous entendions la voix de René Lecavalier décrivant le hockey du samedi soir au Forum.

On se serait cru dans un vieux film hyperréaliste d'Orson Welles ou de Hitchcock, quand arrive ce moment à la fois cruel et absurde où les héros s'aperçoivent qu'au fond ils n'ont jamais vraiment eu grand-chose à se dire. Je partis de chez la coiffeuse avec une vague promesse de rappeler le lendemain.

En marchant pour regagner l'hôpital, j'avais toutes sortes de pensées en tête. J'étais à la fois soulagé d'avoir fait l'amour et déçu de la façon que les choses avaient tourné. J'avais vu ça de façon tellement différente, d'une manière tellement plus belle, tellement plus vraie! J'avais imaginé ces instants avec des gestes tout en nuances, des soupirs rentrés, des gorges nouées, des maladresses et des éclats de rire complices, des yeux qui boivent l'autre, un désir montant qui donne le vertige, des respirations rauques, des éclairs, des coups de tonnerre et des larmes, pourquoi pas. Je m'étais représenté des moments de tendresse, beaux et mélancoliques comme un refrain de Françoise Hardy, pleins et chauds comme Marie Laforest quand elle chante l'ivresse et l'amour pendant les vendanges. Je m'étais fait tellement d'idées!

En même temps, j'étais furieux à cause des verres de bière que j'avais si sottement calés et j'étais en colère parce que j'avais l'impression d'avoir été trompé. À la vérité, j'étais surtout en colère contre moi-même parce que j'avais bien failli casser quelque chose de précieux. Heureusement, il y avait eu plus de peur que de mal. C'était à peine si j'avais bu l'équivalent de deux petites bouteilles de bière. La casse était minime. J'allais pouvoir m'ajuster. Ou plutôt, j'allais pouvoir continuer comme si de rien n'était.

Quand j'arrivai sous les multiples rangées de fenêtres brillamment éclairées de l'hôpital, j'eus l'impression d'être devant un vaisseau géant, une sorte de gros bateau paré à s'envoler dans la nuit noire et profonde de l'hiver, un paquebot de croisière avec son immense cheminée fumante, dont la mission aurait été de ramasser les âmes à la dérive, à contre-courant comme la mienne.

Ma décision était prise. Je ne reverrais plus Gloria. On n'était pas de la même équipée, elle et moi. On ne l'avait jamais été.

Arriva mercredi, ma première journée sans Valium. Arriva aussi, fidèle au rendez-vous, le haïssable cortège des peurs et des angoisses. Des peurs innommables. Des peurs bleues, blanches et noires. Des peurs qui vous rongent et qui vous assèchent.

J'avais droit sur demande à des comprimés d'Anafranil pour aider au sevrage. C'était une sorte d'anxiolytique dont le danger d'accoutumance était quasiment nul. Je n'étais pas rassuré pour autant et je sentais déjà le plancher qui dansait sous mes pieds ronds et raides comme des sabots de bois.

Comment ferais-je, sans Valium, pour garder un minimum de contenance pendant les séances de thérapie? Comment faire, pendant les bilans du vendredi, quand tous les yeux seraient braqués sur moi? Comment ferais-je pour contenir les bouffées d'anxiété qui allaient m'envahir? Comment ferais-je, en cas de crise de panique aiguë, ces maudites crises de panique, quand le cœur bat à deux cents à la minute, que les yeux papillotent et que le cerveau révolutionne à mille tours seconde?

Maintenant que les choses allaient un peu mieux dans ma vie, allais-je faire une crise cardiaque et mourir? Serait-ce là une façon d'expier pour les dommages causés par la bombe, dix ans plus tôt? Et si tout d'un coup je devenais fou? Le cas échéant, resterais-je emmuré dans ma tête toute ma vie? Irais-je rejoindre l'escouade des bleus de Robert-Giffard?

J'étais comme ça, à m'écouter délirer, quand l'infirmière Iris m'aborda. Elle avait deviné mes états d'âme et elle prit le temps de me rassurer d'une voix douce et ferme, exactement comme on fait avec un gamin qui voit des monstres sous son lit. Puis, ce fut le médecin qui y alla d'un long monologue sur les vertus de l'Anafranil.

— Voilà un médicament capable de faire le job, de casser le Valium, d'empêcher les convulsions de sevrage. On va essayer une couple de semaines. Si ça ne marche pas, on changera de formule. Chose certaine, on ne reviendra pas au Valium.
— !

Au souper, l'ambiance fut lourde, et les visages, moroses. En sortant de la petite salle à manger, à l'étage double zéro, je n'avais qu'une seule hâte, un seul but: regagner ma chambre peinard pour essayer de décompresser, pour m'aérer la boîte à films, voir venir la nuit avec quelques vieux *comics* Archie et une provision de craquelins à mâchouiller, être seul sous la couverture, loin du regard des autres et de leurs jugements. Avec un peu de chance, aussi, peut-être me masturber, qui sait! Un programme simple, mais pouvant devenir tellement compliqué dans un endroit comme Saint-François!

L'horloge marquait neuf heures, et l'infirmière Pierrette venait de distribuer les médicaments du soir. La moitié des patients du deuxième avaient regagné leur chambre. Gaston roupillait et moi-même, je somnolais, me réveillant par à-coups chaque fois que ma tête frappait contre mes illustrés. Contre toute attente, j'allais peut-être passer une nuit normale.

J'étais là à rêver éveillé quand, tout essoufflé, le Baron surgit. Adieu, veaux, vaches, cochons.

— Gilles, y a Gloria qui te demande au téléphone.

Dieu du ciel! Encore? Comme si je n'avais pas assez de mes foutus problèmes! Comme si ma première journée sans n'avait pas été assez pénible! Il me fallait aussi avaler les bibittes de l'autre? Mais qu'est-ce que je lui avais fait, au bon Dieu, pour mériter ça? Et qu'est-ce qu'elle allait encore me seriner, la Gloria?

Depuis dimanche qu'elle m'appelait au moins deux fois par jour, que je lui passais le même foutu message, que je n'étais pas intéressé et que ça ne pouvait pas marcher entre nous, que j'essayais de me concentrer sur ma thérapie et que c'était bien assez. Non, mais...

La mort dans l'âme, j'empruntai le corridor avec André qui trottinait sur mes talons. Je décrochai en soupirant, avec la ferme intention de lui dire ses quatre vérités.

— Allo, Gloria?

Silence...

— Bon, ça suffit! C'est la dernière fois qu'on se

parle. Ça a assez duré, le petit jeu. Faut se comporter en adultes, maintenant. T'es d'accord?

Silence, toujours.

— Allo, Gloria? T'es toujours là? T'es d'accord avec ce que je viens de dire?

— Bien sûr que je suis d'accord, finit-elle par répondre, étonnamment calme, étrangement lointaine. Nous ne nous reverrons plus, ça, c'est certain.

— Pourquoi dis-tu ça? demandai-je avec un drôle de mauvais pressentiment.

— Parce que... Tu n'entendras plus jamais parler de moi.

— Ça veut dire quoi, ça?

J'avais le cœur qui battait furieusement.

— Ça veut dire ce que ça veut dire! lança-t-elle d'une voix qui devenait presque inaudible.

— Voyons, Gloria, tu ne vas pas faire de folies?

— Qu'est-ce que ça peut bien te foutre? se mit-elle à hurler. T'arrêtes pas de me dire que t'en as rien à cirer, de moi.

— Ben voyons, là... C'est pas ce que j'ai dit. Dans le fond, tu le sais très bien, ce que je veux dire.

Trouver quelque chose, vite!

— Bon, on se verra peut-être moins souvent, mais on se verra quand même par-ci, par-là. Tout ça n'empêche pas que je t'estime très fort.

Gros mensonge blanc!

De sa part, petit rire grinçant et sans joie.

— Y est trop tard, Gilles. J'suis tannée de souffrir. J'ai trois pots de pilules à côté de moi...

— Quoi? Voyons, Gloria, tu ne vas tout de même pas... Tu sais bien que ça n'arrangera rien, dis-je en suffoquant.

— Qu'est-ce que t'en sais, toi? Qu'est-ce que tu sais de moi? Qu'est-ce que tu sais du chagrin des autres? De toute façon, c'est trop tard! Ça fait cinq minutes que je pige dans les pots. J'en ai pris deux bonnes poignées avant de t'appeler, pis là, j'en prends deux autres...

— T'es pas sérieuse, Gloria. Tu vas pas faire ça?

Bzzzzz...

— Allo? Allo... Ciboire de câlisse!

J'étais catastrophé, dévasté, dynamité. Il n'y avait aucun doute dans mon esprit, Gloria était en train de passer à l'acte. À cause de moi. C'était ma faute, aussi. Je n'aurais jamais dû aller avec cette fille-là. J'aurais dû tenir ça mort, comme j'avais fait avec la plupart des filles depuis Michèle. Je me sentais outrageusement responsable, coupable. Bien sûr, je ne l'étais pas, mais c'était comme ça que je me sentais. Si j'avais pu, je me serais botté le cul à mort. Qu'allais-je faire, maintenant?

J'avais des sueurs froides et les mains moites. Le plancher dansait, j'avais des vertiges, mon cœur s'affolait et la panique me gagnait. «Non, pas maintenant, s'il vous plaît! Pas la crise! Pas le temps!»

Il fallait absolument que je parle à quelqu'un. Tout de suite! Je me précipitai à la chambre du Baron et lui résumai les faits.

— Mourir d'amour! Mon Dieu que c'est romantique, plaisanta André. Qu'est-ce que tu vas faire?

— Justement, je le sais pas, quoi faire, hostie! En tout cas, je peux pas la laisser comme ça. J'ai pas le droit! Je vais aller chez elle. J'en aurai le cœur net.

— Ben voyons, Gilles. C'est justement ça qu'elle veut, t'attirer chez elle. Tu vas pas te faire avoir?

— Pauv' Baron, va... Pâle type!

Je quittai discrètement l'hôpital en passant par une

porte de service. Je risquais ma thérapie, mais je n'avais pas vraiment le choix. Un air glacé m'assaillit et je retrouvai le sang-froid qui était généralement mien en situation de crise. Le logement de la coiffeuse se trouvait à dix minutes de marche et la Première Avenue se mit à défiler rapidement. En poche, j'avais les numéros d'un centre de crise et du Centre antipoison.

Il y avait maintenant une demi-heure que Gloria avait téléphoné. Je souhaitais seulement ne pas arriver trop tard. Elle avait beau être particulière, je ne voulais pas qu'il lui arrive malheur.

Plus j'avançais, plus mes pensées se bousculaient. Avait-elle vraiment avalé autant de médicaments qu'elle le disait? Si oui, quoi faire en premier? La réveiller? Lui faire le bouche-à-bouche? La faire vomir? Appeler l'ambulance?

Et si elle était dans un coma irréversible? Et si elle était déjà morte? Et si tout ça n'était qu'une mauvaise blague? Un truc destiné à me faire réagir?

Arrivé chez elle, je grimpai quatre à quatre les marches pour me buter à une porte close. J'eus beau sonner, frapper, crier et cogner pendant encore de longues minutes, rien. Rien que le bruit sourd des voitures et des autobus roulant sur la Première Avenue enneigée.

Un instant, je songeai à défoncer, puis je me décidai à entrer par l'arrière. Je redescendis, contournai l'immeuble et accédai à un grand tambour sombre, d'où je pouvais voir l'intérieur de sa cuisine. Un grand désordre y régnait, comme si plusieurs personnes avaient lutté. J'aperçus des meubles dérangés, des chaises renversées et des bouteilles de bière à moitié pleines ou cassées qui traînaient. Des assiettes, des casseroles et des ustensiles sales jonchaient le comptoir et le plancher. J'entendis aussi son chat, un petit chat de gouttière tigré qu'elle affectionnait beaucoup, qui poussait des miaulements déchirants.

Évidemment, là aussi la porte était fermée à double tour. Je me rabattis sur une petite fenêtre de la salle de bains restée entrouverte. À force de contorsions, je réussis à me glisser à l'intérieur et, avec le minet qui s'agrippait furieusement à l'une de mes jambes – sale petit chat! –, j'aboutis sur le parquet de tuiles.

Le cœur battant, je me précipitai à la chambre de Gloria. J'ouvris la porte et je la vis, allongée sur le dos, à moitié nue, qui semblait dormir. Sa tête était légèrement penchée de côté et ses bras étaient allongés le long de son corps. Deux filets de salive blanchâtres séchaient au coin de ses lèvres. Désespérément vides, plusieurs petits flacons de pilules traînaient à côté d'une lampe de chevet renversée.

Je saisis Gloria par les épaules et la secouai fermement. Elle se mit à geindre, entrouvrit un œil et fit mine de vouloir me chasser. Je la secouai encore plus fort et, cette fois, j'eus droit à un flot d'obscénités. Je souris pour moi-même. Voilà qui lui ressemblait un peu plus. Du coup, je commençai à être plus rassuré.

J'appelai en hâte le Centre antipoison et énumérai les noms et les doses des produits apparaissant sur les étiquettes: Phénergan, Fluorinal, Valium, Cérax, 222...

D'un calme absolu, le préposé au bout du fil me conseilla de garder la femme éveillée et de la faire vomir. Selon lui, il n'y avait pas nécessairement urgence, compte tenu de la nature et du faible dosage des produits absorbés. Le pire qui pouvait arriver, c'était qu'elle dorme vingt-quatre heures en ligne.

Je raccrochai, plus ou moins tranquille, et fis le numéro du Centre de prévention du suicide. Gloria gémit de plus belle, et son petit chat, calé dans l'oreiller, continua d'émettre des miaulements de fin du monde. Au bout de quelques minutes, j'appris que Gloria était une habituée du Centre.

— On a tout un dossier sur elle et on la connaît très bien. Si tu veux, je peux être là dans vingt minutes, dit un jeune homme à qui j'avais expliqué mes contraintes de patient en cavale.

Un quart d'heure après, le préposé rappliquait par l'arrière. En voyant le jeune rouquin dans l'embrasure de la porte de sa chambre, Gloria bondit et se mit à hurler, comme si elle avait vu quelque démon malfaisant.

— Lui, j'veux pas le voir icitte... Crisse ton camp, mon hostie!

L'homme ne broncha pas, mais demeura prudemment en retrait. La coiffeuse saisit un vase et le lança dans sa direction. J'essayai de calmer la furie, mais rien n'y fit. La scène devint surréaliste. Les projectiles pleuvaient, et tout le monde, même le petit chat, battit en retraite.

L'intervenant et moi nous retrouvâmes dans la cuisine, à l'abri. Là, il m'informa que c'était sa troisième intervention pour la jeune femme.

— Chaque fois, c'est la même dynamique. Elle a une courte liaison avec un gars, puis le gars décroche. Alors, c'est le chantage et le passage à l'acte. On lui a suggéré des moyens, proposé une thérapie, mais elle n'accroche pas. C'est son choix.

Le gars continua, mais je n'entendais plus rien. Je me mis à chanceler. C'était comme si toute la fatigue de cette interminable journée m'avait rattrapé d'un seul coup. Dans la chambre, la tempête faisait toujours rage.

L'intervenant me suggéra de quitter et de ne pas trop m'en faire. S'il le fallait, il passerait une partie de la nuit sur les lieux.

Je retournai en direction de Saint-François, en tentant de donner un sens à cette virée. J'essayais de trouver une clé, un fil conducteur qui aurait pu m'aider à trouver un peu de vérité. Mais j'avais beau chercher, je ne voyais rien dans mon comportement qui eût pu justifier une telle dérape. Je ne comprenais pas.

Comment pouvait-on en arriver à de tels excès? Quelle était donc cette indicible et noire souffrance qui poussait quelqu'un à agir de façon aussi désespérée? Et en même temps de façon aussi grotesque?

En longeant la Première Avenue, je repensai tout à coup à Carole, ma première blonde de cégep. Elle aussi m'avait fait le coup du suicide au téléphone, après notre rupture. Il y avait eu Isabelle, aussi, avec qui j'avais vécu quelque chose dans le genre. Mais qu'est-ce qu'elles avaient toutes? Ou plutôt, qu'est-ce que j'avais qui pouvait attirer ce genre de femmes? Était-ce la fameuse théorie des contraires? La question des positifs qui attirent les négatifs? Était-ce ma personnalité d'introverti, au regard de la leur plutôt extravertie? Ou du genre *borderline*? Mais qu'est-ce donc qui n'allait pas chez moi?

Il était minuit moins dix quand je m'effondrai pour de bon dans mon lit. Curieusement, cette bizarre équipée avec Gloria eut son lot d'effets positifs. À bien trop court terme, malheureusement.

De fait, cette aventure m'obligea à reconnaître que j'avais beaucoup plus de ressources que je croyais et me fit voir que, même en pleine panade, je pouvais encore émerger, me dépatouiller. Cette histoire me conforta surtout irrésistiblement dans mon désir de continuer à vivre les jours sans et me permit pendant quelque temps d'entrevoir un heureux aboutissement à l'ensemble de mon séjour à Domrémy.

Bien entendu, j'eus droit aux sarcasmes du Baron et aux conseils judicieux-mais-non-sollicités de Monsieur le maire, juste au cas où... Il n'y eut toutefois pas de récidive et nous ne revîmes plus Gloria, du moins, pas au deuxième de Domrémy.

CHAPITRE 8
Homosexuel, moi?

La routine du deuxième reprit ses droits et février 1982 s'imposa avec ses froids bleus, sa neige sale et sa morosité typique d'avant carnaval. Chaque jour passé à Domrémy continuait d'amener son lot d'incidents et de petits riens heureux ou malheureux.

Au début de la troisième semaine du mois, j'eus droit, étant donné mon ancienneté, au prestigieux titre de chef de groupe, un honneur dont je me serais bien passé, compte tenu des tâches inhérentes à cette fonction, comme celle réveiller tout le monde, de s'assurer de la présence de chacun, d'organiser des activités, de trancher des litiges, de servir d'intermédiaire, d'annoncer les mauvaises nouvelles.

Cependant, deux semaines après le début du sevrage, chaque jour vécu sans Valium m'apparaissait comme une grande victoire. Pourtant, même avec la meilleure volonté du monde, même avec l'appui indéfectible d'Édouard et d'Iris, j'en arrachais beaucoup. Je mordais dans le plancher et chaque jour ma tête s'enfonçait un peu plus dans mon estomac. Un par un, les fantômes de Roy-Rousseau rappliquaient.

J'allai rencontrer Réjean-le-psy pour la énième fois. Et, pour la énième fois, je me demandai quelle pouvait bien être l'utilité de la chose. Pour sûr, nous avions eu quelques bonnes rencontres, mais j'avais l'impression que tout avait été dit.

Comme d'habitude, le grand rouquin croisa ses jambes et se cala dans son fauteuil. Comme d'habitude, j'ouvris la séance en lui décrivant par le menu mon avant-midi. Les yeux noyés dans le vague, l'air blasé, le psychologue hochait la tête de temps à autre. À un certain moment, sans que je sache ni comment ni pourquoi, peut-être parce que j'étais fatigué d'entendre le psychologue me suggérer d'aborder des thèmes plus près de moi, j'en arrivai à parler de ma sexualité.

— Tu vois, jetai-je d'un air faussement innocent, je ne sais trop d'où ça vient, mais il m'arrive de me voir en train de faire l'amour avec des hommes...
— Mais encore?

Je savais Réjean homosexuel et je n'osais pas trop détailler.

— Eh bien, y a pas grand-chose à dire de plus, si ce n'est que ça me vient de temps en temps. C'est comme ça.

En vérité, surtout durant les deux dernières années de ma relation avec Michèle, ces phantasmes homosexuels, toujours les mêmes, revenaient assez souvent.

— Oh que si, Gilles! Y a beaucoup à dire à partir de ça.
— Bien, je me vois en train de faire l'amour à quelqu'un. Des fois, c'est le contraire. J'essaie d'imaginer quel effet ça me ferait, si ce quelqu'un me...
— ... si ce quelqu'un te pénétrait?
— Si ce quelqu'un me pénétrait.

Il y eut un long moment de silence. J'étais confus. Je n'osais plus regarder le psy en face et ne savais plus comment continuer ni quoi penser. Pour tout dire, je ne savais plus quoi être.

— Bon! Je crois que c'est assez pour aujourd'hui, dit le psychologue d'une voix douce. On reprendra ça demain.

Chancelant, livide, je me retrouvai dans le corridor.

Voilà! Je l'avais dit. J'avais osé. J'avais craché le morceau. Je venais d'avouer ce dont je n'avais jamais parlé à personne avant aujourd'hui. C'était à peine si, moi-même, j'osais y penser de temps à autre.

Vacillant, la cervelle enfiévrée, je revivais en accéléré certains épisodes de ma vie. J'étais inondé par un flot d'images que j'avais toujours essayé, mais en vain, de reléguer aux oubliettes du souvenir.

L'espace d'un moment, je revis cet adolescent, compagnon de chambrée d'Esquimalt, à Victoria, à une époque où j'étais un glorieux réserviste de la marine de Sa Majesté. C'était un anglophone efféminé, avec qui j'aurais probablement pu avoir des relations, n'eût été le contexte militaire des plus répressifs. J'avais toujours en mémoire les deux malheureux qu'on avait surpris dans le même lit, deux gamins apeurés que la police militaire avait emmenés dans un camp de redressement spécial sur un îlot rocheux. Là, on avait prétendu les rééduquer pour qu'ils cessent de vivre comme des animaux... Voilà qui était bien assez pour dissuader les plus délurés d'entre nous.

Je me revis aussi avec un jeune étudiant, à une autre époque où je travaillais comme éducateur en centre d'accueil. J'avais vingt-sept ans et lui, dix de moins. Un soir, après un dur match de badminton, nous nous étions retrouvés nus et ruisselants sous la douche, et je suis certain que, tous les deux, nous avions pensé à la même chose. Qui sait ce qui serait arrivé, si je ne m'étais pas raccroché à mes scrupules d'intervenant en position d'autorité? Et surtout, si nous n'avions pas été dérangés par un concierge fureteur?

Autant d'occasions ratées où j'avais été submergé par des vagues de désir aussi fortes que puissantes, un désir animal de toucher et de palper des rondeurs d'hommes, de m'en repaître goulûment, sans façon, sans répit, sans merci, comme un sans-cœur, infiniment.

Voilà ce que je revivais, alors que, titubant, chavirant, haletant, je me dirigeais vers le solarium du D-2.

Lentement, mais inexorablement, renforcée par ma tendance au tout ou rien, une vérité aussi affolante qu'effroyable se faisait jour. J'étais un homosexuel. Voilà qui j'étais et voilà ce que j'étais. Un homosexuel, rien de plus, rien de moins. Je n'avais rien à branler d'une possible bisexualité, comme tant d'autres. Rien à cirer non plus de l'erreur ou du doute raisonnable. Non, j'étais un homosexuel patenté et je l'avais probablement toujours été. C'était évident, ça crevait les yeux. C'était aussi réel que ma queue entre mes jambes.

Oubliées, les dix années de mariage avec Michèle. Balayée, ma vie amoureuse d'hétérosexuel. Foin de toutes ces femmes que j'avais tant, mais si mal aimées! Billevesées, la pseudo-dépendance affective et tout le tralala! Tout cela n'était plus qu'un souvenir. J'étais un homosexuel, qu'on se le dise! Désormais, on allait devoir me mettre, sans rire, dans la catégorie des fifures, des pédales et des tapettes.

Tout ce que j'avais dit sur eux avant, tous mes pré-jugés, rien de tout cela ne devait plus compter. Que ça me plût ou pas, j'étais des leurs et je comptais bien l'assumer. On est sauveur ou on ne l'est pas! On est porteur ou on ne l'est pas!

«C'était donc ça!» me disais-je en avançant dans le couloir. C'était ça qui m'avait rongé et grugé pendant toutes les années de misère. J'étais un homosexuel qui s'ignorait. J'étais quelqu'un qui, comme bien d'autres avant lui, s'était toujours trompé sur son propre compte. J'étais allé à l'encontre de ce que j'étais vraiment, de qui j'étais vraiment. J'avais vécu à côté de mes pompes. J'avais vécu sur une sexualité empruntée.

Tout devenait clair, maintenant. Ça aurait pris du temps, mais, enfin, j'avais trouvé le bobo. Je tenais le vrai coupable. Je pouvais nommer cette chose qui était responsable de mes frustrations sexuelles, de mes angoisses, de mon mal de vivre, de mon alcoolisme, de ma pharmacodépendance, de ma dépression et de tout le reste.

«C'était donc ça!» ne cessais-je de me répéter, presque rassuré à l'idée d'avoir trouvé la cause à tous mes malheurs.

Dans le solarium, je me laissai choir en soupirant dans un des nombreux fauteuils berçants. C'était l'heure creuse d'avant souper, et le deuxième étage bourdonnait d'activités de toutes sortes. Dans la pièce commune, les gens des deux groupes de thérapie s'interpellaient et les conversations allaient bon train. Derrière le comptoir, telles des ouvrières autour de leur reine, l'infirmière Pierrette et les préposées de soir s'agglutinaient près de la pharmacie. En silence et un peu en retrait, Iris et Édouard entraient des annotations de fin de journée dans le grand cahier de bord.

Bien engoncés dans leur chaise berçante et sagement alignés dans un coin de la pièce, les trois patients-Korsakoff semblaient encore plus tristes qu'à l'accoutumée. Compte tenu de l'agitation habituelle à cette heure-là, j'en avais toujours déduit que leur sentiment d'inutilité devait s'en trouver décuplé, d'où l'expression de souffrance accrue qui labourait leur visage.

Affalé dans mon fauteuil, catastrophé, je restais indifférent au charivari de fin de journée. Je voulais me faire le plus petit possible. De façon naïve et un peu ridicule, j'essayais très fort, dans ma tête, d'apprivoiser mon nouveau statut sexuel, par petites bouchées, en avalant de tout petits morceaux.

Soudain, théâtral et sapé comme une tantouze hawaïenne, le Baron fit son apparition. Sans demander son reste, il entreprit de se peinturlurer les orteils au beau milieu de la place.

Contrairement aux autres, je n'ai pas eu envie de sourire en le voyant se déhancher comme un joueur de *hula hoop*. Même que je m'étais presque senti obligé de lui faire un silencieux mea culpa pour toutes les pensées vexatoires que j'avais nourries à son endroit.

Au centre de la pièce, le grand maigrichon maniait maintenant la lime et le colorant avec une assurance de plus en plus déconcertante et, plus je le regardais, plus j'enviais son aplomb. «En voilà au moins un qui s'accepte comme il est», constatai-je tristement.

En même temps, je ne pouvais m'empêcher d'évoquer toutes les souffrances qui avaient contribué à polir son image d'homosexuel un peu fofolle, si bien que, avec mon nouveau standing, je me sentais bien minuscule à côté de la rousse manucure au kimono fleuri.

Comme s'il avait deviné mon profond désarroi, André me fit un petit signe amical. À la place de la grande folle à bijoux, je ne vis plus que l'être généreux et plein de compassion qu'il était parfois. L'homme avait beau être un alcoolique qui revenait de très loin, c'était aussi un garçon qui pouvait s'avérer lumineux et rassurant, un être ultrasensible, et qui souffrait beaucoup, comme moi, comme nous tous au deuxième de Domrémy. Quelqu'un lança une méchanceté. Stoïque, le Baron continua de tripoter ses poinçons métalliques comme si de rien n'était.

Un instant, je pensai à me lever pour punir le mauvais drôle. N'étais-je pas un homosexuel comme André? N'étions-nous pas des camarades d'hormones, appelés à défendre la même cause?

Je m'imaginai aussitôt en train de marcher à la tête d'un hypothétique front de libération des homosexuels du Québec et je me vis en train de discourir devant des parterres galvanisés, confondant les sceptiques après avoir rassuré mes parents et amis, atterrés. «Numérotez vos abattis, les *straights*! J'arrive en ville!»

Au souper et pendant une bonne partie de la soirée, j'essayai encore de m'ajuster à mon nouveau moi. Malheureusement, plus je me confondais en contorsions, plus j'entendais l'enveloppe se déchirer. Quelque chose en moi s'était enrayé solide. Quelque chose ne voulait plus aller dans cette voie. Quelque chose de moi essayait de me ramener en arrière, comme j'étais avant, avant cette foutue rencontre avec Réjean, le foutu psychologue homosexuel.

Venue de profondeurs abyssales, une toute petite voix me harcelait. «Un changement d'orientation sexuelle, Gilles, ça ne peut être que le résultat d'un processus à la fois subtil et profond. Ça tient compte d'une réalité bien plus complexe qu'un simple effet de miroir, résultant d'une seule et unique entrevue sur le sujet. Si futé et si allumé qu'ait été le psy ayant mené ladite entrevue.»

Subitement, j'eus la très désagréable impression d'avoir une jambe de chaque côté de la clôture. Je ne savais plus où j'en étais. J'étais homosexuel ou pas? Je nageais en pleine confusion mentale.

Pourtant, quelque chose en moi me disait de ne pas trop me formaliser, de ne pas m'inquiéter outre mesure. Il n'était pas urgent d'être dans l'absolue certitude. Il fallait seulement que je prenne mon temps, comme avait dit le psychologue au sortir de l'entrevue.

— Prends le temps d'explorer ta sexualité! avait-il jeté sentencieusement, presque mystérieusement.

Éclipsés pendant la journée, les terribles symptômes du manque de Valium étaient sournoisement réapparus. Comme chaque soir avant l'extinction des feux, j'étais à nouveau en pleine tourmente, en plein dans l'œil du cyclone. Tremblements, sudation excessive, serrements de tête, vertiges de manque, obsessions de folie, contractions de gorge et de poitrine, j'avais droit à une dégelée royale. Pour un peu, je me serais écrabouillé la cervelle contre les murs de ma chambre.

Dans l'espoir de trouver un peu de répit, j'allai rejoindre ce bon vieux Léopold, mon ancien collègue de Roy-Rousseau. D'écouter son inoffensif papotage m'avait souvent aidé durant les grandes montées d'angoisse.

Le vieux don Juan ne tarda pas à plonger dans un de ses délires coutumiers. Je me laissai pénétrer par son rassurant verbiage, avec comme résultat que je finis par retrouver un peu de calme, assez du moins pour revoir le film de ma journée et tenter d'y mettre un point final.

Je me revis donc avant, pendant et après la fameuse entrevue de l'après-midi et je revisitai les images de ma vieille collection de fantasmes. Pour la centième fois de la journée, je me mis en frais de démêler les éléments du pour et du contre, censés faire de moi un homosexuel ou un hétéro. Pour la centième fois de la journée, j'eus la sensation très aiguë, très physique, de jongler avec une matière hautement dangereuse, un matériau volatil et explosif qui pouvait me péter entre les mains. Bon Dieu, j'étais gai, ou pas? Comment faire pour m'en assurer? Allais-je finir par le savoir un jour?

Qu'est-ce qui allait m'arriver, si c'était le cas? Voilà le genre de questions qui m'assaillaient depuis l'après-midi.

J'en vins même à me demander avec un effroi grandissant si toute cette introspection n'était pas un aller simple pour la psychose, un tour de passe-passe que j'étais en train de me jouer.

Je me demandai si tout ça n'était pas une manière inédite et subtile de devenir fou malgré moi. Une folie qui incluait la notion de subtilité si souvent évoquée par le docteur O., à l'époque de Roy-Rousseau. Un instant plus tard, je me disais que ça ne pouvait pas être le cas. Je ne pouvais pas être fou, puisque je pouvais encore me poser la question.

Brusquement, je me demandai si je n'étais pas en train de rêver éveillé, si mon entrevue avec le psychologue avait vraiment eu lieu et si c'était bel et bien Léopold, qui jacassait devant moi. Pris de panique, je voulus me pincer pour voir si tout ça était réel.

D'un coup, je fus pris de tremblements et mon cœur s'emballa. En même temps, je sentis des gouttelettes de sueur perler à mon front. Je vis comme une sorte de voile rouge, et mes yeux s'emplirent de larmes.

Léopold avait cessé de parler et me regardait maintenant d'un drôle d'air.

J'avais l'impression que ma tête était aspirée vers le haut, comme si quelqu'un essayait de la dévisser. Je coulais à pic. Cette fois, c'était la bonne. J'étais certain de mourir ou de devenir fou. Je me mis à hurler sans qu'aucun son ne jaillisse de ma bouche. Je réussis à me traîner jusqu'au comptoir des gardes, et l'infirmière Pierrette se pencha sur moi comme dans un film au ralenti.

Je sentis qu'on me tripotait l'avant-bras et qu'une aiguille traversait ma chair. Juste avant de sombrer dans un néant cotonneux, je crus entendre les mots panique aiguë, crise cardiaque.

Le lendemain matin, j'émergeai avec un mal de nuque atroce et des raideurs partout dans le corps. Iris m'apprit alors que j'avais perdu connaissance la veille. Ma tête avait heurté un coin du bureau, mais je m'en tirais sans trop de casse.

Selon ses propos, mon plongeon était dû à une crise d'hyperventilation aiguë, causée par l'angoisse hautement corrosive de la journée, avec comme conséquence une dramatique chute de pression. Mon pouls avait grimpé tellement haut qu'on avait d'abord cru à une crise cardiaque. J'avais eu droit à une bonne dose de tranquillisant et on avait mandé d'urgence un médecin. Bref, j'avais donné une sainte frousse à tout le monde.

Après Iris, j'eus droit au chapitre Édouard. Compte tenu de mon sevrage et des volées d'introspection – sic – que je me donnais, ce genre d'accident ne surprenait pas du tout le médecin. Ce qui l'étonnait, en fait, c'était que ça ne soit pas arrivé avant.

Je profitai de l'occasion pour ramener les benzo-diazépines à l'ordre du jour.

— Et si je recommençais le Valium, à très faible dose?

— Il n'en est pas question! jeta le médecin sur un ton rogue.

Selon Ed, il y avait encore toutes sortes d'options à envisager. On allait d'abord augmenter le dosage des antidépresseurs et on renforcerait l'Anafranil, ce foutu médicament qui devait contrer le Valium. Enfin, comme j'avais l'habitude d'être particulièrement vulnérable en soirée, on emploierait du Nozinan à doses modérées pour réprimer mes fameuses bouffées d'anxiété. Tel était le plan de match pour les deux semaines à venir.

— T'est-il arrivé quelque chose de spécial pendant la journée? s'enquit le médecin.

Malgré toute la confiance que l'homme pouvait m'inspirer, je m'entendis répondre que non, comme s'il eût été impensable, honteux de parler d'ambivalence sexuelle devant lui. Je l'assurai qu'à l'exception du «crisse de sevrage de mes deux», tout allait bien.

Après le médecin, je reçus la visite de Léopold et André. Tous deux s'étaient inquiétés et chacun avait sa petite idée du pourquoi de ma crise.

— Comme tous les intellectuels, tu penses trop, décréta Monsieur le maire. Ça te prendrait absolument une p'tite femme pour t'aider à relaxer, le soir, avant de t'endormir.

— Surtout pas! objecta le Baron. On a vu ce que ça a donné avec la coiffeuse. Les femmes de la thérapie, c'est rien que bon pour des emmerdes. D'ailleurs, ça serait ben mieux si on était juste entre hommes!

— Toi, on sait ben, bougonna le premier. Quand y est question de boules, faudrait toujours que ça soit porté en bas de la ceinture.

— Ce qu'il faut à Gilles, c'est du calme, beaucoup de calme, reprit André d'un ton sentencieux.

Léopold eut une moue écœurée et me regarda avec l'air d'affirmer: «Tu vois ce que j'veux dire, câlisse?»

J'aimais mes deux compagnons, et chacun d'eux m'aidait beaucoup à sa façon. En dépit de leurs différences et de leurs chamailleries continuelles, les deux s'entendaient très bien. Ils mangeaient à la même table et on les voyait régulièrement ensemble à l'étage. Même que Léopold se portait souvent à la défense d'André.

Je vis le psychologue dans l'après-midi et, en faisant allusion à l'incident de la veille, il m'enjoignit de cesser de me violenter. Selon lui, je dépassais mes limites, et mon corps ne pouvait pas le prendre. Il fallait que cela arrête, sinon j'allais y laisser des morceaux.

Au chapitre de la sexualité, toujours selon Réjean, je devais être patient et laisser venir. Je n'avais rien à gagner en donnant dans le n'importe quoi, n'importe comment. Il fallait que les choses viennent du cœur plutôt que de la tête, d'en bas plutôt que d'en haut. J'allais devoir trouver ma vérité dans les sentiments plutôt que dans le rationnel. Surtout, il fallait que ça soit moi d'abord, les autres ensuite. L'être plutôt que le paraître.

— Commence par être heureux, me tança l'homme. Après, tu pourras travailler au bonheur des autres, faire ta révolution...

Le psy me parla d'explorer – encore ce mot.

— Ça veut dire quoi, explorer?

Il eut un haussement d'épaules.

— Ça veut dire se laisser aller, se laisser être, oser, provoquer.
— Ouaip! Bien, en tout cas, je ne suis pas trop chaud à l'idée d'aller me faire cruiser à la *Taverne Mallette* ou au *Ballon rouge*[54].

Nouveau haussement d'épaules.

— Y a personne qui te dit d'aller là. Fais juste ce que tu penses devoir faire. Respecte-toi, là-dedans. Va à ton rythme. Laisse monter tes émotions. Apprends à les identifier, à vivre avec, à les gérer.

---

54. Boîte de nuit de la haute-ville réputée pour ses spectacles de travestis dans les années 1980.

Gérer mes émotions... Les trois mots abhorrés! La belle affaire! Gérer mes émotions... Maudite formulation molle, proprette et sans saveur, chère aux fonctionnaires de la santé et tellement typique de cette façon très in de parler de soi en parlant de ses sentiments. Une appellation sirupeuse, aseptisée, qui donnait dans le rose bonbon et le politiquement correct, un truc New Age qui référait aux diktats de la nouvelle religion du moi, une religion conçue, adaptée et mise en marché par les nouveaux vendeurs du temple de l'épanouissement personnel.

Gérer mes émotions... Bon Dieu que je haïssais cette entournure censée faire cool et nouvelle vague. Depuis le début, je détestais cette étiquette rose et gentillette qu'on entendait de plus en plus dans les milieux communautaires, politiques et syndicaux, et aussi en milieu hospitalier, bien sûr.

Gérer mes émotions... Trois mots têteux, chers à ces yuppies trentenaires et aspirants millionnaires devenus des traîtres à leur ancienne cause de soixante-huitards. Des faux jetons comme Jerry Rubin[55] ou Daniel Cohn Bendit, recyclés en écolos moralistes et petits bourges bien-pensants, vieillissant comme de faux culs serrés promeneurs de chien et mangeurs de tofu. Pour sûr, il n'y a que les imbéciles qui ne changent pas d'idée, mais tout de même!

Gérer mes émotions... Quelle triste appellation comptable! Dans mon livre à moi, on gérait une boutique. On gérait une banque, un comptoir, un magasin, mais on ne gérait pas des émotions. On les vivait, on les ressentait, point!

---

55. Célèbre révolutionnaire et activiste américain des années 1970, Jerry Rubin devint par la suite un yuppie typique de New York, faisant la promotion de ses livres de recettes et promenant ses chiens dans Central Park.

Finalement, le psy me donna un tableau des émotions devant m'aider dans ma démarche thérapeutique. C'était un grand carton bleu avec une trentaine de visages illustrant chacun une expression différente : angoisse, tristesse, joie, colère, indifférence, curiosité, sévérité, extase. Le soir, je devais identifier les émotions vécues pendant la journée, et ce, en me servant de cet abécédaire de l'âme.

Des mois plus tard, je me rappellerai en souriant les premières émotions décryptées à l'aide du carton bleu. Je me rappellerai ma stupeur, ma honte et ma colère, après avoir fait un exercice qui me sembla être un devoir de rattrapage pour ado attardé. Je me rappellerai aussi les sentiments d'impuissance et d'indicible tristesse qui avaient suivi.

Des années plus tard, au reste, je finirai par comprendre que, si je haïssais tant le mot gérer en parlant d'émotions, c'est que j'étais proprement et tout simplement incapable de gérer les miennes, même si j'avais été longtemps persuadé du contraire.

Les semaines qui suivirent furent aussi très difficiles, très pénibles. En ayant terminé mon mandat de chef de groupe, je croyais désormais pouvoir appliquer les recommandations du psychologue et commencer à prendre un peu de bon temps en thérapie. Malheureusement, presque toutes mes journées se résumaient à une accumulation excessive de nervosité et d'anxiété malsaines. Le soir venu, j'avais le feu dans ma tête et je ne tenais plus en place. J'étais bourré d'énergies négatives et je me sentais prêt à exploser à la moindre secousse.

Aussi, sachant que j'y trouverais un peu de soulagement, j'anticipais avec une extrême fébrilité la tournée des médicaments du soir. Et là, moment ô combien béni, je me jetais sans honte et en tremblant sur les 80 milligrammes de Nozinan prescrits par le docteur Édouard. Au diable les terribles effets secondaires de la pilule-marteau expérimentée neuf ans plus tôt à Roy-Rousseau! Au diable le petit carton bleu des émotions, la dentelle et tous les autres guilis-guilis de psy! À défaut de Valium, c'était le Nozinan, point! Faute de pain, on mange de la galette... C'était ça ou la mégacrise de panique assurée, avec peut-être même l'infarctus en prime. Au moins, ici, je n'avais pas à m'humilier devant une infirmière sadique comme l'infirmière M. de Roy-Rousseau pour obtenir le médicament souhaité. Voilà qui n'était pas rien.

Le doute sur mon identité sexuelle, en plus de m'avoir complètement chamboulé l'esprit, ne me laissait plus aucun répit. Mes repères bougeaient constamment et je passais malgré moi d'un pôle à un autre. Un vrai cirque de montagnes russes!

Ainsi, la plupart du temps, je commençais ma journée en m'imaginant dur comme fer que j'étais un homosexuel. Et là, hosanna au plus haut des cieux, je me félicitais d'avoir enfin trouvé la vraie source de toutes mes angoisses, certain, maintenant, que tous les espoirs d'une vraie guérison de l'âme étaient permis. Du coup, je me voyais sur le point d'entamer une nouvelle vie et j'imaginais mille et un scénarios pour annoncer la «bonne» nouvelle à ma famille et à mes amis proches. Encore une fois, malheur à quiconque de l'étage aurait osé tenir des propos homophobes devant moi. Et malheur aussi – on est sauveur ou on ne l'est pas – à qui aurait osé malmener le Baron devant moi.

Lorsqu'arrivait le soir, le ballon s'était complètement dégonflé. J'étais redevenu un hétorosexuel, un verbo-moteur au tempérament dépressif, racoleur et séducteur de première, quelqu'un qui s'arrangeait pour être gentil avec tout le monde, particulièrement avec les femmes. Et je me disais que, toute cette remise en question, c'était vraiment n'importe quoi. Que tout ce qui m'arrivait était la faute au délire quelconque d'un psy qui faisait de la projection à partir de son propre statut. Un psy un peu zinzin de la cafetière et peut-être juste un peu trop attentionné.

Car, quoi! Un jour ou l'autre, presque tout le monde avait jonglé avec ce genre de fantasmes, non? Et puis, si j'étais un gai en puissance, comment expliquer mon attirance pour les femmes? Le besoin de séduire, oui... Mais encore? Et aussi, comment expliquer Chantal et Gloria? Les avais-je rêvées, ces femmes-là?

Un certain soir, cependant, il m'arriva de jeter un coup d'œil dans le bouquin de médecine naturelle d'une collègue un peu granola. Mal m'en prit. Schémas et références à l'appui, on affirmait noir sur blanc que mes douleurs persistantes aux lombaires – L 3, 4 et 5 – étaient directement reliées à des problèmes d'ordre sexuel. À des questions d'identité sexuelle, pour être plus précis. Selon l'auteur, ça n'avait rien à voir avec les hernies discales dont j'avais hérité à différentes périodes de ma vie. Cette fois, la preuve était faite et le doute ne m'était plus permis. Si j'avais encore la moindre réserve quant à mon homosexualité latente, c'était qu'en plus d'être trouillard j'étais de mauvaise foi. Voilà que le cirque recommençait.

Durant ces quelques semaines de turbulences, je pris aussi la mauvaise habitude, le soir venu, de juguler mon anxiété avec des quantités astronomiques de nourritures inconvenantes. C'est que, en sentant passer toute cette boustifaille jusque dans mon ventre, j'avais l'impression d'être un peu plus dans mon corps, et surtout un peu moins dans ma tête. Une situation en tous points conforme à ce que j'avais vécu à la petite cantine de Roy-Rousseau des années auparavant et qui m'amena, en compagnie d'Alysson, un nouveau collègue boulimique, à découvrir les immenses vertus consolatrices du sandwich au ketchup.

Tous deux, sitôt avalée la pharmacopée du soir, nous nous vautrions dans des montagnes de tartines et nous nagions dans des océans de ketchup, de moutarde, de cornichons, de confitures et de beurre d'arachide, autant d'aliments proscrits par la nutritionniste attitrée du deuxième étage, une jeune femme un peu famélique – peut-être anorexique – avec de beaux grands yeux tristes, qui avait la décourageante tâche de nous réapprendre à bien manger. Colossal défi, quand on doit travailler avec des gens qui ont la mauvaise habitude du verre du matin et des jeûnes prolongés.

En outre, pendant tout le temps que dura cette période d'orgies vespérales, je continuai d'avoir droit aux bonnes attentions des collègues Léopold et André. Même si cela commençait à me peser drôlement, le Baron s'avérait une véritable nounou et s'y prenait de mille et une façons pour m'être agréable, tout cela au grand dam de Léopold, qui voyait là-dedans un *bizounage* éhonté de grande fofolle en pleine montée d'hormones.

Quand, des années plus tard, j'assisterai à la sortie du *Baiser de la femme araignée*, un film brésilien, je verrai tout de suite la stupéfiante ressemblance entre la situation des deux héros du film et ce que nous avions vécu au D-2, le Baron et moi. Justement, André se voulait la version locale de Luis Molina, le travelo-collaborateur, et moi, celle de Valentin Arregui, le prisonnier révolutionnaire un peu naïf à qui le premier essaie de tirer les vers du nez. En plus, selon certains amis, avec ma barbe noire, mon teint foncé et mes cheveux bouclés, je ressemblais beaucoup au personnage de Valentin, joué par Raùl Jùlia.

Je continuai de voir le psychologue presque tous les jours. Et il ne se passa pas une rencontre sans qu'il me demande d'élaborer davantage, côté sexuel. On aurait dit que c'était la seule chose qui l'intéressait. Que c'était la seule de mes histoires qui fût digne d'être racontée.

Le hic, c'est que même en voulant lui faire plaisir, je n'avais jamais rien de nouveau à lui dire. J'avais beau chercher, explorer dans ma tête, ça demeurait du réchauffé.

À force de le voir insister, je commençais même à douter sérieusement de ses véritables intentions et j'en vins à me demander si derrière sa carapace de psy ne se tramait pas quelque chose d'inavoué et d'inavouable. Quelque chose de très ordinaire, de honteux même. Je commençai à le suspecter de se livrer depuis le début à une sorte de pêche en eaux troubles avec le Gilles-un-peu-poisson que je pouvais être des fois.

J'en vins à ne plus savoir comment composer avec Réjean le psy. Je ne savais plus ni comment ni quoi être devant lui, avec comme résultat que j'en vins à détester cordialement nos rencontres.

Néanmoins, même en ayant des soupçons légitimes, il ne me venait pas à l'idée de le confronter au sujet de ses motivations réelles. J'étais encore bien trop fragile et bien trop timoré pour risquer quoi que ce soit du genre. D'autre part, je ne m'imaginais pas en train de discourir là-dessus avec la pourtant très perspicace Iris, non plus qu'avec Édouard, le brave médecin du groupe. Et je ne voyais pas davantage l'utilité d'aborder le sujet avec un autre thérapeute de la maison. Enfin, manque de connaissances et manque d'expérience, j'étais à des années-lumière d'imaginer que j'aurais été parfaitement légitimé de choisir un autre psychologue.

Pendant longtemps, je vagabonderai dans d'insondables limbes, en quête de vérités absolues sur ce qui m'habitait. De lune en lune, je chevaucherai les crêtes et les crevasses de l'ambiguïté, enjambant des abîmes de folie, grattant ma plaie jusqu'au sang et hurlant d'épouvante en sourdine. Pendant tout ce temps, j'essayerai désespérément de m'extorquer une vérité, qui s'avérera aussi insaisissable que la rosée du matin. Étais-je un homosexuel ou pas? Telle était ma quête.

À force de lire et de parler, à force de comparer et d'en parler, avec de la douceur et plus de compassion pour moi-même, je finirai par être capable de prendre quelque distance. Avec le temps et tout ce qui l'accompagne, avec un peu d'amour des autres et plus d'humour, surtout, je pourrai enfin toucher à la brûlante question sans me meurtrir davantage et je finirai par comprendre que, à cette interrogation, il n'existait pas de réponse toute faite, encore moins de mode d'emploi. En tout cas, s'il y en avait, ce n'était pas pour moi.

La personne la plus aidante pour moi sera sans conteste une féministe bisexuelle de mes amies, une femme qui saura trouver les bons mots au bon moment. Un soir que je serais dans un bar de la haute-ville en train de m'agonir joyeusement devant elle, sa voix douce laissera tomber:

— Quand on aime, Gilles, c'est d'abord affaire de cœur. Le reste suit.

Des paroles fort simples, apaisantes, qui m'aidèrent à me réajuster.

Arriva la mi-février et, avec elle, la fin des stages de Léopold et d'André. Leur séjour, conformément aux nouvelles politiques de la maison, n'avait duré que six semaines en tout. Le mien, selon l'entente prise en novembre, atteignait maintenant le troisième mois. Nous étions très tristes de voir notre trio se démembrer. Nous formions une bonne équipe et nous avions appris à être solidaires en cas de coup dur.

Je prenais régulièrement des nouvelles de Camille et je m'efforçais d'aller voir les miens une fin de semaine sur deux, même si l'enthousiasme n'y était pas.

Comme à l'époque de Roy-Rousseau, je revendiquais maintenant le statut de plus ancien patient du deuxième. Ce statut dont je me serais bien passé me conférait une notoriété des plus douteuses, notamment auprès d'un petit noyau dur – quelques faux itinérants et pseudo-ex-détenus – qui faisait la pluie et le beau temps à l'étage. Pour ces gens, j'étais un intello un peu dingue, doublé d'un dépressif inguérissable, qui n'avait plus sa place parmi les alcooliques du deuxième. Tout pour bien alimenter la paranoïa qui avait commencé à me gangrener.

Le retour d'Olivier, mémorable gagnant de la loterie d'avant Noël, eut lieu pendant la troisième semaine de février. Bien qu'amaigri et visiblement au bout du rouleau, il ne pouvait s'empêcher de jouer les crâneurs en évoquant son équipée avec le gros Charlie. En revanche, ce petit homme de Saint-Sauveur me confia qu'il était passé à un cheveu du suicide après avoir joué ses derniers sous dans une taverne. Ce fut l'intolérable idée de laisser son plus jeune fils orphelin qui l'avait empêché de passer à l'acte.

Deux jours après l'arrivée d'Olivier, je dus me farcir un test de psycho avec Yolanda, une psychologue d'origine slave un peu harpie dont tout le monde se demandait ce qu'elle foutait à Domrémy. Je m'exécutai de bonne grâce et, peu de temps après, la bonne femme, hirsute, m'annonçait les résultats.

— Eh bien, foilà! Che n'affais jamais encore fu ça. Z'est tout à fait tésastreux! Vous zavez que fous z'êtes un champion de la tépression, fous?

— !

J'étais renversé, abasourdi. Le fait était qu'en répondant aux questions de l'examen, j'avais voulu être le plus consciencieux possible. En avais-je trop mis?

Je me savais quelqu'un de dépressif, de très dépressif, même. De là à être proclamé champion de la dépression, il y avait tout de même un pas. Ça avait servi à quoi, de m'annoncer ça? Ça m'apprenait quoi? J'étais dans tous mes états. J'avais beau chercher, je ne comprenais toujours pas le but de l'exercice. Devais-je en rire, ou en pleurer? Chose certaine, les propos de Yolanda n'arrangeaient en rien l'image négative que j'avais de moi. Surtout, ses commentaires n'étaient certainement pas de nature à atténuer mes crises de désespoir et de paranoïa.

L'après-midi même, j'informais Édouard des résultats du fameux test. D'abord pris de court, le médecin jura entre ses dents:

— L'imbécile, la sombre imbécile...

Comme pour se rattraper, il m'expliqua qu'il fallait faire la différence entre un tempérament dépressif comme le mien et la dépression comme telle. Ainsi, j'avais beau être de nature mélancolique, un peu renfermé et généralement porté vers le passé, ça ne voulait pas automatiquement dire que j'étais toujours en dépression.

En somme, selon Édouard, si incongrus qu'aient pu paraître les propos de la psy, il fallait prendre tout ça avec un gros grain de sel, et un brin d'humour aussi.

Un peu plus tard, j'appris par Iris que le rôle de la

psy était de soutenir le travail de base de l'équipe de thérapie du deuxième. Autrement dit, on lui demandait de terminer et d'étoffer le travail des premiers, pas de faire de maladroites et malencontreuses déclarations. Toujours selon l'infirmière, Yolanda n'en était pas à sa première bourde et on l'avait à l'œil.

Les deux dernières semaines de février furent probablement les plus contraignantes de mon séjour et parmi les plus difficiles de cette période de ma vie. Était-ce la malheureuse phrase de Yolanda qui avait servi de déclencheur? Était-ce l'angoisse liée à mon départ de plus en plus imminent? Toujours est-il que le simple fait de participer aux activités du deuxième devint quelque chose de terriblement harassant, qui me demandait tout mon petit change.

Ainsi, du matin jusqu'au soir, et ce, même en recourant à volonté à l'Anafranil, j'étais en proie aux terribles affres physiques et psychologiques du manque de Valium. Au fond, même si ses effets secondaires étaient redoutables, je n'avais qu'une seule envie, qu'un seul but : sombrer dans l'oubli que me procurait le Nozinan.

Je vivais aussi beaucoup de désillusion par rapport aux attentes que j'avais nourries. Je me sentais mieux physiquement, mais, pour le reste, il me semblait que tout était encore à faire. L'équipe de thérapie avait beau prétendre le contraire, après trois mois passés à Domrémy, je ne voyais que très peu de changement dans mon état général.

Plutôt que d'aller naturellement vers les autres, je pris donc la mauvaise habitude de m'isoler, ou d'aller me bercer au solarium avec les trois patients-Korsakoff, comme si mon cas était devenu aussi désespéré que le leur.

Un après-midi de grisaille, alors que je me berçais

en luttant contre un afflux de pensées morbides, je fus la proie d'une crise de paranoïa d'une rare intensité, une sorte de syndrome Truman[56] avant la lettre.

J'étais là à regarder Édouard et Iris s'activer derrière le comptoir quand, soudain, je me sentis foudroyé par l'idée qu'ils étaient en train de comploter à mon sujet. C'en était hallucinant de vérité. Je les imaginai en train de discuter pour savoir quoi faire avec un cas comme le mien. Peut-être allaient-ils m'annoncer mon renvoi de Domrémy.

De plus en plus affolé, je vis le médecin agripper le téléphone et je pensai avec effroi que c'était pour solliciter l'avis du docteur O., à Roy-Rousseau. Il avait besoin d'un complément d'information, il voulait savoir de quelle manière je m'étais comporté à la clinique et comment, avec quels médicaments on m'avait traité.

Fasciné, le cœur battant la chamade, je n'avais d'yeux que pour le médecin au téléphone. Là-bas, à l'autre bout du chemin de la Canardière, tel un vautour attiré par la charogne, j'imaginais le psychiatre O. qui craquetait d'aise en éructant les mots maudits : schizophrène, paranoïaque, narcose, psychose, hallucinations...

Le tourbillon d'idées délirantes devint tel que je passai à un cheveu de me mettre à hurler. L'arrivée bruyante d'Onésime qui cherchait un partenaire de cartes m'évita le pire.

Deux jours plus tard, alors que nous étions en groupe pour le bilan hebdomadaire, je vécus une situation tout aussi anxiogène. Nous étions là à bavarder de tout et de rien quand Judith, une fille caractérielle avec qui j'avais déjà eu des mots, demanda la parole.

---

56. À partir du film *The Truman Show*. Impression d'être suivi, d'être au centre d'une téléréalité.

— Moi je voudrais profiter de l'occasion pour dénoncer une situation! lança-t-elle d'une voix sourde.

— Mais encore? demanda Réjean avec une pointe de méfiance bien sentie.

— Il y a quelqu'un ici qui dérange tout le monde, jeta la fille en fixant le plancher avec un air buté.

Les gens se regardèrent pendant un bref moment, puis un silence de mort s'installa. Pour des raisons qui leur étaient propres, plusieurs personnes se sentaient visées. Quant à moi, j'avais beau être habitué aux dérapages de la fille, je fus vite gagné par le malaise général.

— Est-ce que tu pourrais nommer cette personne? demanda prudemment Réjean.

— Elle se connaît, continua Judith en gardant toujours les yeux obstinément rivés au sol.

Le silence dura encore une éternité.

« La garce! pensai-je. La voilà qui lance encore des accusations pour attirer l'attention sur elle. Et les gens embarquent parce qu'ils ont peur. »

Ce n'était pas la première fois que la femme agissait ainsi. Les fois précédentes – fin décembre et début janvier –, c'étaient des accusations de harcèlement sexuel et de vol d'objets personnels. Le problème, c'était qu'à part moi et le psychologue, personne du groupe ne connaissait son petit manège.

Réjean continuait de brandir des perches, mais la fille se taisait obstinément. Çà et là, des bruits et des murmures de désapprobation se faisaient entendre.

« Et si c'était moi qu'elle visait? pensai-je un instant. Si c'était une manigance pour se venger? Bon Dieu, elle en serait bien capable. En tout cas, ce ne serait pas correct. Surtout que je lui ai donné plein de chances de s'amender. Je vais la confondre. Je vais la sommer d'arrêter ses insinuations. Lui dire d'arrêter de prendre le monde pour des caves. Oui, mais si je prends la parole, qu'est-ce que les autres vont penser?»

Je regardai à nouveau la fille et je crus la voir sourire en coin. Je vis rouge et me levai d'un bond pour parler.

Au même moment, Réjean m'agrippait à l'épaule et annonçait sur un ton sans réplique que c'était la fin de la séance. Un énorme brouhaha s'ensuivit et les gens qui m'avaient vu réagir me regardaient maintenant d'un drôle d'air.

«Ça y est! me dis-je, au comble du désespoir. Maintenant, ils vont penser que c'est moi le problème.»

J'aurais volontiers étranglé la fille, mais j'avais tellement mal en dedans que je ne pus faire autrement que de me mettre à hoqueter. J'avais les yeux remplis de larmes et je suffoquais littéralement.

Je décidai que c'était assez. J'avais assez donné! Je profitai de ce que notre petit groupe rejoignait le deuxième pour gagner précipitamment le dehors. En un instant, je fus devant le porche givré de la pharmacie Z, en bordure de la Quatrième Avenue.

Je pris quelques grandes respirations et me retrouvai à l'intérieur, devant le grand comptoir des prescriptions.

— Mmouiii, Gillis? s'enquit le pharmacien, un homme éminemment joyeux répondant au prénom d'Émile et qui avait cette manie de toujours vouloir m'anglaiser.

— Suis venu voir où j'en suis au chapitre des médicaments. En fait, je crois bien qu'il me reste une prescription de Valium 5 mg.

— Hum, fit l'homme, le nez dans un dossier. C'est non renouvelable. Faudrait une nouvelle ordonnance...

— Édouard est absent. Pouvez pas m'arranger ça pour quelque temps?

— Vu que t'es un bon client, Gillis, je te la renouvelle au complet. Tu vas me ramener une ordonnance quand t'auras vu Édouard. Ça te va?

Si ça m'allait? J'aurais pleuré de joie et je lui aurais sauté dans les bras.

Un quart d'heure après, j'arpentais furieusement les trottoirs *slushés* des rues Ozanam et d'Assise pour bien faire descendre le butin, pour que le Valium, ce sublimissime baume de la psyché en éruption, se dissolve le plus rapidement possible. Au bout d'un moment, les quatre ou cinq comprimés gobés à la sauvette firent généreusement effet. J'étais beaucoup mieux. Plus apaisé, déraidi et beaucoup moins fébrile. Ma tête ne menaçait plus d'éclater et ma respiration, de même que mes pulsations cardiaques étaient redevenues à peu près normales. Dans vingt minutes, j'allais me mettre à flotter, à léviter même. Ce serait à nouveau le nirvana, après quasiment trois mois de disette volontaire.

À l'instar d'un capitaine Haddock réalcoolifié, pleurant de joie et bénissant le *signore* Oliveira da Figueira pour son miraculeux porto, je n'en finissais plus de rendre grâce au pharmacien jovialiste. Ah! le cher homme!

Incroyablement soulagé, à nouveau béni des dieux, j'allais pouvoir finir la thérapie de façon décente. Finis, les abominables symptômes de manque et tout le tintouin autour de ça! Finies, la paranoïa, la panique et les hallucinations! J'allais pouvoir me faire justice. Pour commencer, j'allais rétablir les faits, puis je réglerais son compte à la chipie de Judith. J'allais montrer à Olivier et compagnie ce que j'avais dans le coffre.

Bon, bon, bon... J'avais encore raté mon coup avec

le Valium? Et puis après! Étais-je un lâche pour autant? Certainement pas! Si le sevrage fonctionnait pour d'aucuns, il se trouvait qu'avec moi c'était différent, probablement parce que j'étais un gars différent... Pourquoi pas?

Même si ça n'avait pas marché, j'avais au moins le mérite d'avoir salement essayé. Ça, personne ne pouvait me l'enlever. Je n'avais rien à foutre du reste. Voilà tout ce qu'il y avait à dire et à penser pour le moment.

Cinq jours après mon raid à la pharmacie, je faisais mes adieux au deuxième de Domrémy. J'avais rivé son clou à la fille Judith et mon séjour s'achevait comme il avait commencé, sur les chapeaux de roues.

J'avais secrètement utilisé plus du quart de ma provision de Valium et personne ne s'était aperçu de rien. Encore que, par moments, des membres du personnel avaient trouvé bien étrange le fait que j'aie changé d'humeur à ce point. Pragmatiques, Iris et le médecin avaient attribué mon surprenant regain d'énergies à l'effet *pink cloud* typique des fins de thérapie.

En quittant Domrémy pour Lac-Beauport, je laissais derrière moi quelques bonnes relations. Je laissais aussi une équipe de soignants de l'âme et du corps qui méritaient tout mon respect. Car, même si certaines expériences s'étaient avérées à la fois pénibles et navrantes, je refusais de voir mon aventure sous ce seul angle, ou sous le seul aspect du sevrage de Valium encore raté.

La thérapie à Saint-François m'avait apporté plusieurs bonnes choses. Primo, j'en savais tout de même un peu plus sur moi-même et sur la qualité de mes relations avec les autres. Deuzio, j'avais engrangé bon nombre de trucs et de techniques sur la question fondamentale de la gestion des émotions. Enfin, au bout de trois mois de ce régime, je pouvais me féliciter d'une forme physique quasi irréprochable et d'une volonté de mieux vivre nettement réaffirmée. Qui plus est, j'avais maintenant quelques bonnes idées de travail en tête et j'avais hâte de revoir Camille. Voilà ce que je me serinais candidement en franchissant le portail du secteur D-2 de l'unité Domrémy[57].

Tout m'apparaissait si simple, maintenant. Si facile!

Je devins l'un des nombreux patients à l'externe d'Édouard, l'un des deux médecins de l'unité. Un mois après ma sortie, je lui avouai candidement avoir consommé du Valium de mes propres réserves. Comme je pouvais m'y attendre, le doc me semonça pour la forme, mais il ne m'en tint pas vraiment rigueur. À preuve, il continua de me prescrire du Valium, et nous cheminerons ensemble pendant encore deux ans avant qu'il n'accède à une sorte de préretraite. Je garde un souvenir impérissable de cet homme de médecine bon et généreux, le souvenir d'un gars profondément humain, qui s'avéra un modèle référentiel et un deuxième père, un homme, finalement, grâce à qui j'ai pu garder la tête hors de l'eau.

De même, je garde un souvenir ému des infirmières Iris et Pierrette, professionnelles jusqu'au bout des ongles, celles-là, deux femmes de cœur que je croiserai encore pendant quelques années à l'étage de Domrémy.

Peu après ma sortie de l'hôpital, je commençai à voir Réjean dans son bureau de pratique privée. Il m'apparaissait plus prudent de continuer à le consulter au moins une fois par quinzaine, même si j'avais à débourser de ma poche et même si le comportement du psychologue me paraissait de plus en plus équivoque.

---

57. Voir notes d'évolutions du docteur C. et du psychologue B. en annexe. Voir sommaire en annexe également.

Un soir, je saisis au vol une invraisemblable invitation à passer la fin de semaine chez lui pour le confronter enfin.

— Dis donc, tu ne serais pas un peu amoureux de moi, des fois? À quoi ça rime, ce genre d'invitation? Est-ce là un comportement souhaitable pour un professionnel digne de ce nom?

Confus, désemparé, l'homme s'empourpra et répondit par la négative. Il voulut se défiler en abordant vaguement la question des transferts amoureux.

— Il s'agit là d'une situation assez courante entre professionnels et clients. Ça se produit la plupart du temps à leur insu, bredouilla-t-il.
— Mais encore?
— Je ne sais pas quoi te dire...

Excédé par les faux-fuyants, en colère contre moi pour ne pas avoir réagi avant et contre lui pour les raisons qu'on imagine, je lui criai enfin qu'il avait agi de façon indigne et irresponsable et que c'était là notre dernière rencontre.

Comme on peut facilement l'imaginer, cette confusion et cette colère contre moi et contre lui dureront longtemps. En outre, pendant des semaines et des mois, je repasserai systématiquement le contenu de nos entrevues en essayant de séparer le bon grain de l'ivraie. Pendant des semaines et des mois, je chercherai à trouver l'intention réelle derrière le propos, que cette intention fût d'ordre sexuel ou pas. Pendant des lustres, je me demanderai ce qui se serait vraiment passé si Réjean avait insisté sur ceci au lieu de cela. Je me demanderai longtemps si c'était sa propre condition d'homosexuel qui l'avait poussé à tant insister sur les fameuses questions d'exploration.

Comme je l'ai dit plus tôt, à force de chercher, de

tâtonner, de comparer, j'ai tout de même fini par trouver quelques-unes de mes vérités, dont celle-ci, entre autres, que j'ai beau préférer les femmes aux hommes, on a avantage à se méfier des étiquettes et des vérités toutes faites. Rien n'est jamais aussi blanc ou noir qu'il y paraît de prime abord. On a même parfois avantage à s'accommoder du gris.

Et aussi, ne l'oublions jamais, l'amour véritable, le vrai, s'adresse au cœur plutôt qu'aux sens. Une chose facile à dire, mais pas toujours facile à vivre et à accepter, pour toutes sortes de mauvaises raisons.

Quoi qu'il en soit, qu'il s'agisse de régler des comptes, d'amorcer un processus de deuil ou de travailler à refermer des plaies, je n'ai jamais cherché à revoir le psychologue. Peut-être que j'aurais dû. Sûrement, même. Mais, bon, j'ai fini par comprendre qu'on ne peut pas vivre éternellement de regrets, même en sachant que les regrets sont souvent garants d'un authentique processus de guérison.

Je n'ai pas cherché non plus à porter plainte contre l'homme. J'ai préféré oublier, laisser le temps faire son œuvre. N'empêche, cette aventure m'a amené à constater, comme beaucoup d'autres l'ont fait avant moi, que les psychologues et les psychiatres ont un pouvoir énorme, un pouvoir de vie ou de mort, presque. D'où l'importance de choisir, plutôt que d'être choisi, peu importe qu'on soit en institution ou pas. Et, tant qu'à choisir à qui on veut confier sa vie, aussi bien le faire avec un maximum de discernement, avec un maximum de précautions.

Réjean est décédé il y a plusieurs années déjà. Il n'y a rien à dire de plus.

De leur côté, mes collègues de l'unité D-2 connurent chacun des fortunes diverses. Le premier, mon ami Raymond, grand bagarreur et chambreur émérite de

Saint-Roch, y alla d'un témoignage accablant et très attendu contre son usurier de proprio de la basse-ville. Sa mission accomplie, il regagna son Acadie natale et s'y maria. Je ne le revis jamais plus.

Le gros Charlie, lui, mourut d'une cirrhose, quatre ans après son passage au deuxième de Domrémy.

Plus heureux ou plus chanceux – ou les deux à la fois –, son compagnon Olivier réussira, à force de persévérance, à se forger une sobriété solide. Vers la fin des années 1990, quand je le vis pour la dernière fois, le diable de petit homme avait encore gagné une grosse somme à la loterie.

Quant à Gloria, j'appris par hasard qu'elle avait enfin trouvé une âme sœur compatible. Adhérente au mode de vie des Émotifs anonymes, elle devint mère d'un garçonnet et ouvrit un petit salon de coiffure dans Limoilou, une affaire qui est encore des plus florissantes, même au bout de trente ans.

De son côté, André, dit le Baron, mourra des suites du sida après de nombreuses années d'abstinence plus ou moins heureuses. Quelques semaines avant la fin, le truculent personnage prenait toujours un malin plaisir à évoquer notre rencontre au deuxième de Domrémy. Je garde un souvenir heureux de l'homme et de son personnage de grande folle.

Léopold, alias Monsieur le maire, siégera, lui, pendant encore de nombreuses années dans les tavernes de la basse-ville avant d'être emporté par une banale embolie pulmonaire.

Enfin, monsieur Émile, le jovialiste et généreux pharmacien de la Quatrième Avenue, sera arrêté et condamné pour usage de faux, fraudes à l'impôt et à la Régie, malversations et autres peccadilles. L'homme fera son temps dur, mais finira par remonter à la surface.

Je séjournerai au deuxième étage de Domrémy à au moins deux autres occasions durant l'année 1985. Le premier de ces deux stages aura lieu en janvier et visera des objectifs analogues à ceux de 1982. Cette fois, je serai sous la coupe d'une jeune docteure très professionnelle, mais très peu empathique, avec qui j'aurai souvent maille à partir. Encore une fois, j'aurai accès, pendant ces six semaines de turbulences, à une précieuse cache de Valium de mon cru, avec, au bout du compte, le peu de résultats qu'on peut imaginer.

Quant au séjour qui suivit, le troisième en tout, il aura lieu à l'été de la même année pendant une grève du personnel. Au cours de cette autre thérapie en dents de scie, je retrouverai Onésime, Monsieur le maire et le gros Alysson, celui-là même avec qui je faisais naguère des orgies de sandwichs au ketchup. Manque de bol, ou trop de mauvais cholestérol, Alysson mourra d'une indigestion aiguë à la suite d'une mémorable soirée d'agapes au solarium du deuxième.

Cet été-là, j'aurai aussi une brève, mais très intense liaison avec F., une infirmière de l'étage de cinq ans mon aînée. Cette très atypique relation s'avéra aussi bancale que tordue et m'amena à deux doigts d'une authentique rechute.

Je profiterai aussi de ce troisième stage pour nouer de nouvelles amitiés et en rafraîchir d'autres, plus anciennes. Je revis notamment le vénérable père Ubald Villeneuve, avec qui j'avais toujours fait preuve de bonne intelligence.

Mais cette thérapie sans Valium, commencée elle aussi avec les meilleures intentions du monde, finira par un retour à la case départ, soit à la chic pharmacie Z de la Quatrième Avenue.

La morale de cette histoire : ne jamais s'aventurer

dans les eaux tumultueuses de la thérapie si, au départ, on n'est pas assuré d'un minimum de réserves physiques et psychiques. Autrement, les problèmes de sevrage et autres remous de la vie – maladies physiques, deuils trop récents – risquent de vous faire chavirer complètement, quoi qu'en disent les experts. Et Dieu sait qu'ils sont nombreux, les experts!

Il m'apparaît enfin nécessaire de préciser, à propos de tous ceux que j'ai côtoyés pendant mes séjours à Domrémy, que les seules personnes, parmi toutes celles que j'ai revues sur une période couvrant plus de trois décennies, qui aient réussi à se libérer de leur dépendance sont celles qui ont adhéré, de près ou de loin, au programme d'une quelconque fraternité : Alcooliques anonymes, Narcotiques anonymes, Dépendants affectifs anonymes, Enfants et Adultes d'alcooliques, Émotifs anonymes...

En clair, je n'ai jamais revu personne qui soit demeuré abstinent sans avoir suivi, comme moi vingt ans plus tard, une thérapie basée sur les principes AA ou sans avoir adhéré au mode de vie de l'une ou l'autre des fraternités mentionnées précédemment.

Ce qui tend à prouver sans trop d'équivoque, même si je ne désavoue pas pour autant les programmes de thérapie du Centre Ubald-Villeneuve[58], qu'il faut beaucoup plus qu'une thérapie comportementale ou autre pour espérer connaître un jour une certaine forme de sobriété. À la base, il faut avoir le désir sincère d'arrêter de boire ou de consommer et, en sus, il faut adhérer à un mode de vie qui permette d'entretenir ce désir.

---

58. Le CRUV. Centre de réadaptation pour alcooliques et toxicomanes, créé en 1997 et situé à côté de la clinique Roy-Rousseau (Limoilou, Québec).

CHAPITRE 9

L'Arc-en-ciel, l'espoir

Saint-Roch, au matin de l'Épiphanie de la deux millième année

Je venais tout juste de me glisser hors de la maison de thérapie l'Arc-en-ciel ce samedi matin-là, quand je tombai pile sur Mike. C'était à l'entrée du mail Saint-Roch, tout près de la grosse église où veillaient l'ermite et son chien.

Décoiffé, dépenaillé, empestant la vinasse et grelottant en diable, l'homme quémandait des sous aux passants en leur tendant une main tremblotante. J'en déduisis que mon ancien compagnon d'étage, sorti trois jours avant moi, avait rechuté très sévèrement.

Mike avait mon âge et nous avions commencé notre stage en même temps, au jour de l'Immaculée Conception de la dernière année du précédent siècle. Dès le début, nous nous étions mutuellement avoués que ce énième séjour, basé sur les douze étapes des Alcooliques anonymes, était notre cadeau de la dernière chance. Virage du millénaire ou pas, folies collectives ou pas, nous étions très conscients que la réussite de cette démarche de survie fragile et désespérée ne souffrirait pas la moindre entorse. Pas le moindre bogue. D'où notre application et notre zèle, pendant toutes les journées vécues à l'ombre de l'Arc-en-ciel, sur la rue de l'Église, à l'abri des intempéries de la vie. L'Arc-en-ciel, une oasis, une accalmie...

En m'apercevant, Mike eut une grimace et se mit à hoqueter de vagues excuses.

— Pas digéré mes Fêtes en cabane... Problèmes avec l'hostie de proprio... Chèque du premier retardé... Malchance habituelle... Grosse soif...

D'abord surpris, puis de plus en plus troublé, je l'écoutai un moment avant de me ramener à la hâte chez Marc, mon vieux pote du quartier Saint-Jean-Baptiste. C'était là, dans une chambrette de la petite maison de la rue Saint-Olivier, que j'avais déménagé mes maigres effets un mois plus tôt. C'était là, après des années d'accrochages dans toutes sortes de bas-fonds, que j'avais décidé de m'ancrer. C'était là que je voulais réapprendre à vivre, en essayant de faire confiance, en laissant monter la vie à l'intérieur de moi, en la laissant mariner.

Plus qu'un pote, Marc était un confident, un frère et un vieux camarade de luttes sociales. Ensemble, nous avions vécu toutes sortes d'aventures désopilantes, aussi bien dans le communautaire que dans d'autres sphères de nos vies.

L'homme connaissait très bien ma famille, et moi, j'avais vu grandir ses deux turbulents de mioches, Félix et Camille. Plus encore, j'avais été pensionnaire du 672, Saint-Olivier, à au moins deux reprises pendant la dernière décennie. Cela faisait de moi un familier de la maison et me conférait ad hoc une sorte de statut de *mon oncle*, un *mon oncle* plus ou moins sortable, un peu capitaine Haddock, mais un *mon oncle* apprécié, quand même.

Marc était bien au fait de mes boires et déboires et, chose rare et appréciée, il m'avait à peu près toujours accepté tel que j'étais.

Son accueil fut à la fois sobre et chaleureux. Après les recommandations d'usage, je me retrouvai allongé sur mon lit, au deuxième, goûtant pleinement les joies d'une intimité retrouvée, une intimité qui avait été mise à fort rude épreuve à l'Arc-en-ciel, un établissement où tout, la moindre activité, la moindre sortie, se faisait en groupe.

Ça fleurait bon la soupe au lard et la résine de sapin dans la petite chaumière. Et, en moins de deux, j'eus l'esprit qui se baladait sur les notes de piano jaillies d'en bas.

J'étais relativement serein, même si plusieurs questions commençaient à bourdonner. «Comment cela irait-il avec les enfants de Marc? Allait-on m'accepter, maintenant que je ne buvais plus? Comment ferais-je, quand les autres allaient célébrer avec de l'alcool? Et, les médicaments, allais-je un jour m'en libérer complètement? Aurais-je assez d'argent? Qu'allais-je devenir si ça échouait? Si je rechutais? Où irais-je? Et ma fille, dans tout ça? Ma famille? Et le travail? Et le fichu statut social? Qu'est-ce que la vie me réservait? Par où commencer?»

Mais, plus que tout, j'avais toujours l'affreuse vision de Mike mendiant collée aux synapses, une scène pénible, que je n'arrivais pas à coupler avec le souvenir que j'avais de l'homme, un dégourdi, un crâneur qui rigolait volontiers en parlant de ses années de manche à Montréal, un gars désinvolte qui connaissait la cour des Miracles de la basse-ville encore mieux que moi. Mike, un débrouillard, qui avait même servi de proxénète à l'Ange-Aimée-Trente-Sous de la légende, dans la ville de Champlain.

«Qu'est-ce qui n'avait pas marché pour lui? Pourquoi lui et pas moi? Qu'est-ce que j'avais de plus que lui? Qu'ai-je à comprendre de tout ça? Oui, bon, je sais... Beaucoup d'appelés, peu d'élus. Tout le monde ne gagne pas, à la loterie de la vie. Il y en a, de ces malheureux... On est responsable de son bonheur... On fait soi-même sa chance et taratati taratata. Mais tout de même!»

J'étais d'autant plus anxieux que la veille, pour la troisième année d'affilée, j'avais touché une part d'héritage de quelques milliers de dollars. Une fort grosse somme pour un zig comme moi, habitué à se débrouiller sans le sou, réputé collectionneur d'ardoises et bon client des prêteurs sur gages.

Depuis le matin, j'étais agacé par une nuée de flashs, des instantanés dans lesquels je me voyais en train de flamber mes sous dans les bars des alentours. Bien sûr, ce n'était pas la terrible soif du temps de mes abstinences sèches, cette irrésistible envie de boire, dévorante et délirante, qui vous éponge la volonté et vous liquéfie la cervelle. N'empêche...

Plus la matinée avançait, plus le timide et relatif sentiment de sécurité de l'arrivée se dissipait. Je devenais nerveux, inquiet, tendu, presque aux abois. La peur, cette bonne vieille peur, allait s'insinuant, déroulant silencieusement ses anneaux, prête à mordre.

Néanmoins, très profondément à l'intérieur de moi, j'avais toujours la certitude qu'un vrai changement s'était opéré, même si je ne savais pas trop en quoi consistait ce changement et si j'ignorais quand et comment ça s'était produit. Je sentais que cette fois-ci serait différente des autres, différente des périodes de ma vie où j'avais vainement essayé d'arrêter de boire par moi-même, différente des démarches de thérapie comportementale où je m'étais toujours gardé des portes ouvertes. J'avais maintenant l'impression qu'il y avait un fond et une fin à toutes mes lamentables histoires de dérape et j'avais le sentiment que je ne pouvais descendre plus bas, comme si quelqu'un, quelque part, avait enfin réussi à mettre un frein, un point final à mes rechutes.

Je sentais, même si c'était encore très confus, très ténu, que quelque chose de chaud qui me voulait du bien s'était lové à l'intérieur de moi. Même si je ne savais ni quand ni comment cela s'était produit, je savais que c'était bien réel.

En fait, et c'était bien un petit miracle en soi, je ne me sentais plus battu d'avance ni démuni. Je carburais à ce qui ressemblait à de l'espoir. Surtout, j'avais de nouvelles armes pour contrer mes maladives obsessions, pour empêcher la peur de me noyer.

Entre autres, je pouvais puiser dans une littérature d'appoint, dont celle des AA. Je pouvais aussi téléphoner jour et nuit à au moins deux personnes pour vider mon trop-plein, calmer mes angoisses, empêcher que la peur ne prenne toute la place. Cette idée, même si je savais déjà que je n'en abuserais pas, me rassurait beaucoup.

Il y avait aussi cette histoire d'une puissance supérieure sur laquelle nous avions travaillé à l'Arc-en-ciel. Dans mon cas, c'était une espèce d'entité hybride, mélange de positivisme, de mère Nature et des gens que j'aimais, que je pouvais invoquer en tout temps.

Cette puissance supérieure était maintenant une sorte d'ultime police d'assurance, sur laquelle je pouvais compter en cas d'urgence majeure ou de situation désespérée. C'était un concept grâce auquel je pouvais enfin lâcher prise et à partir duquel je pouvais pratiquer l'abandon et la capitulation.

Pour ajouter à tout cela, il y avait les soirées d'anciens de l'Arc-en-ciel, une activité qui avait cours depuis des années, et dont on m'avait abondamment vanté les bienfaits. Ces réunions d'entraide se tenaient le vendredi, et les vétérans de la thérapie en profitaient pour renouer, en plus, bien sûr, d'échanger et de fraterniser avec les résidants de l'établissement.

Je me remémorai la règle qu'on m'avait répétée maintes fois en thérapie, que, la seule chose qui importait vraiment, c'était d'essayer de finir la journée sans boire, de prendre les choses un jour à la fois. Voilà une autre idée qui me plaisait beaucoup. Qui me rassurait.

J'en étais là dans le fil de mes pensées quand l'arrivée bruyante de Camille, la fille de Marc, me fit sursauter. Je tendis l'oreille.

— Gilles est dans sa chambre?
— Ouaip.
— C'est vrai, ça, Marc, que Gilles ne reboira plus jamais?
— Ouaip, c'est censé être ça.
— Jamais, jamais? Même pas un verre à l'occasion?
— Jamais, jamais. Même pas un verre à l'occasion.
— Même pas pour ses cinquante ans?
— Même pas pour ses cinquante ans.
— Hé bé... Penses-tu qu'y va résister?
— Sais pas. J'espère bien.
— Ah!
— Voilà, c'est comme ça.

Depuis cette matinée de l'Épiphanie du nouveau millénaire, c'est encore et toujours comme ça. Je n'ai plus bu ni consommé quoi que ce soit, même pas un verre à l'occasion, ni pour mes cinquante, ni même pour mes soixante ans. Et, ce qui est bien un autre petit miracle en soi, j'ai ramené ma consommation de médicaments à trois fois rien et des poussières. Voilà des résultats dont je ne suis pas peu fier, des résultats qui vont de pair avec ma nouvelle vie, beaucoup plus heureuse, entière et utile qu'avant.

Une quinzaine d'années s'étaient écoulées entre ma dernière thérapie fermée à Domrémy et mon entrée à l'Arc-en-ciel, à l'aube des années 2000. Quinze ans pendant lesquels ma consommation d'alcool et de Valium n'avait jamais cessé d'augmenter. J'avais atteint des sommets rarement égalés dans l'ivrognerie, la dépression et la déchéance morale et physique, des résultats, on peut l'imaginer, dont je n'avais jamais été très fier.

Ces quinze années de turbulence avaient d'abord été partagées entre des périodes de travail débridées suivies de périodes de travail chômées. Puis, les séquences de travail chômées firent place à de longs et douloureux intervalles où il ne se passait à peu près rien, sinon l'apitoiement, l'autojustification et la procrastination crasse. À peu près rien, sinon la terrible angoisse du grand vide intérieur et l'impression persistante de vivre à côté de mes pompes, avec en plus la sensation haïssable d'habiter la tête d'un autre, une tête remplie à ras bord de peurs et d'obsessions.

Pendant tout ce temps, ma fille Camille n'avait jamais cessé d'être la personne la plus chère à mes yeux. Toutefois, la consommation de substances diverses m'avait rendu peu fiable, et je n'arrivais pas à le lui démontrer dans la pratique, du moins pas comme je l'aurais souhaité, pas comme le père aimant que j'aurais pu et dû être.

La consommation de médicaments avait fait de moi un familier des urgences, et les pharmaciens n'avaient pas tardé à m'avoir à l'œil. Cette situation m'obligeait à aller quémander ma pitance dans les arcanes du crime et de la petite prostitution. Elle m'avait amené, de jour comme de nuit, dans les bouibouis du Palais et du Bord de l'eau[59].

Les choses empirant, j'avais connu la brutalité des fins de semaine au parc Victoria, l'humiliation des salles du palais de justice et aussi l'amertume des murs d'Orsainville, de même que la honte collective des soupes populaires.

Finalement, j'avais vécu toutes sortes d'aventures com-

---

59. Les environs de la côte du Palais, du bassin Louise et du port de Québec, une zone où florissaient les tavernes, les hôtels et les gargotes en tous genres.

plètement folles, dont certaines d'un degré de violence suicidaire, censée servir d'exutoire à un instinct de mort toujours plus envahissant qui avait fait en sorte que les miens avaient passé bien près de me trouver raide au pieu.

Il m'était tout de même arrivé de réussir quelques bons coups, notamment dans le secteur du communautaire. Malheureusement, ma culpabilité et ma honte étaient à ce point toxiques que je n'arrivais pas à bâtir sur ces quelques succès. Je ne parvenais pas à tirer profit de mes réussites, à cause de mon instinct d'autosabotage.

J'avais pris l'habitude d'expliquer mes déboires en m'identifiant aux cordonniers mal chaussés, aux gens qui sont champions pour défendre les droits des autres, mais qui n'ont rien à foutre des leurs. Cette excuse me paraissait facile et plus socialement acceptable, surtout quand il s'agissait d'affronter mes créanciers ou d'emprunter des sous à ma « sainte » mère.

Ma famille et mon entourage n'étaient pas dupes, bien entendu. Ma crédibilité sociale était à zéro et mon estime de soi s'amenuisait en conséquence.

Comme pour ne pas être en reste, ma vie sexuelle et affective était elle aussi d'une navrante pauvreté. Au chapitre de l'amitié, j'évitais sciemment les quelques rares personnes qui me voulaient encore du bien. « Ces gens-là, leur néoconformisme et leur petite compassion obligée, que je me plaisais à penser, je m'en moque. » Quant à mes aventures avec le beau sexe, elles se résumaient à une piètre collection de nuits de luxure, un méli-mélo de chairs flasques et d'ego mutilés, avec en avant-scène une queue ramollie par l'alcool et des compagnes d'un jour aussi sèches de l'intérieur que revêches de l'extérieur. Un vrai fiasco, quoi!

Devant les quelques femmes bien qui avaient tout de même osé se pointer, j'avais trouvé mon salut dans

la fuite. «Elles et leurs romances savon, leurs désirs ina-
voués de sauveuses énamourées», que je me serinais
pour me justifier à mes propres yeux.

Un jour que je me répandais en lamentations devant
un ami, celui-ci m'avait objecté :

— Ben, voyons, Gilles! Ça fait tellement longtemps
que t'as la bouteille comme maîtresse! Ça ne trompe
personne. Comment veux-tu qu'une femme essaie de
rivaliser avec ça?

— ...

Les cinq dernières années qui avaient précédé mon
entrée à l'Arc-en-ciel avaient été parsemées d'épisodes
particulièrement éprouvants. Il y avait eu d'abord
le décès de Rollande, mon abstinente de mère, dû
– cruelle ironie – à une cirrhose. Quelques années
après, mon père était décédé à son tour. Ce qui m'avait
causé le plus de peine, c'était de n'avoir jamais pu
leur demander pardon à temps, quand chacun avait sa
pleine connaissance. D'où un chapelet de remords qui
n'avaient fait que s'ajouter au reste.

Au décès de mon père, j'avais eu droit à un petit
héritage qui avait accéléré ma descente aux enfers.
En matière d'alcool, par exemple, j'avais très vite
atteint un point de non-retour. Je ne pouvais plus en
prendre, mais je ne pouvais pas non plus m'en passer,
sous peine de délirium et d'autres terribles effets de
manque.

Dans un cas comme dans l'autre, j'étais de plus en
plus malade et il y avait belle lurette que les Valium ne
suffisaient plus à faire contrepoids. Mes cuites étaient
devenues autant d'aventures extrêmes, un invraisemblable et dramatique jeu de roulette russe.

Un matin de printemps, alors que je me traînais
péniblement au dépanneur le plus proche, j'avais été

pris de convulsions, ce qui ne m'était encore jamais arrivé, vu ma constitution physique exceptionnelle.

Envahi par la panique, terrorisé, j'avais compris que je ne pouvais plus continuer à boire, qu'il fallait que je cesse, sinon j'allais droit vers la cirrhose, l'infarctus ou la crise de folie furieuse.

Comme si ce n'était pas assez, j'avais commencé à éprouver de profondes bouffées de désespoir, avec des obsessions en rafales, des pensées noires et affreuses qui me ramenaient aux pires instants de ma dépression d'avant Roy-Rousseau, à l'épouvantable époque de mes vingt-deux ans, quand un manque de confiance extrême et une peur délirante de la folie m'obligeaient à réviser systématiquement chacune de mes pensées, à revoir chacun de mes gestes, à réentendre chacune de mes paroles.

Parallèlement, j'en étais venu à être tellement obnubilé par l'approche de mon cinquantième anniversaire et par le nécessaire bilan de vie qui s'y rattachait que j'avais échappé une année. Je l'avais sautée littéralement.

Pendant les semaines qui avaient précédé mon quarante-neuvième anniversaire de naissance, j'avais cru dur comme fer que j'allais fêter mon demi-siècle et j'avais même fait quelques invitations. J'étais dans le cirage. Je ne savais même plus quel âge j'avais. J'étais au seuil de la psychose, de la totale désorganisation mentale.

Le premier mars 1999, quand mon frère aîné Jacques m'avait fait la démonstration mathématique de mon âge réel, j'avais compris l'urgence et la gravité de la situation. Il me fallait agir, et vite. Mais quoi faire? Où aller? Devais-je me présenter à l'urgence de Robert-Giffard et supplier qu'on m'affuble d'une camisole de force? Devais-je aller chez les flics et leur dire que j'avais peur de devenir dangereux? Plus simplement, devais-je continuer à boire jusqu'à mourir noyé dans mon jus?

J'étais désemparé. Je ne savais pas, je ne savais plus, j'avais perdu mes repères et j'avais terriblement peur. Où aller? Quoi faire? Qui appeler?

Il y avait maintenant des siècles que j'avais enterré la psychiatrie. Aussi, à l'exception des renouvellements d'ordonnances, il y avait belle lurette que j'avais fait mon deuil de Domrémy Saint-François d'Assise. De toute façon, le deuxième était fermé depuis plus d'une dizaine d'années et le sixième était réservé aux seuls cas de désintoxication graves. Quant aux psychologues...

Bon, il y avait bien les Alcooliques anonymes du gros Bob, mon ami et colocataire du moment. Mais, les deux fois que je l'avais accompagné à une réunion, ça s'était soldé par des cuites monumentales.

Méchantes réunions, d'ailleurs! Il fallait d'abord subir les poignées de main forcées et les sourires obligés; après quoi, on avait droit à une chanson western atroce censée être une prière de la sérénité, une chansonnette aussi nounoune que misérabiliste. Ensuite, c'était des radotages et des psalmodies de bondieuseries en veux-tu en voilà.

Ce bazar m'avait dérangé, horripilé, et ça m'avait donné foutrement soif. Il faut dire que j'allais à ces réunions juste pour faire plaisir à mon coloc.

Et puis, le gros Bob... Je comprenais mieux maintenant les raisons de son zèle. Imaginez l'aubaine pour un gars dans son genre. C'était un doctorant en théologie, un ancien marxiste devenu chrétien militant à la JOC[60], un pacifiste et un croyant parmi les croyants. Quoi de mieux que les AA pour recycler sa ferveur militante, justifier son prosélytisme!

---

60. Jeunesse ouvrière chrétienne.

N'empêche que Robert ne buvait plus depuis un an et il menait plein de projets à terme. Et il avait l'air tellement mieux dans sa peau!

Finalement, j'allais rester dix longs mois encore à patauger dans mon cloaque, à macérer dans les effluves de bière cheap et les lendemains de veille assassins, à vivre assis entre deux chaises, le foie en marmelade et la tête meurtrie à mesurer ma détresse à l'aune de ma quarantaine triste. Dix mois de solitude et de souffrances sans nom à ne sortir de mon ermitage que pour m'abreuver en catimini, pareil à une ombre grise et furtive dans la nuit. Dix mois durs, coriaces, saignants. Dix mois, une vie!

Au matin du 6 décembre, après avoir éclusé durant presque toute la nuit, je me présentai à la porte de la maison l'Arc-en-ciel, sur la petite rue de l'Église, dans le quartier Saint-Roch. J'avais choisi cet endroit parce que c'était un des rares établissements à accepter que l'aide sociale paie la thérapie et parce que, question de principe, je n'allais tout de même pas donner deux mille dollars pour faire une thérapie d'un mois, si AA et si sophistiquée fût-elle.

Mais j'étais à peine entré que déjà on m'invitait à retourner chez moi pour y cuver mon vin. On ne rigolait pas, à l'Arc-en-ciel. Jacques, un gars de Baie-Comeau qui avait bien picolé dans l'autobus, l'apprit lui aussi à ses dépens, à la différence que le joyeux luron dut s'accommoder du local de dégrisement de la maison Lauberivière, un refuge pour les sans-abri. Je revins donc pendant la matinée du surlendemain, à sec et plutôt honteux, comme il se doit.

Je n'étais pas sitôt installé que j'allais déjà rejoindre les onze autres gars réunis dans un local. Là se tenait un atelier qui portait sur la première étape des

Alcooliques anonymes : « Nous avons admis que nous étions impuissants devant l'alcool et que nous avions perdu la maîtrise de nos vies. »

Pas de problème avec ça ! Je voulais bien admettre tout ce qu'on voulait et même davantage, si ça pouvait aider. Je me savais effectivement impuissant devant l'alcool. Cela ne faisait pas l'ombre d'un doute pour moi.

Le lendemain matin fut consacré à la deuxième étape : « Nous en sommes venus à croire qu'une puissance supérieure à nous-mêmes pouvait nous rendre à la raison. »

Encore là, pourquoi pas ? J'étais prêt à tout et je voulais bien essayer de croire à quelque chose, en autant, bien sûr, qu'il ne s'agît pas de Dieu, de Jésus ou de la bonne Sainte Vierge, en autant que cette puissance supérieure ne soit pas à consonance religieuse.

Yvon, l'intervenant qui m'avait été attitré, m'incita à travailler sur la fameuse puissance en me proposant d'autres repères.

— Ta puissance supérieure, ça peut-être ta mère, ta blonde, ta fille, ton groupe, n'importe quoi pourvu que tu puisses t'y abandonner, lâcher prise, prier...

Je retins presque automatiquement le concept de nature, une notion que j'avais toujours privilégiée auparavant, qui m'était toujours apparue comme le meilleur chemin pour essayer de comprendre d'autres grands absolus, comme la vie et la mort, comme les raisons de notre passage sur terre.

De surcroît, le concept de nature était quelque chose qui cadrait bien avec mes bons vieux principes marxistes. C'était une idée qui complétait très bien la notion de dialectique telle que je l'avais toujours entendue et telle que l'avaient intégrée les philosophes matérialistes et leurs prédécesseurs de l'Antiquité. Alors, la nature, pourquoi pas?

Pour donner une couleur à cette entité, à cette créature, je choisis le visage des miens. Je m'imaginai le visage de ceux et celles que j'aimais et que j'avais aimés, et aussi le visage de tous ceux et celles qui me voulaient du bien, ou à qui j'avais pu faire du bien.

Enfin, question de donner du corps à l'ensemble, j'y incorporai le principe de l'étincelle, le principe du souffle, la mystérieuse goutte d'énergie qui fait vagir les nouveau-nés, qui fait battre les cœurs des amoureux et s'envole avec le dernier soupir des mourants.

Mais il ne faut pas se leurrer. Rien dans ce qui précède ne m'apparut vraiment clair au début. Néanmoins, je sentis que je tenais là quelque chose, que j'étais sur la bonne voie.

Si j'en arrivai aussi aisément à cette constatation, c'était que, dès le début, j'avais pleinement accepté d'être dans le brouillard, j'avais accepté ma condition d'ignorant. Et, justement, tout était là, toute la question du rétablissement se trouvait contenue dans cette idée de l'acceptation. C'était un état de grâce, un état d'esprit amenant à son tour l'humilité, une vertu, celle-là, un dégonflement de l'ego dont j'avais furieusement besoin à ce stade de ma vie.

Au troisième jour, nous en étions à disséquer la troisième étape: «Nous avons décidé de confier notre volonté et nos vies aux soins de Dieu, tel que nous Le concevons.» Ouah! Quel programme, mon frère! Va pour le principe premier, la puissance supérieure, mais Dieu?

Juste de faire pleinement abstraction du mot Dieu, sans râler, sans penser à mal, sans m'étouffer, sans casser du curé et sans blasphémer me prit beaucoup de temps, bien plus de temps que toute la durée de la thérapie, que toutes mes thérapies et hospitalisations mises bout à bout. Mais j'étais tellement prêt à faire n'importe quoi pour changer, pour accéder à un mieux-être, que je réussis à saisir le sens de la démarche, à en intégrer l'essentiel.

Je compris, du moins j'en eus la profonde intuition, qu'il allait falloir que je m'abandonne à l'esprit de cette troisième étape, que je cesse de jouer les héros, que je descende de mes grands chevaux et de mon ego, que j'abandonne et confie ma tristesse et ma morgue à quelqu'un, sinon à quelque chose.

Je fis de bonne grâce l'exercice d'écrire une prière, la première depuis bien longtemps.

Finalement, les choses allaient rondement, si bien qu'au début de la deuxième semaine nous planchions déjà sur la sixième étape du programme des Alcooliques anonymes : « Nous avons pleinement consenti à ce que Dieu élimine tous nos défauts de caractère. »

Posé ainsi, c'était là un concept aussi difficile à comprendre qu'à intégrer, à cause, entre autres, de notre peu de cheminement intérieur, aussi de la nature rebelle propre aux alcooliques. C'était là deux motifs majeurs qui faisaient que la plupart des gars du groupe n'avaient pas encore admis leur alcoolisme et qu'ils se gardaient secrètement des portes ouvertes dans l'espoir vain, un jour, de pouvoir recommencer à consommer modérément...

C'était aussi ce qui expliquait pourquoi les thérapeutes de l'établissement nous ramenaient continuellement au contenu des trois premières étapes : la première, admettre, la deuxième, croire, la troisième, confier. C'était l'ACC du programme, la base, la pierre angulaire de notre sobriété. Admettre, croire, confier! Toute la qualité de notre rétablissement tenait à ces trois mots.

Évidemment, cérébral que j'étais, je comprenais encore très peu de chose à ce nouveau langage. Pourtant, je m'employais à faire de mon mieux et, à force de me le faire dire, j'essayais de garder les choses simples, de ne pas trop forcer. Je m'efforçais de laisser monter, de comprendre avec le cœur plutôt qu'avec la tête. C'était là une attitude, les années viendront me le confirmer, qui était la bonne à avoir.

Le train-train de l'Arc-en-ciel variait peu, et nous eûmes tôt fait de l'assimiler. Les matinées restaient essentiellement consacrées à l'étude des étapes, alors que les après-midi étaient voués à d'autres exercices de groupe ou à des rencontres individuelles avec l'un ou l'autre des quatre thérapeutes.

Tout compte fait, notre emploi du temps était très chargé et les vrais moments de liberté étaient rares, sans compter une promiscuité souvent insoutenable, due à l'exiguïté des lieux. Les seuls endroits où nous pouvions jouir d'un peu de solitude étaient notre chambre et la minuscule chapelle du rez-de-chaussée.

En outre, les règlements de l'établissement étaient stricts et les passe-droits, rarissimes. Nous n'avions droit qu'à un seul appel téléphonique par semaine, et nous étions tenus d'assister à toutes les activités. Aussi, je passai bien près de compromettre mon séjour, quand j'essayai vainement de me soustraire aux marches de santé du groupe, des marches obligatoires encadrées par des thérapeutes et des anciens, qui se tenaient dans les quartiers Saint-Roch et Saint-Jean-Baptiste. Qu'on imagine un peu la honte, pour un gars qui connaissait à peu près la moitié de la ville! Quelqu'un comme moi qui voulait juste faire sa thérapie en paix!

C'est cette même volonté d'avoir la paix qui m'amena à prendre un profil bas dès la première semaine et à ne fréquenter que les collègues du genre sérieux dans leur démarche, des gars comme Mike, de la basse-ville, sorti quelques jours avant moi, ainsi que Pierre et Jocelyn, deux gars animés eux aussi d'une réelle volonté de s'en sortir.

Pendant toute la durée des Fêtes, nous formâmes une sacrée belle équipe, un joyeux quatuor de quinqua-génaires-dans-peu, une bande des quatre qui-n'avaient-plus-rien-à-perdre et qui ne demandaient qu'à bien composer avec l'équipe d'intervenants.

Ces intervenants, du reste, étaient d'abord quatre anciens dépendants formés à l'école de la vie, bien conscients de leurs propres limites professionnelles. Quatre hommes, donc, avec aussi leurs défauts, cré-dibles et sans prétention, quatre employés fort mal payés, chargés d'enseigner, d'écouter et de faire régner un minimum d'harmonie parmi une bande d'éclopés de la vie.

Au bout de quinze jours, je ne pensais déjà plus à l'alcool et je pouvais me laisser porter par le groupe. Ma santé physique s'était grandement améliorée et je bénéficiais d'un sommeil beaucoup plus réparateur. Pour tout dire, je me trouvais privilégié de vivre les derniers spasmes du millénaire bien au chaud, à l'abri de l'Arc-en-ciel, d'autant plus qu'à l'extérieur le monde était en pleine frénésie des Fêtes, avec en plus le pseudo-mégabogue technologique, l'hystérie des néomillénaristes et le concert des prophètes de malheur de tout poil qui voyaient des dangers partout, sans compter les innombrables complots des sombres vilains, le double fléau Angélil-Dion et le vortex des médias en plein hallali.

En outre, même si je vivais encore toutes sortes d'angoisses et de conflits intérieurs, c'était déjà beau-coup plus acceptable comme intensité. Rien à voir avec les terribles crises de panique et d'hyperventilation traversées à Saint-François d'Assise et à Roy-Rousseau en pareilles circonstances.

J'avais tout de même pris mes précautions à ce chapitre. Dès mon arrivée, j'avais pris soin de cacher une provision de Valium au cas où... Fini, l'amateurisme! Finis, le zèle et l'angélisme! J'allais gérer mon stress moi-même. Personne d'autre n'allait me dire quoi faire avec les benzos.

Une fois les étapes terminées, le groupe put travailler le phénomène du pardon. Nous couchions d'abord sur papier les noms des personnes que nous avions lésées et de quelle façon. Puis, nous leur demandions pardon devant le reste du groupe. C'était là un exercice simple et d'une belle efficacité, une sorte de rituel purificateur grâce auquel je pus commencer à me libérer du poids de la culpabilité accumulée, de cette honte toxique et suffocante, de cette crasse stratifiée dans les méninges, de cette fumée noire enfermée dans l'âme, surtout à l'endroit de Rollande et de René-Claude, mes deux parents décédés.

Le temps passant, on nous initia aussi à la chaise du partage, une pratique qui obligeait l'occupant du siège à raconter sa vie pendant que les autres faisaient cercle autour. C'était un exercice très redouté, qui visait à nous apprendre à parler en je plutôt qu'en on. C'était aussi un moyen privilégié pour apprendre à parler de soi, en laissant monter les émotions, pour dire les vraies choses, pour raconter sa vraie histoire plutôt que raconter des histoires. Parler avec le cœur, plutôt qu'avec la tête.

À cette panoplie d'activités vinrent enfin se greffer les soirées d'anciens, très courues vu la qualité du contact avec les anciens usagers de la thérapie et en raison de la présence hautement appréciée de leurs conjointes et petites amies, une denrée rare s'il en était.

Il y avait aussi les brûlés, un rituel de fin de parcours où chacun des douze gars souhaitait bonne chance à celui qui quittait, alors que le groupe faisait cercle autour d'un feu alimenté par les pages de cahier de notes du gars concerné. D'où le terme de brûlé.

Question départs et arrivées, l'Arc-en-ciel ne désemplissait jamais. Aussitôt qu'un gars partait, un autre s'amenait pour le remplacer. Il n'y avait de véritable répit qu'en été, alors qu'on était obligé de tout fermer, faute d'air conditionné.

Un matin de fin de semaine de chaise du partage, alors que j'écoutais un mec raconter les abus sexuels commis à son endroit, je me rappelai soudain, ô stupeur! de quelle façon on avait jadis abusé de moi. On, c'était une vague connaissance de deux fois mon âge, très aimable, toujours serviable, qui avait profité de ma naïveté d'ado ignorant pour fourrer ses paluches dans mon jean, un soir de raccompagnement en auto. J'avais profondément enterré cette sale affaire, mélange de plaisir, de honte et de consternation. Je l'avais enfoui si creux que, pendant toutes les années écoulées depuis, en incluant mes sanglantes et douloureuses introspections à Domrémy, je n'avais jamais réussi à faire ressurgir cette affaire. Alors que j'écoutais l'autre partager, ce fut l'explosion.

Il me fallut quelque temps, puis je pus commencer à m'en ouvrir, à mon thérapeute d'abord, puis à un ou deux autres confidents. Il m'a néanmoins fallu beaucoup de temps pour être un peu plus à l'aise dans cette histoire et j'ai le sentiment d'avoir encore des devoirs à faire. C'est dire l'épaisseur de merde accumulée avec le temps!

Quelques jours avant ma sortie définitive, le groupe fut solennellement convié à la fête de la Lumière, une célébration organisée pour remplacer le réveillon du jour de l'An devant aussi souligner l'arrivée du nouveau millénaire. La cérémonie avait été soigneusement orchestrée par Marcellin, un personnage plutôt onctueux qui faisait office d'économe maison. Le bonhomme se targuait aussi d'être diacre laïc et il aimait bien exhiber ses ornements. Connaissant l'oiseau, nous nous étions préparés au pire.

À l'heure dite, bien emmailloté dans l'aube et l'étole, le prêtre de carnaval commença le plus sérieusement du monde à s'agiter frénétiquement au-dessus d'un petit autel encombré de chandeliers fumeux. Quel délire! Quel spectacle navrant! Quelle parodie tragique et grotesque! Il fallait voir les contorsions du moinillon en rut, l'entendre ânonner ses litanies pour comprendre, pour saisir tout le ridicule, toute l'incongruité du moment.

Ainsi, alors que tous les médias de la planète rivalisaient d'audace pour offrir du merveilleux, nous devions nous farcir un apprenti curé en transe. À l'instant où le monde entier retenait son souffle, il nous fallait subir le délire orgasmique d'un jean-foutre en quête d'extase liturgique.

Vingt minutes après le début du spectacle, tout le monde s'était enfui vers la cuisine où, comble d'insulte, nous n'eûmes droit qu'à quelques sandwichs secs et rancis en guise de réveillon du millénaire. C'était comme si quelqu'un, quelque part, s'était ingénié à gâcher chaque instant de la dernière soirée de l'année.

Pour plusieurs, ce réveillon foireux fut la goutte qui faillit bien faire déborder un vase trop plein d'émotions. Il fallut toute la sagesse des anciens pour que cette fin de journée ne tourne pas à l'émeute.

Lors du retour aux activités, le lendemain, il fallut toute la diplomatie de Paul, le doyen des thérapeutes, pour calmer l'ire des plus belliqueux du groupe.

Personnellement, je me rappellerai toujours cette soirée de fin de siècle comme d'une suite de précieux moments gaspillés, littéralement volés, comme d'une magnifique occasion ratée, d'un monumental gâchis.

Fort heureusement, les élucubrations de l'argentier à soutane n'eurent pas d'incidence sur le reste de ma thérapie. Au jour dit, je pus m'envoler avec l'impression d'avoir fait de mon mieux, avec la certitude d'avoir tourné une page importante du livre de ma vie, et le souvenir des bons moments passés à l'Arc-en-ciel l'emportera toujours sur la mythomanie du diacre et de ses quelques bénis de circonstance.

Ma première semaine passée chez Marc fut assombrie par l'obsédant souvenir de Mike, grelottant à l'entrée du mail Saint-Roch, si bien que, chaque jour, je voyais s'accentuer la crainte de sombrer moi aussi. À tout instant, je devais balayer de ma tête une pluie de scénarios tout aussi catastrophiques que désolants.

De même, j'avais beau faire des exercices de relaxation, lire des textes des AA, penser à la puissance supérieure, j'arrivais de moins en moins à juguler mes angoisses. Je n'avais pas non plus assez de courage et d'humilité pour appeler l'un ou l'autre de mes anciens compagnons de thérapie. Le bloc d'énergie que j'avais rapporté de l'Arc-en-ciel était en train de fondre comme neige au soleil.

Toute la semaine, je restai à mijoter dans mon jus et n'allai à l'extérieur que pour le strict nécessaire, en prenant bien soin d'éviter les trajets qui auraient pu m'amener devant mes anciennes amours, *La Fontaine chez Rolland, Chez Trudel, Chez Jos, Le Croissant d'Or, Le Sacrilège, Le Bar mâle, L'Amour sorcier, Le Kamarade...* Autant de gargotes, de bars et de buvettes qui m'avaient été des oasis, des abreuvoirs.

Pour garder l'anxiété à un niveau acceptable, je dus avoir recours aux Valiums. Tous les jours, tous les soirs. C'était ça ou boire. Mais je recommençai à avoir peur et, refrain connu, je recommençai à avoir peur d'avoir peur.

Tout d'un coup, il me sembla que, thérapie réussie ou pas, j'étais demeuré quelqu'un d'incroyablement fragile, que j'étais aussi frêle, aussi vulnérable qu'un misérable fétu de paille dans l'océan déchaîné de la vie. Il fallait qu'il se passe quelque chose, que quelque chose m'arrive. Sinon, j'aurais beaucoup de difficultés à tenir le coup.

Il n'y avait pas que mes vieux démons, qui me hantaient. Il y avait aussi l'idée de participer aux vendredis des anciens de l'Arc-en-ciel, une pensée à laquelle je m'accrochais comme à une bouée, parce que, justement, j'imaginais ces rencontres comme le prolongement naturel de ma thérapie et comme un ultime rempart contre le décrochage. Pourtant, plus la fin de la semaine approchait, plus j'étais anxieux à l'idée de reparaître dans l'établissement de la basse-ville. Allais-je me trouver mal pendant la rencontre? Allais-je devoir prendre du Valium pour me sentir d'équerre, pour donner le change?

Et si ces gens-là n'étaient, après tout, qu'une bande de *Jesus freak*? Des gugusses carburant au Dieu d'amour et au repentir bon ton? Allaient-ils me vampiriser? Allais-je devenir comme eux?

Transi par le froid et par le trac, j'arrivai en hâte devant le portail de l'Arc-en-ciel. Près de l'escalier, deux nouveaux faisaient l'accueil en offrant la poignée de main de circonstance. À l'intérieur, sur le seuil du petit salon prévu pour la réunion, j'aperçus tout d'abord mes deux vieux potes des Fêtes, Pierre, de Loretteville, et Jocelyn, de Sept-Îles. Derrière eux, je remarquai un groupe de bénévoles en grande discussion avec les thérapeutes Luc et Paul.

Plus loin, un gars autrefois rencontré à Domrémy racontait une histoire avec force gestes. À ses côtés se tenait une superbe rousse qui avait tout l'air d'être sa compagne. Enfin, curieux et piailleurs, sept ou huit gars de la thérapie s'affairaient comme une bande de moineaux autour d'une table croulant sous les breuvages, les sandwichs et les croustilles. Tout cela formait un tableau d'ensemble duquel émanait une profonde impression de paix, une aura d'harmonie et de légèreté.

À peine étais-je dans la pièce que je me sentis aussitôt gagné par un profond état de soulagement, suivi d'une longue et puissante bouffée de chaleur intérieure. Dès ce moment, je compris que ça y était, que ça ne serait plus jamais comme avant. J'étais enfin arrivé chez moi. J'étais avec des gars pareils à moi, qui me ressemblaient et à qui je ressemblais. Je compris en même temps que les vendredis de l'Arc-en-ciel allaient devenir une thérapie permanente, un remède assuré, un incontournable dans mon rétablissement.

Du coup, je me sentis aussi aérien, aussi éthéré qu'une plume au vent. C'était comme si on m'avait enlevé une chape de plomb des épaules, comme si on m'avait libéré d'un corset de fer. Je sentais maintenant une tonne de pression en moins sur moi.

J'avais les jambes qui flageolaient et le cœur qui battait la chamade. J'étais heureux comme un gamin et j'avais peine à respirer, tellement j'étais ému. J'exultais. J'en avais les larmes aux yeux. Toutes ces années, toute cette misère, toute cette merde. Si j'avais su...

La rencontre fut d'une désarmante simplicité. Il n'y avait pas de thème imposé et chacun était libre de parler. Il y eut d'abord les présentations, puis quelques témoignages faisant état des joies et des peines vécues pendant les Fêtes ou pendant la thérapie.

Les gens parlèrent aussi des difficultés rencontrées quand on est abstinent par choix, de comment on se sent quand tout le monde autour de soi trinque, de comment on fait pour demeurer sobre quand tout le monde vous offre un verre.

Il y eut aussi des échanges de recettes de vie, puis, dans l'hilarité générale, on revint sur le fameux échec de la fête de la Lumière.

En quittant l'endroit, je jubilais tout en ressentant une pesante et bienheureuse fatigue physique, comme si toutes les émotions négatives avaient été jugulées d'un seul coup et qu'après tous ces longs mois mon corps avait enfin rattrapé ma tête. Je n'avais plus peur et je n'avais plus peur d'avoir peur. D'avoir entendu exprimer par d'autres ce que moi je vivais m'avait rassuré et rasséréné au plus haut point.

Fini, le désolant scénario du gars qui va flamber son héritage en quelques soirées bien arrosées! Disparue, la hantise de paraître comme un chien battu devant une Camille implorante et désolée! Adieu, le désespoir, la honte et la misère! Bonjour, la fraîcheur et l'allégresse!

Bien sûr, je restais encore fragile. Mais je comprenais que c'était justement dans cette même fragilité que résidait ma nouvelle force, ce nouveau moi en train d'éclore. Surtout, je sentais au plus profond de moi que, dorénavant, je ne serais plus jamais seul, quels que puissent être mes problèmes et mes angoisses.

Quelque temps après, au tout début de mars, on souligna avec beaucoup d'humour et d'amour mon véritable cinquantième. J'allais bientôt atteindre les trois mois d'abstinence et on voulait en même temps me faire savoir qu'on appréciait ma persévérance.

Étrangement, les gentillettes agapes du début se transformèrent bien vite en bacchanale endiablée, comme si le fait de célébrer un sans alcool avait donné soif à tout le monde, ou comme si l'ivresse générale s'imposait comme une indispensable catharsis, une façon, par le contraire, de conjurer le mauvais sort autour du fêté.

Il est stupéfiant, quand même, d'observer le phénomène de l'alcool en société, une mixture pouvant tour à tour devenir remède de l'âme, calmant, stimulant, euphorisant, aphrodisiaque, divin nectar, anesthésiant, dépresseur ou poison mortel. L'alcool, un phénomène universel, qui sert à la fois de révélateur psychosocial, de référent culturel et de baromètre de l'humeur.

Je constatai avec amusement, et j'en ferai par la suite bien d'autres fois l'expérience, que je pouvais connaître l'ivresse par personne interposée. C'était une sorte de jumelage psychologique avec les gens que j'aimais, des gens comme André, mon frère, qui s'en donnait à cœur joie. Grâce à lui, je parvenais à goûter une certaine euphorie sans pour autant subir les inconvénients de l'alcool.

Drôle de phénomène que celui-là. Miroir aux alouettes et couteau à double tranchant, aussi, qui aurait fort bien pu me coûter ma sobriété, comme je le compris plus tard.

Mais je m'amusai beaucoup de ce que, abstinent, je demeurais tout de même au centre des attentions, des attentions souvent gênées, maladroites, mais la plupart du temps empreintes d'amitié et de tendresse. Cela n'avait rien à voir avec l'indifférence, la colère ou le mépris d'antan, quand je tenais le haut du pavé pour des raisons discutables.

— Coke, Seven Up, un p'tit Perrier? T'es bien, Gilles? Tu t'amuses? T'as tout ce qu'il te faut?

Incroyable de voir à quel point l'entourage panique, au début, quand on a les mains vides, ou qu'on s'isole, ou qu'on se laisse aller à un peu de mélancolie. Incroyables aussi les gaucheries que notre tempérance provoque, comme chez cette amie, une autre fois, qui avait claironné devant une quinzaine de militants gênés pour moi :

—J'ai de la bière et du vin, mais toi, Gilles, je t'ai acheté un gros Pepsi, vu que tu ne bois plus. Ça va aller?

« Une chaise haute et une bavette, avec ça? »

Curieux, quand même, les petites choses qu'on remarque, quand on est en première ligne dans une soirée et qu'on a le jugement clair et non altéré. Ainsi, certaines personnes qui ont toujours un verre à la main boivent en réalité très peu, beaucoup moins qu'on le pensait. D'autres qu'on croyait plus posées, plus raisonnables, sont en réalité plus sournoises, plus hypocrites. Et aussi terriblement efficaces dans la descente.

Il est drôle aussi de voir comment les gens haussent vite le ton quand la boisson coule à flots. Tout le monde parle en même temps, alors que personne n'écoute vraiment personne, ou si peu.

Il est troublant parfois de sentir l'immense solitude qui pèse sur les gens, de palper le profond mal-être que beaucoup s'ingénient à vivre, à plusieurs, en crânant, chahutant, carburant et criant leur malaise à qui mieux mieux. À la fois rassurant et désolant, tous les ego qu'on défroisse, les pudeurs qu'on ravale, les sentiments qu'on trafique pour satisfaire aux regards des autres.

Il est renversant, enfin, d'observer les mines inquiètes quand les aiguilles frôlent les onze heures et de voir le mouvement qui s'ensuit : les petites caches d'alcool qu'on visite, le staccato des portes de frigo, les petites bières qu'on ingurgite à la hâte. Après, les petits joints apparaissent, les mines s'allument, les paupières s'affaissent, les langues s'épaississent, les rires grincent, les tronches s'allongent, les gorges râlent, les pleurs sourdent, les estomacs dégoisent.

Il est toujours saisissant de voir que, dans une soirée bien arrosée, presque tout finit par aller vers le bas, comme l'eau sale dans le lavabo ou le pipi dans la cuvette. Il existe une sorte de tout-à-l'égout des paroles, des pensées, des gestes.

Le soir de mes cinquante ans, et bien d'autres fois après, je revis, chez les convives, toute la kyrielle de mes anciens comportements d'alcool, des plus authentiques aux plus empruntés, des plus inoffensifs aux plus exécrables. Dieu merci, je n'avais plus soif! Dieu merci, il faisait bon vivre!

Après ma fête, il y eut l'été, puis, à l'automne, une superbe virée à Staten Island, dans l'État de New York, avec Camille. C'était comme la consécration définitive de nos retrouvailles, une sorte de lune de miel père-fille, une belle histoire de grosse pomme comme dans les films sur la ville avec Jennifer Lopez et ses fesses généreuses. Camille faisait le deuil officiel de son Jeff et dépensait éperdument chez Macy's. Moi, j'apprivoisais le bonheur en regardant jouer au mah-jong dans Chinatown. Ah! la liberté retrouvée, l'énergie revenue, le plaisir de vivre dans mes souliers! Tant de douceurs, tant d'amour! C'était près d'un an avant les avions du 11...

Ce fut à nouveau l'Immaculée Conception. Cette fois, je pus me féliciter d'avoir réussi. J'avais réussi, un jour à la fois, à vivre une année complète sans boire. En faisant confiance, en lâchant prise, j'étais parvenu à me tenir éloigné du premier verre, à éviter la rechute d'alcool. J'avais réussi là où je m'étais toujours cassé la gueule avant, quand je n'avais pas de mode de vie. Oui! J'étais sobre depuis un an et j'en retirais déjà toutes sortes de bénéfices, de petites splendeurs au quotidien. Je jouissais maintenant d'une bien meilleure santé physique. Mes nuits, quoique encore truffées de cauchemars, commençaient à être beaucoup plus reposantes. Je faisais aussi des rêves incroyables, chargés, colorés, qui se prolongeaient jusqu'à longtemps après mon réveil. J'avais appris à les interpréter pour mieux orienter mes choix de parcours. J'avais par ailleurs retrouvé un bel appétit et ma résistance psychique s'était considérablement accrue. J'étais maintenant à cent lieues de l'image du gars épuisé, malheureux et tourmenté que j'avais projetée des années durant.

Outre les joies d'un corps régénéré, d'une psyché retapée, je me félicitais d'avoir retrouvé le sens de l'effort, cette valeur si chère à feu mon père. À force de demander, à force d'essayer, j'avais fini par reconquérir le désir et la volonté de mener des actions, même si je n'étais pas certain à l'avance des résultats, même si les débuts me coûtaient souvent. J'avais enfin retrouvé le goût d'accomplir, de plonger, de faire des choses, en ayant l'humilité de commencer par le commencement et le courage d'aller directement au b a-ba.

C'était devenu un leitmotiv, une sorte d'attitude intégrée qui résultait de ma nouvelle façon de composer avec la vie et qui faisait écho au « Pas d'effort, pas de confort ! » pratiqué en thérapie. C'était un comportement nouveau qui détonnait avec mes années de procrastination crasse et d'inutile perfectionnisme, à l'époque où je voulais tout, tout de suite, sans effort, sans travail, sans souffrance. Des années de vaches maigres et d'autosabotage où mon orgueil démesuré le disputait en vain à un sévère manque d'estime de soi, m'éloignant de la réussite et me faisant inconsciemment jouir de l'échec répété.

Fort de ces nouvelles dispositions d'esprit, j'avais entrepris d'en imprégner toutes les facettes de ma vie, même les plus banales. Par exemple, exercice hautement abhorré dans mes anciennes vies, j'avais commencé à tenir un budget, en plus de faire un dépoussiérage en règle de tous mes comptes en souffrance. Encouragé en cela par mon ami Marc, j'avais recommencé à collaborer au journal *Droit de parole* et à d'autres revues et mensuels. J'avais fait mienne la phrase fétiche de Marc: «C'est la première ligne qui est la plus difficile. Le reste vient de lui-même!» Je m'étais mis à suivre des cours d'informatique, une nécessaire corvée longtemps redoutée, longtemps reléguée dans la liste des choses à faire. De plus, j'avais commencé à pallier les carences de mon inculture générale en potassant des classiques de littérature française et québécoise et en m'intéressant à l'abc de la peinture abstraite, deux choses belles et bonnes, deux choses que je n'aurais eu ni l'humilité ni le courage de faire avant.

Toute la dernière année, j'avais vécu sans l'effet loupe de l'alcool, apprenant ainsi à moins grossir les événements et m'habituant à mieux juger des aléas du quotidien et des intentions d'autrui. Ce faisant, j'étais devenu beaucoup moins irascible, moins cœur saignant, et j'étais moins vulnérable à tous les petits riens qui autrefois m'assassinaient, de sorte que, plus j'avançais, plus j'avais l'ego qui se dégonflait et moins je me prenais pour Dieu le Père.

En outre, en plus de m'apprendre à rire de moi, cette année sans alcool m'avait amené à devenir plus responsable, à être plus mature, plus réaliste, avec comme résultat que j'étais devenu plus crédible, en plus d'être devenu une sorte de référence obligée pour ceux qui éprouvaient notamment des problèmes liés à la dépression et aux dépendances.

En fait, j'apprenais à devenir moi-même, à être moins dépendant du regard des autres, en même temps que je faisais l'apprentissage du non. À force de faire, j'avais tout de même réussi quelques bons coups pendant cette première année d'abstinence; conséquemment, ma confiance et mon estime de soi s'en étaient trouvées grandies, renforcées.

Plus plaisant encore, j'avais bénéficié d'une sorte d'effet *Hygrade*[61], directement relié à ces résultats encourageants : plus j'avais de résultats positifs, plus j'étais content; et, plus j'étais content, plus j'avais le goût d'obtenir des résultats positifs.

J'avais conscience de retrouver, tranquillement mais sûrement, ma substantifique moelle, ma fibre intrinsèque, le moi véritable, authentique, tellement escarrifié par des années de doute et d'errance. Ces années, elles avaient été extrêmement difficiles, certes, mais je ne cherchais plus à les oublier systématiquement. C'était un temps que j'arrivais même à évoquer avec une certaine sérénité, avec un humour naissant.

Mon sentiment de confiance retrouvée s'était doublé d'une certitude voulant que tout ce qui m'arrivait de bien n'était qu'un prélude, un début. Toutes sortes de bonnes choses viendraient s'y ajouter en suivant les principes d'une progression géométrique. Tout redevenait possible, les rêves d'antan, les chimères, les utopies nouvelles, tout. C'était là une pensée ô combien réconfortante et tellement stimulante!

Il y avait aussi ma fille, Camille, avec qui je vivais une belle et chaude complicité, et grâce à qui je découvrais les restos de la rue Saint-Jean, de même que les échoppes un peu partout en haute-ville. Elle m'avait

---

61. À propos des fameuses saucisses. Plus on en mange, plus on les aime. Et plus on les aime, plus on en mange.

appris à *googler* et à me méfier des infections virales des sites trois X. Grâce à elle, je surfais sur un sentiment de paternité tout neuf.

De plus, il y avait mes frères, André et Jeannot, avec qui ça avait joyeusement recliqué et avec qui j'avais recomposé une trinité diabolique, mes deux frangins avec qui je continuais de m'encanailler et de boire virtuellement... Il y avait Daniel, le plus jeune, le moins bien chaussé, que j'apprivoisais tranquillement.

Il y avait tous les autres, les anciens complices, les vieux camarades, les vieilles branches, ceux et celles qui avaient bien voulu passer l'éponge, au lieu de me jeter comme une vieille serviette.

Cette année de plus soif m'avait aussi permis d'être davantage branché sur mes canaux internes, d'être plus à l'écoute des petits dieux de la maison, ces mystérieuses entités qui veillent en chacun de nous. J'apprenais à aiguiser une intuition trop longtemps émoussée par les expédients de toutes natures, de sorte que ma faculté de pressentir, de voir venir, commençait maintenant à suppléer pour d'autres carences de ma personnalité. J'étais devenu beaucoup plus réceptif aux détails du quotidien et aux messages que la vie voulait bien m'envoyer.

Outre cela, chaque jour vécu dans l'abstinence ajoutait à une spiritualité croissante, à une éthique de l'esprit qui tolérait de moins en moins les dogmes et les « ismes » d'avant, qui tendait à exclure l'intolérance, les préjugés et la pensée unique. Je développais un système de pensée où l'équilibre émotif, l'épanouissement personnel et un humanisme responsable faisaient désormais figure de principaux paramètres et d'objectifs à atteindre, un mode de vie où on ne jugeait pas d'une personne juste à l'avoir, où l'Être primait sur le reste.

À lire ce qui précède, on pourrait raisonnablement en déduire que j'avais atteint l'Olympe des buveurs repentis, le Walhalla des ex-psychiatrisés de service. Pourtant, c'était tout sauf ça. Il me restait encore un très long chemin à parcourir avant de prétendre à quoi que ce soit, j'en étais douloureusement conscient. Certes, je n'avais plus soif; j'avais fait d'énormes progrès. Hourra! Je vivais enfin une vie plus heureuse, entière et utile. N'empêche, je continuais de bêcher ferme dans plein d'autres domaines de ma vie.

Physiquement, par exemple, j'éprouvais de nombreux malaises. Conséquence directe d'une multitude d'abus, j'étais affligé d'un sévère problème d'arthrose au dos, une usure qui causait de très douloureuses et très contraignantes crises du nerf sciatique, en plus de diminuer considérablement ma capacité de marcher. J'avais le souffle anormalement court et je ne passais pas trois nuits sans faire de terribles cauchemars, toujours les mêmes. C'étaient des rêves chaotiques, tourmentés, dans lesquels je revivais, impuissant, mes pires déchéances d'alcoolique. Ces rêves pénibles et déchirants me laissaient très confus au réveil et m'incitaient à recourir aux sédatifs beaucoup plus qu'il n'aurait fallu.

J'étais encore très loin de l'équilibre émotif souhaité et l'absence de résultats dans ce domaine me plongeait parfois dans un désespoir indicible.

— Finirai-je un jour par y arriver? m'entendais-je gémir, dans un concert de lamentations.

De même, en plus de piquer des colères non justifiées, il m'arrivait aussi de traverser de terribles séquences de pure ivresse mentale, des périodes faites d'agitation ou de prostration, pendant lesquelles je brassais les sentiments les plus sombres, les plus vils, comme le déni, la rancune, la haine, l'apitoiement.

J'égrenais chaque jour un nouveau chapelet de peurs et de frayeurs. Des peurs et des obsessions, toujours les mêmes, qui m'assaillaient par dizaines et qui m'obligeaient, elles aussi, à recourir aux benzos.

Ainsi, je restais coupé de mes sentiments les plus authentiques, comme cette immense tristesse accumulée à l'intérieur de moi, un abîme dont j'avais peur de voir le fond et au bord duquel je marchais à quatre pattes, comme l'enfant apeuré que j'étais toujours resté.

Enfin, sur un autre registre, il y avait aussi la question du fameux statut social, l'une des choses parmi les plus mortifiantes et les plus difficiles à vivre qui soient. Certes, j'œuvrais comme journaliste, j'écrivais et je faisais des travaux de correction ici et là; mais, de boulot officiel, point. J'avais donc très peu, sinon pas du tout de reconnaissance de mes pairs à ce chapitre. Compte tenu de mon immense besoin d'être apprécié, cette non-situation et cette non-reconnaissance me crucifiaient littéralement. J'aurais donné cher pour être comme feu mon ami Michel, un vrai de vrai, celui-là, rencontré un soir d'Arc-en-ciel et qui, à l'inévitable et exécrable «Qu'est-ce que tu fais de bon?» répondait invariablement:

— Ce que je fais? Je fais du meeting, câlisse! Je me rétablis, sacrement!

J'en arrachais gravement par moments et tout n'allait pas nécessairement comme j'aurais voulu. Soit! Par contre, j'étais prêt à subir n'importe quoi pour mon rétablissement, tout plutôt que la cirrhose morale et les déprédations physiques d'avant.

L'Arc-en-ciel, une maison de thérapie sise sur la rue du Parvis, en plein cœur de Saint-Roch, dans la basse-ville de Québec. L'Arc-en-ciel, une oasis, une accalmie, par-delà le brouhaha de la vie.

CHAPITRE 10

Des maux et des mots du cœur

Septembre 2001, Québec

Cet été-là, qui avait pourtant commencé avec le décès de Richard, un bon vieux pote militant, avait quand même été l'un des plus beaux de ma vie. Sitôt célébrées les obsèques, je débarquais avec Marc chez de vieux amis de L'Isle-Verte.

Le séjour avait été enchanteur, au milieu du Saint-Laurent, sur une langue de terre balayée par le soleil et par les vents, un endroit d'air pur et d'horizons fort heureusement oublié par l'industrie touristique. Quinze jours après, avec André, mon frère, j'atterrissais dans un camping de Dune's Park, au bord du lac Michigan. De là, grâce au train de banlieue, nous avions beau jeu d'aller fureter dans les quartiers délabrés du vieux Chicago. Plus tard, avec André toujours et parmi toute une joyeuse bande, j'allais vivre la magie du Lac-Saint-Jean dans un petit chalet établi sur la plage de Saint-Gédéon.

Un été de rêve, donc, à draguer, flemmarder, lézarder au soleil, voir du pays et compter les étoiles filantes au mois d'août, une saison pleine de miel et de lunes douces qui m'avait mis le cœur en joie et qui se voulait l'heureux aboutissement de plus de quinze mois d'abstinence, ce qui n'était tout de même pas rien.

Bien sûr, je traînais encore beaucoup d'angoisses et je vivais toujours mon lot de peurs au quotidien.

Mais, bon! Je n'avais pas soif et ma consommation de benzos demeurait minime. C'était tout ce qui était censé m'importer. Quant au reste, les problèmes d'arthrose, de sciatique, de souffle court, ça finirait sûrement par s'arranger. J'avais justement rendez-vous, ce matin-là, pour mes fichues difficultés respiratoires. Un truc bizarre, quand même que cette chose-là, qui me donnait souvent l'impression de manquer d'air, même quand j'inspirais à fond. C'était quelque chose d'un peu inquiétant, qui provoquait des malaises étranges, comme cette sensation diffuse et persistante d'oppression dans la poitrine avec de drôles de serrements de gorge. Enfin... C'était sûrement dû à mes trente à quarante cigarettes quotidiennes; je ne voyais pas autre chose.

Cinq minutes après mon arrivée au CLSC, j'avais droit à un électrocardiogramme en règle.

— Hum. Je vois. C'est ça. Dites-moi, monsieur Simard, ça fait longtemps, votre infarctus? dit l'interne en fixant le tracé lumineux sur l'écran.

— Ben voyons donc! protestai-je. Il doit y avoir une erreur. Je n'ai jamais eu de problèmes de ce côté-là. Le cœur, c'est notre marque de commerce dans la famille. Même que mon grand-père...

— Hé bé! coupa le jeune médecin avec un sourire gêné. En tout cas, ici, on a un problème, c'est sûr. C'est écrit noir sur blanc dans le tracé de l'électro.

— Mais voyons! C'est impossible. Il faut que ce soit une erreur. J'ai travaillé à pelleter de la neige pendant tout l'hiver passé. J'ai joué au ballon-balai. J'ai nagé une bonne partie de l'été. Si j'avais fait un infarctus, je l'aurais senti, vous pensez bien!

— Pas si c'était un infarctus silencieux, coupa l'interne, implacable. Dans ce cas-là, les symptômes sont diffus. On ne s'en aperçoit pas vraiment. On confond facilement avec une indigestion ou des brûlures d'estomac. Des infarctus comme le vôtre, j'en trouve au moins une dizaine par année.

— Oui, mais j'aurais attrapé ça quand?

— Je ne le sais malheureusement pas. Je vous paie un taxi. Vous allez tout de suite en cardiologie, à l'hôpital.

— !

Je ne comprenais plus rien. Le monde s'écroulait. C'était complètement fou. Je refusais de croire à ce qui m'arrivait. On s'était trompé. C'était impossible!

J'avais les yeux pleins d'eau et les oreilles qui bourdonnaient curieusement, et mon cœur, mon pauvre cœur, battait la chamade comme jamais, comme s'il avait voulu protester, témoigner de sa propre vérité.

J'essayai encore de rouspéter, mais aucun son n'arrivait à sortir de ma bouche, tellement j'avais la gorge nouée. «Un infarctus, moi? Ben voyons donc...» ne cessais-je de me répéter. Il y avait erreur sur la personne. C'était impossible! Je l'aurais senti. La machine faisait sûrement défaut. On allait s'en rendre compte. Un infarctus, moi! Quand même...

Un peu plus tard, alors que le taxi filait vers Saint-François d'Assise, un vieux et très lointain souvenir d'enfance remonta à ma mémoire.

J'avais à peu près neuf ans et je fréquentais l'école primaire Saint-Dunstan, à Lac-Beauport. Un jour, comme cela arrivait chaque deux ou trois ans, nous reçûmes la visite d'un vieux médecin généraliste qui procéda à un examen médical en règle de tous les élèves.

Au terme de ses consultations, il suggéra à mes parents de voir un spécialiste.

— Parce que, avait dit le vieil homme, il a le cœur plus gros que la moyenne. Un cœur de bœuf, ça s'appelle, en jargon médical.

Dans ces cas-là, semblait-il, il était préférable de consulter, pour voir s'il n'y avait pas d'anomalie congénitale ou de tare quelconque.

Je me rappelais soudain à quel point ce diagnostic m'avait chamboulé, terrifié, si bien que, pendant des mois, j'avais été la proie de toutes sortes de rêves glauques et de visions morbides. Même que je n'arrivais plus à m'endormir, le soir, tellement j'avais peur de mourir pendant mon sommeil.

En plus, la cruauté enfantine étant impitoyable, mes frères aînés et d'autres petits camarades en avaient rajouté. À les entendre, j'avais le cœur d'un bébé bleu et j'allais fatalement mourir plus jeune. C'était n'importe quoi, bien sûr. Sauf que, même après avoir été rassuré par notre médecin de famille, cette affaire de cœur de bœuf m'était restée, avec les peurs et les délires qui lui faisaient escorte. C'était une histoire malheureuse qui, avec l'idée de folie associée au petit génie que j'étais censé être, avait renforcé mon sentiment d'être différent des autres, d'être un cas.

J'en étais là dans mes pensées quand un doute affreux commença à s'insinuer dans ma tête, qui ajouta à mon état d'affolement.

Oui. Peut-être... Peut-être bien que l'horrible chose avait eu lieu, deux ans plus tôt, pendant la pénible période qui avait suivi le décès de mon père.

Peut-être bien que c'était ça, un infarctus, que j'avais subi à cette époque, sur la rue Lockwell, quand j'étais chambreur et malheureux comme les pierres. Oui, maintenant que j'y pensais, peut-être bien que ça s'était produit, pendant une séquence de nuits particulièrement épouvantables, des nuits d'alcool et d'enfer, de presque délirium, où il me fallait absolument boire pour ne pas mourir, pour ne pas devenir fou, pour continuer à vivre. J'avais vécu deux ou trois nuits opaques et glaciales, alors que mon cœur voulait sortir de ma poitrine et que j'éprouvais des brûlures bizarres au sternum, de même que d'inquiétants gargouillis de lavabo dans l'estomac. Oui, peut-être bien que c'était possible, après tout.

Dans l'heure qui suivit, je vis mon cœur flotter sur un moniteur d'échographie. J'étais étonnamment calme, presque détaché, comme si la grosse masse un peu informe et palpitante devant moi appartenait à quelqu'un d'autre, comme si ce gros muscle sombre qui avait craqué et m'avait trahi n'était plus le mien.

Debout entre l'appareil et moi, deux cardiologues de Saint-François d'Assise discutaient à voix basse. Le plus petit prenait des notes, pendant que l'autre arpentait l'imagerie avec une règle.

— Mmmouais. La cicatrice est bonne, fit le mesureur.
— Oui, on la voit très bien... Monsieur l'a échappé belle, ricana le deuxième.
— Va falloir d'autres images, continua le premier. Une scintigraphie, aussi.
— Ça vous dérangerait de m'expliquer ce qui se passe? risquai-je d'une petite voix.

L'air surpris – tiens, il parle celui-là? –, un peu agacé, même – en plus, il pose des questions –, les deux hommes se tournèrent vers moi. Le docteur B., celui qui allait devenir mon cardiologue attitré, se lança dans une logorrhée truffée de mots doctes et pointus, un charabia épais dont je ne saisissais pas grand-chose. On m'apprit pour la seconde fois que j'avais fait une crise cardiaque en bonne et due forme, qu'une partie de mon cœur était morte, nécrosée, que j'aurais pu y rester si le caillot n'était pas passé, que j'étais chanceux dans ma malchance et que j'aurais droit à une batterie d'examens durant les jours à venir. Même que, si je le voulais, on pouvait m'hospitaliser tout de suite.

«M'hospitaliser? Et pour quoi faire? Ça changerait quoi, maintenant que c'était fait? Allez donc vous faire foutre!» que ça criait du dedans.

— Z'êtes certain que c'est bien un infarctus? osai-je demander pour la forme.

— Sûrs à cent pour cent! opina le docteur B. en faisant un geste vers l'écran.

Mais je ne voyais plus rien. La seule chose qui m'importait, maintenant, c'était le quand. Quand était-ce arrivé, bon Dieu? À l'époque de la rue Lockwell? Avant? Après? Quand, au juste?

Je voulais savoir et mon cerveau essayait désespérément de mettre une date, un chiffre sur l'événement. C'était crucial que je sache, pour me faire une tête, me faire une idée. Là, ça allait beaucoup trop vite, ça tournait et je voulais que ça arrête.

Quand je voulus connaître leur avis là-dessus, les deux cardiologues haussèrent les épaules sans même me regarder, comme si j'avais proféré une ânerie.

«Allez donc baiser vos putains de mère!» que ça continuait de hurler en dedans. Maintenant, je voulais juste être ailleurs, seul avec moi-même, et je voulais que tout ça s'arrête, que ça n'ait jamais eu lieu.

Au bout de quelques instants, je me retrouvai affalé sur le gazon de l'entrée de la rue de l'Espinay. J'étais encore à moitié groggy et je fixais bêtement la liasse d'ordonnances dont j'avais hérité. À quelques mètres, des infirmières et des employés en pause matinale formaient de petits groupes. Tout ce beau monde s'ébrouait à qui mieux mieux, grillant des cigarettes et piaillant comme un mariage de moineaux, un vacarme assez inusité pour un petit mardi de semaine.

J'avais la tête en miettes et je me sentais de plus en plus gagné par une sorte d'écœurement douceâtre, une vertigineuse nausée venue des extrêmes profondeurs. Je ne savais plus quoi penser ni par où commencer. Néanmoins, je ressentais un urgent besoin de parler à quelqu'un de cher, de très proche, quelqu'un qui saurait m'écouter et à qui je n'aurais pas à faire un dessin.

Camille! Voilà, c'était ça! C'était la première chose à faire. Il me fallait prévenir ma fille, parler avec elle, lui raconter, quand j'aurais un peu digéré, que j'aurais trouvé les mots justes.

J'entendis vaguement qu'on s'exclamait sur une tragédie qui avait fait des centaines de morts, à New York, un écrasement d'avion, semblait-il. La tour sud du World Trade Center venait de s'effondrer. C'était le 11 septembre.

Quand j'arrivai chez moi, sur Saint-Olivier, Marc gesticulait devant la télé.

— T'as vu ce qui arrive? Incroyable! Jamais je n'aurais pensé... hoquetait-il en sautillant sur place.
— Marc, j'arrive de Saint-François. Paraît que j'ai fait un infarctus.
— Un quoi?
— Un infarctus, câlisse. Une crise cardiaque!
— Ah bon! fit-il, avant de se planter à nouveau devant l'écran.

Frustré et déçu par son peu d'empathie – Marc avait d'énormes qualités, mais pas vraiment celle de l'écoute – je pris le temps de m'asseoir en essayant de décoder les images surréalistes qui passaient en boucle.

C'était un étrange ballet aérien, comme au ralenti,

avec des gens qui couraient dans tous les sens, des colonnes de fumée noire, blanche, grise, des pompiers...

J'avais le cerveau en rade. Je n'arrivais pas à me faire une idée. C'était beaucoup trop gros comme événement et j'avais beaucoup trop de choses à penser, à absorber.

Une partie de mon cerveau criait : « Hé ! C'est l'apocalypse en direct, ce truc-là. Mais qui a bien pu faire ça ? » L'autre partie, elle, s'insurgeait : « Mais qu'est-ce que j'en ai à foutre, moi ? Qu'est-ce que j'en ai à cirer de l'Amérique ? On a failli me trouver mort, sacrement ! C'est pas assez ? J'ai le cœur en charpie. Est-ce que quelqu'un, quelque part, comprend ça ? »

Après un moment, bouleversé, écœuré, anéanti, je gagnai ma chambre.

Il me fallut quelques mois avant d'arriver à faire un deuil normal de cette partie manquante de moi, pour accepter de vivre avec la brisure à l'intérieur.

Après les phases initiales de colère et de déni, je dus apprendre à composer avec la tristesse, l'apitoiement et la dépression, des épisodes en rafales, pendant lesquels les mêmes questions revenaient *ad nauseam*. Où, quand, comment cette horrible chose s'était-elle produite ? C'était des interrogations douloureuses, morbides, qui restaient sans réponse, bien sûr, mais qui, chaque fois, faisaient remonter le sentiment d'écœurement que j'avais éprouvé le matin du 11 septembre... pendant la chute des tours.

C'était comme un état nauséeux à la puissance 10, une impression généralisée de putréfaction intérieure, doublée d'un sentiment de « jamais plus comme avant ». Néanmoins, je finis par comprendre et accepter l'inéluctable. Je compris surtout qu'il n'y avait pas de réponse à mes questions et, compte tenu de mes fabuleux excès, je finis par admettre que la chose n'était pas si surprenante, après tout. J'en arrivai presque à m'étonner que ça ne se soit pas produit avant.

Doucement, la vie reprit son cours, avec ses joies et ses peines. La chose me sembla moins horrible, un peu plus facile à porter.

Au chapitre du corps, ce fut plus simple. J'eus d'abord droit à toutes sortes d'examens qui ne révélèrent rien de vraiment fâcheux ou anormal, rien, sinon que j'avais plus de cinquante ans et que je récoltais la moisson de mes multiples abus. Je payais mon dû.

Le docteur B., très peu loquace, mais d'une efficacité rare, me donna aussi de nouveaux médicaments à ingérer pour mieux contrôler le principal coupable, le mauvais cholestérol, en plus de m'inciter à manger santé, c'est-à-dire moins gras. Surtout, chose que je n'avais jamais osé envisager, on m'exhorta à cesser de fumer. Sinon...

Toute une commande, pour un zig comme moi, qui boucanait sans arrêt depuis l'âge de treize ans et qui voyait la cigarette comme son ultime rempart, quelque chose d'intouchable, le seul vice restant. J'abhorrais le catéchisme et la grosse morale à deux sous des néocurés de l'antitabagisme. Idem pour le socialement correct et l'intolérance de trop d'anciens fumeurs.

Finalement, c'était toute une commande, pour quelqu'un comme moi, absolument incapable d'imaginer le café du matin ou l'article à écrire sans tige à téter. Moi, cesser de fumer?

J'y parvins, pourtant, et cela, au bout de quelques mois, après m'être fait une raison. L'élément déclencheur fut sans conteste le sermon que me servit un jeune médecin français, un événement qui eut lieu à l'urgence, une des nombreuses fois où je m'y précipitai, croyant faire un deuxième infarctus. L'interne me fit brillamment comprendre, dessin à l'appui, que la fumée inhalée brisait la paroi artérielle, provoquant ainsi l'encrassage et la formation de caillots dans les artères. En un mot, je ne me donnais aucune chance, moi qui avais connu une crevaison en avalant de la nicotine et autres cochonneries. Selon lui, c'était comme si je jouais à la roulette russe.

C'étaient les mots qu'il me fallait entendre dans un moment de grâce. Foin du reste! Quelques semaines après, j'écrasais, en même temps que deux autres collègues du communautaire. Jamais je n'aurais pensé que c'eût pu être aussi facile. Au bout du troisième jour, je savais que j'avais gagné, qu'il me suffisait de continuer, un jour à la fois – avec les timbres de nicotine –, et que le tour serait joué. Sous peu, je serais définitivement libéré de cette autre dépendance, probablement la plus pernicieuse et la plus vicieuse.

Au bout d'une semaine, je ressentais déjà un immense soulagement physique, doublé d'un état de bien-être qui confinait presque à l'euphorie. De même, je profitai pendant un certain temps d'un incroyable regain d'énergie, une énergie aussi fraîche et bouillonnante que celle de mes vingt ans. Je respirais mieux, je goûtais mieux et je dormais mieux. De plus, je jouissais d'une clarté d'esprit à nulle autre pareille. Je pouvais aussi travailler deux fois plus qu'avant et j'avais plus d'endurance physique que jamais. Également, j'avais retrouvé un surcroît de libido, une vigueur sexuelle que je ne me connaissais plus.

Enfin, outre l'état général de bien-être et toutes les énergies retrouvées, je pouvais témoigner haut et fort: «Oui! Comme pour l'alcool, il y a une vie après la cigarette!»

En décembre, trois mois après la saga de l'infarctus, je profitai d'une rencontre à l'Arc-en-ciel pour souligner mes deux années d'abstinence. Deux années qui avaient été parfois laborieuses et pénibles, à réparer et retisser de grands pans déchirés de ma vie, deux années de tâtonnements, d'essais et d'erreurs, pendant lesquelles j'avais lâché prise et accru ma confiance en moi.

Ces deux années m'avaient aussi permis de mieux discerner les contours de ma dépendance affective, de mieux comprendre l'ego vorace qui m'habitait, l'insatiable besoin d'être aimé qui me dévorait, le cœur enveloppé qui était le mien. J'acceptais beaucoup plus l'homme, et aussi l'enfant blessé que j'étais.

Ces deux années sans alcool m'avaient amené à devenir plus humble, plus attentif aux autres, en même temps que beaucoup plus respectueux de la vie, de ma vie. Elles m'avaient enfin permis de développer une spiritualité nourrissante, consolante et porteuse d'espoir.

Pendant la rencontre d'anciens, je me montrai particulièrement fier de déclarer que jamais, pas même un seul instant, même pendant la crise de septembre, je n'avais pensé à l'alcool. Même si la prise de benzos jetait encore un peu d'ombrage sur mon amour-propre, j'étais content de moi, fier même.

Pourtant, et je ne le savais que trop bien, le chemin qui restait était encore long et plein d'embûches.

Deux années plus tard, à l'automne 2004, je redevenais coordonnateur du journal populaire – et communautaire – *Droit de parole*. En me permettant de réoccuper cette fonction, j'avais l'impression qu'on mettait fin à une injustice et qu'on reconnaissait mes mérites, en plus, bien sûr, de me permettre de retrouver un ami fidèle, auquel je m'étais agrippé ferme pendant les pires moments. Le journal demeurait cet ultime rempart qui m'avait probablement sauvé de la noyade, du suicide abouti.

Même si mon mandat ne durera qu'un an, ces douze mois-là seront tout de même formidables, extraordinaires, tant au chapitre des réalisations que pour mon rétablissement proprement dit.

Rappelons-nous qu'en ce temps-là Québec subissait la folie déchaînée des radios-poubelles, avec les André Arthur, Patrice Demers et Jean-François Fillion comme chefs de meute, principaux distillateurs de merde et grands instigateurs d'émeutes. Tout ça macérant dans un climat surréaliste de suspicion et de paranoïa, sur fond de scandales de prostitution juvénile, opération Scorpion et autres calamités du genre.

Fidèle à son mandat de défendre une information libre, l'équipe du journal ne tarda pas à entrer dans la sarabande et trouva tout naturel de croiser le fer avec les promoteurs de la radio X.

Hélas, ce fut une bataille avortée dont j'eus beaucoup de difficultés à accepter le peu de résultats, un non-aboutissement qui me plongea parfois dans des états de colère et de ressentiment typiques de l'ivresse mentale, d'autant plus que certaines personnes du milieu nous rappelleraient jusqu'à plus soif que nous les avions poussés dans les câbles et que nous n'avions pas su en profiter. Toutefois, cette première passe d'armes avec l'adversaire avait donné le ton à l'équipe du journal, en plus de contribuer à forger un esprit de corps qui avait bien besoin de l'être.

Qu'on imagine la bizarroïde association de jeunes anarchistes, de chrétiens de gauche et de boomers marxisants qui formaient le noyau dur du journal. C'était un étonnant mélange, parfois détonnant, qui nous contraignait à gaspiller beaucoup d'énergie sous prétexte de pseudo-débats idéologiques, qui n'étaient souvent rien de plus que d'insolubles querelles de générations, avec en exergue l'âgisme comme argument de dernier recours.

Nous fîmes donc dans la contre-information et le contre-salissage social pendant quelques numéros. Plus tard, je signai un premier dossier sur la question des conditions de travail dans le communautaire, une question moins sexy, celle-là, et souvent escamotée parce que jugée trop terre à terre. Pourtant, ce sujet m'apparaissait tellement pertinent, tellement viscéral!

Qu'on imagine un peu! À peine cinq pour cent des employés du communautaire sont syndiqués. Les salaires et les avantages sociaux des groupes, malgré quelques belles percées, datent d'époques antédiluviennes, ce qui fait qu'après quelques années de bénévolat, une très grande partie de la main-d'œuvre aboutit dans le secteur public ou est repêchée par le privé. Ceux qui restent, mal protégés, sans assurance et victimes d'un taux de roulement inouï, tombent comme des mouches, victimes d'épuisement professionnel ou de dépression, s'ils ne se retrouvent perdus, coincés dans la spirale sans fin du syndrome du sauveur.

En signant mes dossiers sur cette question, je me faisais doublement plaisir. D'une part, je me faisais enfin justice en dénonçant haut et fort une précarité qui avait longtemps été mienne. D'autre part, mes reportages ayant fait des petits, j'avais l'heureux sentiment d'avoir été utile à la communauté. Avec d'autres groupes spécialisés, j'avais l'impression d'avoir contribué à l'amorce de nécessaires changements.

Au bout d'un certain temps au journal, j'en arrivai à me sentir rempli d'une énergie débordante. Plus j'en faisais, plus j'avais le goût d'en faire, comme quoi l'action appelle l'action. J'avais envie de toucher à tout et je ne m'en privais pas. C'est d'ailleurs ce qui m'amena, outre mon travail de permanent, à suivre un stage intensif pour aller passer quelque temps en Haïti.

Ce séjour dans les Antilles était l'accomplissement d'un vieux rêve auquel j'avais souvent songé. C'était un idéal, comme de voyager en Europe, de naviguer sur un voilier, d'écrire des livres, de fonder un nouveau quotidien de gauche, des projets souvent caressés, mais jamais réalisés pour toutes sortes de mauvaises raisons.

Soit je me trouvais trop indispensable – la révolution n'attend pas! –, soit je me sentais indigne de pareilles aventures, et ce, à cause de mon peu d'estime de soi, tout ça teinté d'un misérabilisme de bon aloi sur vieux fond de culpabilité judéo-chrétienne, une particularité éminemment typique des groupes communautaires d'une certaine époque.

En un mot comme en mille, le bonheur, c'était l'affaire des autres. Pas la mienne.

Était-ce mon sentiment d'utilité au journal, ou l'idée d'accomplir un rêve par mon voyage en Haïti, ou tout bonnement le fait, pour la première fois depuis belle lurette, de me sentir en plein contrôle de ma vie? Ou bien, était-ce Maude, cette fille avec qui j'entretenais une relation de plus en plus corsée? Toujours est-il qu'au printemps il m'arriva de sentir monter en moi des bouffées de joie incroyables, inimaginables, dérangeantes. C'était comme un feu ronflant qui distillait une bonne chaleur partout à l'intérieur, comme un feu d'artifice qui éclatait par intermittence dans ma tête. Par moments, je baignais dans la félicité pure et cristalline, que seuls connaissent les enfants. Et c'était prodigieux, sublime, délicieusement troublant. C'était presque trop. J'en avais des vertiges. C'était tellement puissant que, n'eût été mon mode de vie, je n'aurais jamais été capable de supporter le phénomène. N'eût été mes cinq années d'abstinence, j'aurais probablement bu pour me ramener dans du connu, pour retrouver mes repères, donner un sens à ces tout nouveaux bonheurs.

Comme quoi, pour quiconque ayant déjà éprouvé des problèmes de dépendance, il en est des émotions positives comme des émotions négatives. Trop, c'est comme pas assez. C'est là que l'expression équilibre émotif prend tout son sens.

Ce sera la vie, ou plutôt les gens et les événements qui viendront égaliser tout ça. Première grosse déception, je me rendis compte que mon contrat de travail ne serait pas renouvelé. Officiellement, on cherchait quelqu'un de plus jeune pour assurer une certaine pérennité au journal. Officieusement, toutefois, on cherchait plutôt une personne qui cadrait davantage avec le reste de l'équipe, un gars ou une fille susceptible de mieux composer avec les jeunes anars qui formaient le gros des forces vives, quelqu'un, finalement, qui appliquerait sans rechigner les décisions prises le plus largement possible. Pour toutes sortes de raisons, ce n'avait pas toujours été mon cas et il y avait peu de chances que je m'amende.

J'eus beaucoup de difficulté à accepter ce fait. J'avais bien performé et j'aimais ce travail. De plus, le fait de réoccuper cette fonction m'avait demandé beaucoup d'efforts et d'humilité. Encore une fois et même si je parus jouer le jeu, j'en voulus pendant quelque temps aux jeunes anars et je me remis à vouer aux gémonies leur démocratie participative paralysante, leur manque de pragmatisme et leur catéchisme militant[62].

Mais, plus encore, j'eus le vilain réflexe de vouloir me taper dessus. Je m'en voulus pour ma timidité et une sorte de gêne malsaine qui avaient marqué mes relations avec certains membres de l'équipe, des carences qui m'avaient empêché de dire les vraies choses au bon moment, des choses qui auraient pu me rendre justice et qui auraient probablement assaini le climat de travail.

Par la suite, autre grosse déception: j'appris à quelques heures du départ que mon voyage en Haïti était annulé, à cause du climat social qui s'était détérioré là-bas, à cause, surtout, de la vague de kidnappings qui commençait à déferler sur Port-au-Prince. Cette deuxième déconvenue m'affecta beaucoup. Et je me mis à avoir peur de flancher, de boire, de souffrir. Peur d'avoir peur...

Pourtant, ce fatras émotionnel ne dura que deux ou trois jours, au bout desquels je constatai avec étonnement que j'avais éprouvé beaucoup plus de peur que de mal, que, mis à part un ego légèrement égratigné, je m'en tirais à fort bon compte. Surtout, je réalisai pleinement que, pour peu qu'on accepte d'affronter la réalité, l'idée, voire la peur de souffrir, s'avère beaucoup plus forte que

---

62. En effet, les groupes anarchistes ne sont pas sans défaut. Ainsi, un peu comme les groupes marxistes de la génération précédente dont j'étais, on pourrait facilement les taxer de sectarisme et de dogmatisme: hors de l'Église, point de salut! N'empêche, il faut rendre à César ce qui appartient à César. Qu'il s'agisse de la création de collectifs en tous genres ou de leur engagement dans différents groupes, leur contribution à la communauté militante est inestimable et fort précieuse. J'ai toujours été frappé par leur dynamisme et par la cohérence de leur discours militant. C'est en partie grâce à eux si le mouvement populaire et communautaire d'aujourd'hui bénéficie d'un vrai rajeunissement, une bouffée d'air pur qui s'avère, pour les vieux militants comme moi, une cure de jouvence inespérée.

la souffrance elle-même. Ce fut là une découverte personnelle très importante, une trouvaille qui allait me suivre tout au long des années et qui allait m'aider à surmonter beaucoup plus facilement la maladie, les déconvenues amoureuses et d'autres situations de vie épineuses.

Partant, cette découverte cruciale – la peur de souffrir, plus forte que la souffrance elle-même –, je la devais à ma spiritualité de tous les jours à un mode de vie qui s'inspirait largement du moment présent et du concept du lâcher-prise. C'est bien grâce à mon état d'intériorité spécifique si j'ai pu encaisser aussi facilement ce qui était, si j'ai pu aussi facilement accepter et la perte de mon job, et mon projet de voyage avorté.

Finalement, j'ai toujours été intimement persuadé que ma spiritualité m'a toujours obligé à avancer plutôt qu'à reculer, qu'elle m'a sans cesse obligé à me dépasser, même si j'ai souvent eu l'impression de faire du surplace et si, de temps à autre, je fais volontiers des grèves du zèle.

Un psychologue consulté un peu plus tard m'avouera, concernant mon nouveau mode de vie en général :

— Plus qu'une thérapie, plus que n'importe quel médicament, ce mode de vie est bien ta meilleure assurance contre la dépression et la détresse morale. Moi-même, je voudrais bien être capable d'en dire autant.

L'été qui suivit fut ponctué par toutes sortes d'événements cocasses, remarquables, banals ou décisifs.

Pour commencer, Marc se départit officiellement de sa maison sur Saint-Olivier.

Toujours désireux de poursuivre notre glorieuse association, nous emménageâmes un peu plus bas, sur Lavigueur, dans Saint-Jean-Baptiste, le quartier insoumis.

Après cet épisode de migration, je pris quelques semaines pour ajouter un deuxième volet d'enquêtes à mon dossier sur le communautaire. Ensuite, avec mon jeune frère Daniel dont j'étais devenu le tuteur légal, je réalisai un vieux rêve fort simple, celui d'aller à Tadoussac voir caracoler les baleines dans l'eau de l'estuaire. Chemin faisant, je me tapai *L'Alchimiste* de Paulo Coelho, un livre plein d'énergie, dont le souffle m'influencera beaucoup et m'incitera, tel le héros de l'histoire, à devenir encore plus réceptif aux messages de la vie.

Ce sera aussi pendant cet été-là que je connaîtrai un autre bonheur indicible, soit celui d'apprendre que Camille était retenue comme lectrice de nouvelles télé à Radio-Nord, en Abitibi. Un plaisir rare, qui était l'aboutissement d'une sorte d'action concertée entre elle, sa mère et moi.

Enfin, il y avait Maude... une femme de feu de onze ans ma cadette, mère d'un ado de quinze ans, avec qui j'étais en relation depuis plusieurs mois et grâce à qui je réapprenais l'amour, après un passage à vide de presque vingt ans.

CHAPITRE 11

Maude et Léon : codépendance et désins

J'avais l'oreille en feu. Notre conversation téléphonique – plutôt le long soliloque de mon amie Maude – durait depuis plus d'une heure. À peine si j'avais pu glisser quelques mots. Ses jérémiades habituelles étaient maintenant devenues des accusations à mon endroit.

— Tu m'interromps sans cesse, tu ne sais pas écouter.

Je voyais rouge. J'écumais.

— Hostie, Maude, j'en ai assez ! Je vais raccrocher.
— Je t'avertis, glapit-elle. Personne ne m'a jamais fait ça. Si tu le fais, je...

Je raccrochai violemment en me maudissant d'avoir attendu aussi longtemps et en maudissant franchement le jour où j'avais rencontré cette fille, l'année précédant mon engagement au journal *Droit de parole*.

Ça s'était passé un vendredi soir de février, à l'Arc-en-ciel, après une journée remplie de contrariétés. La réunion d'anciens terminée, nous nous étions retrouvés, Maude et moi, à faire quelques pas dans les rues bigarrées de Saint-Roch. Puis, je m'étais proposé pour la raccompagner chez elle, sur les hauteurs de Cartier.

Là, nous avions passé la nuit à écouter de la musique, à boire du thé et à nous raconter. Rien de physique, cette nuit-là, juste l'incontinent bla-bla de deux âmes errantes qui se retrouvent et ne veulent plus se perdre. Beaucoup de tendresse, aussi, beaucoup de prévenance et de précautions dans le regard, les intentions, les gestes.

Maude était une jolie femme à la tignasse blonde en épis, avec de grands yeux bruns pétillants d'intelligence. Elle était dotée d'une personnalité complexe, tantôt lumineuse, tantôt ombrageuse, doublée d'un tempérament parfois excessif, qui pouvait l'amener directement du commentaire courtois au propos vitriolique.

Maude était aussi une écorchée vive qui avait connu une enfance trouble et difficile, marquée au coin du rejet, de l'abandon et de la violence incestueuse. À cela s'ajoutaient un viol, subi à l'adolescence, et une vie amoureuse et affective compliquée, abracadabrante et peu glorieuse, qui faisait que son estime d'elle-même avoisinait le zéro absolu.

Jusqu'à peu s'étaient greffés l'alcool et les médicaments pour remplir le grand vide de l'existence et atténuer l'insoutenable pesanteur du non-être.

Longtemps après ma première nuit chez Maude, cependant, on me fera comprendre en y mettant les bons mots qu'elle était rongée par un trouble de personnalité limite. *Borderline*, auraient dit d'aucuns. Elle avait, me dira une amie commune, la maladie de la mèche courte, un problème de santé mentale sérieux, contraignant, mais tout à fait apprivoisable et vivable, à condition, bien sûr, de le savoir, à condition, aussi, de l'accepter et de vouloir l'apprivoiser.

J'aimais bien Maude. J'étais fasciné par sa gouaille, sa franche dégaine et sa façon acide et corrosive de dire les choses, une façon tout à fait opposée à la mienne et qui me faisait rire de bon cœur. Du moins, au début.

J'étais aussi très touché par sa grande vulnérabilité. Une fragilité émotionnelle et physique de gamine apeurée, derrière un masque de femme mûre, très sûre d'elle-même. Son intériorité vive et brûlante, qui confinait presque à un état de désarroi permanent, m'émouvait au plus haut point, en plus d'appeler sans cesse à la rescousse, on l'aura deviné, le sauveur des âmes en moi.

La chimie des sens ne tarda pas à opérer, si bien que la petite flamme du début devint vite une belle et chaude flambée, un corps à cœur vorace, passionnel, féroce, chaud comme du plomb en fusion.

Maude m'apportait sa fraîcheur et sa féminité, et moi, je lui servais d'écoute, d'escorte, de soutien moral et que sais-je encore... Chose certaine, nous y trouvions chacun notre compte et nous profitions de chaque minute, de chaque instant.

La dolce vita dura quelques semaines, assez longtemps, en tout cas, pour que je lui refile tout ce que je savais de l'alcoolisme et des dépendances, et aussi tout ce que je connaissais du rétablissement. Je voulais vraiment l'aider à consolider ses quelques mois de sobriété et je tenais absolument à l'épauler dans sa personnalité trouble et carencée, de même que dans son rôle de mère à temps partiel. Je ne voulais plus qu'elle souffre. Je voulais qu'elle aille mieux, toujours. Je l'aimais, du moins je le croyais, et je voulais que ça dure longtemps, si bien que je devins littéralement obsédé par son rétablissement, par son comportement.

Souvent, il m'arrivait de penser que j'en faisais trop, ou pas assez, ou que je ne faisais pas nécessairement les bonnes choses. En fait, je voyais bien que ça accrochait quelque part. Et puis, il y avait tous les signaux de mon entourage, de mes amis, de ma fille, des signaux qui disaient : «Mais qu'est-ce que tu fous avec cette fille?» À cela, je répliquais à qui voulait l'entendre que c'était mon choix et que je l'assumais.

Maude était difficile, un peu caractérielle? Qu'à cela ne tienne! Qui ne l'est pas? Pour une fois dans vingt ans que je me permettais une relation amoureuse suivie! De quoi on se mêlait? Le monde était jaloux, me disais-je.

Néanmoins, je voyais bien que je faisais beaucoup trop dans la concession, que j'esquivais à peu près tout le temps et que je m'empêchais d'être moi-même, tout cela pour éviter les discussions, la colère et les éclats. Pour éviter sa colère.

En même temps, je commençais à mieux voir le vide autour de nous, un vide sidéral, un néant que j'avais volontairement confondu au départ avec la quiétude des amoureux seuls au monde.

Aussi, au lieu de continuer à jouer les bons gars, je me mis à répliquer devant ses emportements. Systématiquement. Du coup, les bouderies, les silences méprisants et les colères rentrées redoublèrent, puis, les brimades, les tracasseries, les engueulades et les accusations mutuelles prirent le pas. Notre relation s'effritait sérieusement.

À l'automne suivant mon voyage raté en Haïti, notre liaison ne tenait plus qu'à quelques fils.

— On dirait bien que t'es pris dans un triangle de Karpman, suggéra Marie, une amie à qui j'avais raconté la crise de Maude au téléphone.

— Un triangle de quoi?

— De Karpman... Le triangle tragique de Karpman, corrigea-t-elle. C'est comme un cercle vicieux, sauf qu'ici on parle de triangle. Quelqu'un passe de sauveur à persécuteur, puis devient à son tour victime, et ainsi de suite. C'est tout à fait typique des codépendants.

— Les quoi?

— Les codépendants. Les sauveurs dans ton genre.

— Je croyais que j'étais un alcoolique, ripostai-je. Un alcoolique doublé d'un pharmacodépendant.

— L'un n'empêche pas les deux autres. Les codépendants éprouvent souvent des problèmes d'alcool ou de pharmacodépendance. Si tu veux, je te prête un livre là-dessus.

Triangle, cercle, dépendance, codépendance, alouette! Ça faisait beaucoup trop. Je résistai de justesse à l'envie d'envoyer paître Marie, et avec elle sa psychologie Laura Secord.

N'empêche que, peu de temps après, je dévorais littéralement les ouvrages du trio *Betty Reis*, *Melody Beattie* et *Pia Mellody*. Trois pasionarias de la psycho pop, les dames, trois grosses pointures qui avaient beaucoup travaillé le sujet.

La première, Reis, établissait en partant une très nette distinction entre deux problèmes différents. Pour elle, la dépendance affective pouvait s'illustrer comme suit: «Pour faire mon bonheur, j'ai besoin du regard de l'autre[63]...» Quant à la codépendance affective, ça tenait plutôt à: «Pour faire mon bonheur, j'ai besoin de sentir que l'autre a besoin de moi. J'ai besoin de me sentir important pour lui.» Je me retrouvais beaucoup dans cette deuxième catégorie.

Puis, il y avait cette définition de Beattie: «L'individu codépendant – moi – est celui qui s'est laissé affecter par le comportement d'un autre individu – Maude – et

---

63. Définition de la dépendance affective et de la codépendance affective tirée du site *www.lespasseurs.com*. Betty Reis est une hypnothérapeute, formatrice et conférencière de la région de Montréal.

qui se fait une obsession de contrôler le comportement de cette personne[64]. » Là aussi, je n'y coupais pas, ça me ressemblait drôlement.

J'eus beau banaliser en me disant qu'il devait y avoir autant de définitions qu'il y avait d'auteurs, selon Beattie, toutes les définitions se rejoignaient, à quelques nuances près. « Fondamentalement, le codépendant est une personne beaucoup trop préoccupée par le comportement d'autrui, pour être capable d'avoir une vie affective satisfaisante, d'établir une relation amoureuse valable et durable et de vivre pleinement ses propres sentiments. » Encore là, je ne trouvais pas grand-chose à redire, même si j'avais beaucoup progressé depuis ma dernière thérapie à l'Arc-en-ciel. C'était moi tout craché. Du moins, c'était ce que j'avais vécu – ou pas vécu – pendant la longue période d'avant mon rétablissement.

Dans la foulée, les auteurs mentionnaient nombre de caractéristiques psychosociales du codépendant qui étaient aussi typiquement miennes. Parmi celles-ci, les sentiments refoulés, une faible estime de soi, des limites personnelles floues, des problèmes sexuels et des abus du même ordre, la dépression, la prise de poids, les dépendances diverses, et ainsi de suite sur des pages et des pages. Tout y était.

Le psychologue Gilbert Richer, lui, enchérissait en ces termes : « Le codépendant, c'est celui qui se sent responsable du monde entier, mais qui est incapable d'assurer la bonne marche de sa propre existence. C'est celui qui donne sans compter, mais qui s'avère incapable de recevoir. Le codépendant, c'est quelqu'un qui légitime ses sentiments en s'entourant de gens dans le

---

64. Définition de la codépendance tirée du livre *Vaincre la codépendance*, paru aux éditions Béliveau en 1994. Melody Beattie est une thérapeute et une écrivaine de renom. En matière de codépendance, elle fait figure de pionnière.

besoin[65].» Et paf! En plein dans le cigare! C'était ma vie résumée en trois lignes.

Je revoyais le Gilles du cégep Limoilou, celui des causes sociales, du marxisme-léninisme et de l'autogestion; celui du communautaire aussi, le Gilles qui se légitimait avec les clochards, les détenus et les prostituées de la basse-ville, le bon gars qui défendait les intérêts des pauvres, mais qui n'arrivait pas à payer son loyer; et surtout, celui-là, beaucoup plus jeune, qui s'était interdit de vivre ses sentiments et qui en avait plus tard payé le gros prix, celui-là même qui avait traversé Roy-Rousseau et Domrémy pour aboutir à L'Arc-en-ciel.

Qui plus est, les cas d'espèce contenus dans les ouvrages me faisaient penser à de nombreuses personnes de mon entourage. J'y retrouvais ma mère, une femme soumise qui avait enduré, supporté et vainement essayé de changer mon père, un alcoolique au tempérament extrême. Je revoyais toutes les femmes qui avaient voulu me sauver, moi, et toutes celles qui avaient voulu faire de même avec des amis pareils à moi, de même que tous ces gars qui avaient voulu se poser en protecteurs de femmes soi-disant en détresse. Je reconnaissais des tantes, des oncles, des amis, des voisins, d'anciens collègues et de vieilles connaissances, autant de personnes qui avaient voulu maîtriser et changer le comportement d'un proche alcoolique, joueur, dépressif, anorexique, maniacodépressif, jaloux, violent ou souffrant d'une quelconque tare.

Des gens qui étaient devenus obsédés par l'autre au point de s'oublier, de ne plus être capable de vivre leurs propres sentiments, de bonnes personnes dont certaines avaient à leur tour sombré dans la dépression,

---

65. Définition de la codépendance du psychologue Gilbert Richer, tirée du site Web *Pouvoir et Conscience*. Gilbert Richer est un psychologue, formateur et conférencier québécois.

l'alcoolisme ou pire encore. Ça commençait à faire beaucoup de monde au générique, tout ça, assez, selon les spécialistes, pour affirmer qu'une bonne partie du genre humain était constituée de codépendants.

On doit cependant faire exception de l'aidant naturel qui a librement choisi de vivre avec un proche malade et qui ne s'oublie pas pour autant. On doit aussi exclure les personnes qui se dévouent pour autrui ou pour une cause, mais qui prennent le temps de combler leurs propres besoins.

Quant au fameux triangle évoqué par mon amie Marie, j'y vis un cas de figure qui nous convenait tout à fait, à Maude et à moi. Ainsi, après avoir plus ou moins considéré cette femme comme une victime, je l'avais pour ainsi dire prise en charge. J'étais devenu son sauveur, son soutien et son protecteur. Par la suite, en raison du vide qui s'était fait autour de nous et à cause de ma mauvaise conscience, je m'étais mis à ressentir colère, tristesse, dépit, et j'avais commencé à le lui manifester de façon très directe. J'étais devenu son persécuteur, son bourreau. Finalement, devant sa réaction de fureur, j'avais commencé à me plaindre – moi qui faisais tout pour elle (!) – de son ingratitude, de son égoïsme et de son fichu caractère. Ça avait été mon tour de jouer les victimes.

C'était donc l'engrenage dans lequel nous étions coincés, elle et moi. Tour à tour, selon la situation, la journée ou le moment, nous devenions l'un et l'autre sauveur, bourreau ou victime, illustrant à merveille, selon le rôle choisi, le fameux triangle de Karpman.

Évidemment, c'était là une dynamique éprouvante, cruelle et très épuisante. Une sorte de mythe de Sisyphe, où chacun roulait son rocher jusqu'à l'épuisement total.

Pour s'en sortir, disaient Beattie et Mellody, il fallait

d'abord et avant tout prendre conscience du problème, de la dynamique, puis il fallait accepter de faire son deuil de l'autre, s'en détacher physiquement. Il fallait s'éloigner et guérir son estime de soi. Il fallait réapprendre à s'aimer. C'était le prix à payer pour pouvoir aimer pleinement un jour et être justement payé de retour.

Peu de temps après l'épisode du téléphone, nous décidâmes, Maude et moi, de ne plus nous revoir, et ce, malgré nos profondes appréhensions. Nous étions bien sûr très conscients que certaines choses allaient cruellement nous manquer, nos moments de bonheur complice, les longues balades, les joies de la tendresse physique, la douceur des petits matins, nos rêves racontés, les caresses tendres et coulantes, nos roupillons tranquilles, toutes ces bonnes choses dont je m'étais privé pendant si longtemps.

Je pus constater, une quinzaine de jours après notre rupture, que j'avais à nouveau éprouvé beaucoup plus de peur que de mal, que cette fois encore, comme lors des précédents deuils – le journal, Haïti –, l'idée même de la souffrance avait été beaucoup plus forte que la douleur en soi. Il m'avait suffi de bien vouloir accueillir cette souffrance, pour qu'elle se dissipe d'elle-même. Je n'avais eu qu'à passer en mode action pour que la vie commence à lécher la plaie.

Bien sûr, le rire de Maude, sa voix, son corps, sa chaleur et parfois même ses éclats allaient me manquer, très cruellement dans certaines occasions. Mais certainement pas au point de revenir en arrière ni non plus de redevenir obsédé par l'alcool.

Au bout de quelques semaines, les choses s'étaient définitivement replacées et à nouveau ma vie coulait comme un long fleuve tranquille, cette vie que je m'obstinais à prendre une journée à la fois.

Hélas, certaines mauvaises habitudes ayant leur vie propre, l'histoire peut facilement se répéter, surtout quand on ne retient pas les leçons du passé. Effectivement, un an après Maude, je récidivais furieusement avec Léa, une femme brillante et mignonne, mais dotée d'une personnalité aussi détonante que la première, avec l'alcool en plus. Un pur casse-gueule! Du suicide, presque.

Est-il besoin de dire que cette relation, aussi bizarroïde que la précédente, ne dura guère plus que trois petits mois? Trois mois de triangle pendant lesquels je jouai à fond en alternance les rôles de sauveur, de bourreau et de victime, trois mois de passions intenses au cours desquels je jouai l'amant et le confident, pour devenir ensuite paria et miroir exécré, à cause, entre autres, de l'alcoolisme de Léa et de mon abstinence.

Au final, malgré un deuil assez rapide, j'avais l'ego assez mal foutu. Je restai un bon bout de temps comme ça à déprimer et à me questionner. Qu'est-ce donc qui n'allait pas chez moi? Pourquoi attirais-je autant de personnes atypiques, un peu barjos, même? N'avais-je pas droit au bonheur, moi aussi? Ne méritais-je pas comme les autres d'avoir une vie amoureuse saine et équilibrée? Pourquoi ces relations bancales, en porte-à-faux avec l'amour, le vrai? Était-ce mon côté bonasse et empathique qui me valait ça? Était-ce à cause de la théorie des contraires qui s'attirent? Était-ce une quelconque malédiction? Une sorte de karma négatif?

Même si je ne l'avais pas encore vraiment intégrée à ce moment-là, la réponse demeurait pourtant assez simple. En effet, je finis par comprendre que tout était question d'estime de soi. Tout était relié à l'image négative de moi-même qui refaisait épisodiquement surface. Tout procédait de mon ego pervers, qui se faisait un malin plaisir de me garder en eaux troubles, dans une zone de turbulences où je me complaisais volontiers.

Conséquemment, l'agitation et le remue-ménage qui en résultaient m'empêchaient de remonter à la source et de travailler sur les vraies causes de mes déboires affectifs, qui n'étaient rien d'autre que la somme de mes peurs reliées aux fameuses blessures de l'enfance : peur de l'engagement, du désengagement, du jugement de l'autre, du rejet, de l'humiliation, de la trahison et de l'injustice. Plus vite j'apprivoiserais ces peurs et ces angoisses, plus vite je pourrais enfin vivre une relation digne de ce nom. Méchant programme, mais tout à fait réalisable.

Certes, on n'allait pas me donner une médaille parce que je me reconnaissais maintenant comme un codépendant. De même, le fait de me savoir codépendant ne faisait pas de moi un guéri, loin de là. Néanmoins, cet autodiagnostic allait m'être hautement profitable dans les années qui allaient suivre.

En plus d'éliminer les zones de flou et de dédramatiser mes comportements, cette reconnaissance du problème me permettra de travailler sur moi de façon beaucoup plus efficace. J'userai de ressources mieux appropriées, tout en me découvrant de nouvelles amitiés. En fin de compte, je connaîtrai de très nettes améliorations, tant sur le plan affectif qu'au chapitre de la croissance spirituelle.

Il faut garder à l'esprit que la codépendance n'est ni une maladie honteuse ni un mal incurable. De même, il faut prendre garde à l'étiquetage et, pourquoi pas, faire montre d'un peu d'humour. Se savoir codépendant ne veut pas dire qu'il faille s'empêcher de vivre. Il faut aussi se rappeler que le mot codépendance est un indicateur qui fait référence à un profil psychosocial typique d'une bonne partie de la population. Donc, pas de panique, nous sommes loin d'être seuls au pays des carencés affectifs. Et puis, à tout prendre, vaut mieux être codépendant affectif que rien du tout, n'est-ce pas!

Mes aventures avec Maude ne m'avaient pas empêché d'écrire, de corriger et d'enquêter pour le compte de *Droit de parole*. Bon an, mal an, le journal restait un élément majeur de mon rétablissement. À ce sujet, d'ailleurs, mon ami Marc n'avait de cesse de me répéter :

— Tu es chanceux, Gilles, d'avoir eu le journal. Ça t'a sauvé!

Et comment, que ça m'avait sauvé! Et ça continuait. Le journal, avec tout ce qui gravitait autour, demeurait un projet de vie qui me gardait bien en selle, en attendant... Quoi au juste? Je ne le savais pas trop encore, mais je savais que ça s'en venait. À l'intérieur de moi, je sentais quelque chose de frémissant qui montait, qui montait, et qui était sur le point d'éclore, quelque chose d'aussi fort et d'aussi frais qu'une tulipe qui perce une neige de printemps.

En attendant de voir quelle forme ça prendrait, je m'entêtais à écrire, à corriger et à enquêter pour ce bon vieux journal, *Droit de parole*, si bien qu'à l'été 2006, je pouvais ajouter un troisième volet à mon dossier sur le travail dans le communautaire. Signe de reconnaissance, certains grands journaux, dont le très sérieux *Devoir*, crurent bon de reprendre mes textes. On imagine ma fierté.

Dans la même veine, je participai étroitement à l'élaboration d'un rendez-vous d'automne des médias communautaires du Québec, une opération bien montée, mais qui ne donna malheureusement pas les résultats escomptés.

Un peu plus tard, en m'inspirant de mon travail de jardinier de rue dans Saint-Jean-Baptiste, j'accouchai d'un deuxième texte d'ambiance sur ce quartier et ses drôles d'habitants. L'article, intitulé *Saint-Jean-Baptiste : de flore et de faune*, venait ainsi compléter *Splendeurs et misères du Faubourg*, un premier billet paru au printemps précédent.

Si j'en parle avec émotion encore aujourd'hui, c'est dû au plaisir que j'ai pu prendre en esquissant ces deux portraits, et aussi à ce que le produit final m'avait attiré nombre de commentaires élogieux, une denrée fort appréciée quand on écrit de façon militante et non rémunérée. J'étais d'autant plus content que, chose assez rare dans mon cas, j'avais pondu ces papiers bien plus avec mes tripes qu'avec ma tête.

Ce fut tout de suite après cet épisode que s'intensifia le fameux bouillonnement à l'intérieur de moi. Et ce fut à partir de cet afflux d'énergie qu'apparut une idée claire, nette et précise : j'allais écrire. J'allais écrire un livre et rien ne m'en empêcherait.

À l'instar du jeune pèlerin dans *L'Alchimiste*, j'allais prendre le chemin le moins fréquenté et j'allais écrire, raconter et décrire ce que moi et d'autres avons vécu à Roy-Rousseau. Ce serait une sorte de témoignage, un devoir de mémoire. J'allais parler psychiatrie, dépression, schizophrénie et, tant qu'à y être, j'allais débusquer l'artillerie lourde : les électrochocs, l'insuline et toute la sacro-sainte pharmacopée industrielle.

Je parlerais aussi de mes épisodes à Domrémy et je comparerais l'approche douce de Saint-François avec les méthodes bulldozer de la clinique. Le lecteur pourrait juger.

Ensuite, je parlerais des différentes phases de mon rétablissement, de l'Arc-en-ciel et des embellies qui avaient suivi, juste pour montrer qu'un certain bonheur était possible, que la vie valait d'être vécue.

Naturellement, tout ça prendrait la forme d'un récit, avec des noms, des lieux, des images et des portraits à l'emporte-pièce. Il y aurait aussi des documents, des notes et des pièces à l'appui. Un peu comme dans le magistral *Aller-retour au pays de la folie* de Luc Vigneault et Suzanne Cohen.

Ouaip! Voilà ce que j'allais faire! Ça allait devenir mon projet de vie. Comment tout ça s'arrimerait-il? Je verrais dans l'action, pas autrement. D'ici là, pas de panique, haut les cœurs et *avanti la musica*! Il me fallait juste un peu de temps pour apprendre à cohabiter avec l'idée d'écrire.

En y regardant de près, il n'y avait rien de vraiment nouveau dans mon tout dernier projet. À preuve, toutes les œuvres imaginaires que j'avais précédemment ébauchées sur ledit sujet, des livres mort-nés, qui s'étaient tous sagement alignés aux rayons des limbes parce que, fatalement, j'arrivais toujours à me convaincre qu'un tel récit, une telle rédaction, ce n'était pas pour moi. «Ben voyons, *man*! Pour qui tu te prends? Penses-tu vraiment que t'es digne d'écrire pareille histoire? Et si d'aventure t'allais jusqu'au bout, t'imagines ce qu'on va dire de toi? Tu y as pensé, rien qu'un peu? Après tout, *man*, t'es pas quelqu'un de connu. T'es juste un *no name* parmi les *nobodies*. Laisse donc ça à d'autres. Assieds-toi sur ton steak, *man*.» Autant d'arguments fallacieux, pissous, bilieux, dont je m'étais régulièrement abreuvé jusqu'à plus soif. Mais, dorénavant, il n'y aurait plus d'entourloupe, parce que je savais que c'était irrévocable, cette fois-ci, et c'était justement ça, la nouveauté, je savais que rien ni personne n'allait m'empêcher de mener mon équipée à terme quand j'aurais pris ma décision. Je n'en pouvais plus de ne pas m'écouter. J'en avais soupé de rester sourd à ma petite voix. Fini, tout ça! J'étais condamné à avancer, à réussir. Rien d'autre que ça.

Mon odyssée commença pour de bon en février 2007, en même temps que retentissaient à Québec les premiers barrissements de trompette du Bonhomme Éléphant Blanc.

Dès le début, je m'appliquai à respecter scrupuleusement un tout nouveau cadre, conçu pour fortifier mon esprit de discipline et m'aider à garder le rythme. C'était un modus operandi à la fois simple et exigeant, fait de méditation, d'écriture, de recherches, de lectures, de natation et de marche rapide. Un régime de production parfois très ardu, surtout au début, qui m'obligeait chaque jour à quatre ou cinq heures d'ordinateur et qui nous faisait convenir, ma coach Sylvie et moi-même, que, l'écriture, c'est beaucoup plus physique qu'on pourrait le croire. Mais quand on a la foi des braves...

Mon peu d'autonomie financière s'avéra bien vite un autre objet de tracas. Je me voyais contraint, pour vivre un tant soit peu décemment, d'accepter tout ce qui se présentait comme contrat, avec pour résultat que ma cadence de production s'en trouvait ralentie et ma faculté de concentration, durement mise à l'épreuve. J'en déduisis que, pour travailler de façon dégagée, il me fallait un boulot d'appoint régulier. Pendant un temps, j'occupai un emploi d'auditeur de nuit dans un petit hôtel de banlieue. À cause de l'horaire trop exigeant, toutefois, je dus me résoudre à trouver autre chose.

Un soir de mai, je rencontrai Héloïse, une jeune et exubérante directrice d'une maison pour personnes psychiatrisées établie en plein cœur de Limoilou.

J'espérais obtenir un poste d'intervenant de soir auprès d'une clientèle de vingt-six personnes de tous âges, atteintes de diverses maladies mentales et physiques.

L'entrevue se passa si bien que, le lendemain soir, je faisais mes débuts officiels à la maison Léon, aussi connue comme la chic pension Léon, une appellation péjorative au possible dont je saisirai mieux l'ironie au bout de quelques semaines.

Cette résidence de groupe, figurant officiellement dans les pages du Réseau des ressources régionales en santé mentale, comptait vingt-six chambres allant de minuscules à beaucoup plus grandes, réparties sur les trois étages d'un immeuble sombre et décrépit.

L'étage du bas, à la fois demi-sous-sol et rez-de-chaussée, faisait office de buanderie, de garde-manger, de cuisine, de salle commune et de salon de télévision. C'était aussi là qu'étaient distribués les médicaments, préparés depuis un bureau des intervenants aux dimensions de garde-robe.

Était-ce l'aspect délabré de l'ensemble, la mine peu engageante de certains occupants ou le gazon du devant piétiné et jonché d'immondices et de mégots de cigarettes? Toujours est-il qu'une profonde impression de tristesse émanait des lieux. C'était comme une aura de mélancolie et de désolation, que n'arrivaient à dissiper ni la balançoire grinçante près de l'entrée ni les jardinières de vivaces suspendues aux galeries de bois brinquebalantes.

Presque tous les pensionnaires de chez Léon, vingt hommes et six femmes, avaient séjourné qui à Robert-Giffard, qui dans un autre grand centre hospitalier. La plupart d'entre eux affichaient un diagnostic de schizophrénie plus ou moins sévère, relié à d'autres problèmes de santé mentale ou physique. Ces désordres secondaires allaient de la simple déficience intellectuelle au trouble de personnalité limite, en passant par toute la gamme des classiques : troubles anxieux, bipolarité, troubles envahissants de la personnalité, syndrome de Diogène, alcoolisme, toxicomanie, tabagisme sévère, anorexie, boulimie, potomanie, épilepsie... À ces problèmes multiples se greffaient des affections plus générales tels le diabète ou les troubles cardiaques, neurologiques, pulmonaires, osseux, buccaux, de motricité... Bref, en plus d'être une ressource privée typique d'une désinstitutionnalisation faite à la diable, chez Léon était un vrai laboratoire vivant, un parfait concentré des principales pathologies du DSM[66].

Mon job d'intervenant était assez simple. Il comprenait des tâches de surveillance, de premiers soins, d'accompagnement, d'écoute et de distribution de médicaments. C'était un emploi qui mélangeait sans vergogne les fonctions de préposé, d'infirmier auxiliaire, d'éducateur et de «psychologue», tout cela au salaire minimum, sans sécurité d'emploi, sans syndicat et sans garantie d'aucune sorte.

Tout était laissé à l'arbitraire d'Héloïse, la jeune représentante de monsieur Léon, un quinquagénaire à l'air fuyant, propriétaire unique de l'immeuble. Cet homme, aperçu seulement deux fois en trois mois, avait aussi la réputation d'être aussi inflexible que radin.

De toute façon, que m'importaient le propriétaire et sa fondée de pouvoir? N'étais-je pas censé être là uniquement pour gagner de quoi augmenter ma pitance de base?

Au bout d'un mois de travail à raison de deux soirées d'affilée par semaine, j'en vins à me sentir là aussi bien qu'un saumon en eau vive. Je m'efforçais

---

66. Dictionnaire de classification des troubles mentaux.

d'être respectueux envers mes pensionnaires, d'autant que, jadis, j'avais vécu quantité de situations pareilles aux leurs. J'étais donc bien au fait de leurs besoins, même les plus secrets, les plus inexprimables.

Mon approche était donc simple, humaine et chaleureuse, et on ne tarda pas à me le rendre, parfois même de bien drôles de façons. Ici, je fais allusion, à Claire et à Marianne, deux résidantes légèrement déficientes qui s'étaient littéralement entichées de moi. J'étais à la fois leur confident, leur nounou, leur papa retrouvé et aussi leur Roméo idéalisé. C'était là une situation plutôt courante, mais délicate, qui m'obligeait à être constamment sur mes gardes avec les deux coquines, surtout que j'étais dans l'obligation de leur prodiguer des soins physiques réguliers.

J'étais tellement content d'avoir dégoté le boulot rêvé pour alimenter, au propre comme au figuré, mon labeur d'écrivain, que je ne rechignais jamais à faire du zèle. En plus de pouvoir vivre décemment, n'avais-je pas, grâce à ce travail, une occasion unique d'en apprendre davantage sur la vie après Robert-Giffard? N'était-ce pas une opportunité de mieux connaître cet aspect très important de la désins que constitue l'hébergement dans la communauté?

J'avais découvert dès le début, quoique sans trop de surprise, que deux des occupants de la maison, Benoît et Jean-Pierre, avaient été mes compagnons de chambrée à Roy-Rousseau. Ces drôles de retrouvailles avaient fait en sorte que, le soir venu, j'avais pris l'habitude de me joindre aux deux lascars pour évoquer des souvenirs et pour partager avec eux un peu de ce que j'avais, un peu de ce que j'étais devenu.

Chaque fois que je passais du temps avec mes deux potes, je ne pouvais m'empêcher de me sentir immensément privilégié d'avoir pu traverser la barrière. Au reste, tout au long de mon séjour chez Léon, j'aurai le sentiment de ne pas avoir été embauché par hasard. J'aurai le sentiment d'y être pour compléter une boucle, terminer un cycle, en amorcer un autre.

C'était une impression vive, tenace, qui venait s'ajouter à cette autre idée pugnace que j'étais un transfuge, une taupe, un espion au service du bon droit, ne fût-ce que parce que je voyais déjà certaines de mes récriminations se retrouver soit dans ce livre, soit dans d'autres milieux concernés.

Je me plaisais bien chez Léon, mais je ne pouvais m'empêcher d'être outré par les déplorables conditions de vie des pensionnaires. Cette réalité pour le moins déprimante commençait par une promiscuité souvent insupportable, due au fait que le proprio avait voulu rentabiliser chaque pied carré du vétuste immeuble. Sitôt les repas et les médicaments ingérés, la moitié des résidants allaient se terrer dans leur chambre afin d'éviter les queues, les encombrements, et l'incessant va-et-vient.

De plus, la qualité des repas de la résidence était particulièrement atroce, pour ne pas dire tout simplement abominable. La plupart du temps, les usagers avaient droit à de trop petites quantités d'aliments, mal préparés, peu ou pas équilibrés, peu variés, mal réchauffés ou servis froids, défraîchis ou, pire, impropres à la consommation. C'était un rata quotidien, une bouillie perpétuelle, une malbouffe innommable qu'on n'aurait pas servi à son propre chien, comme j'entendis souvent des pensionnaires le dire, de même que nombre d'intervenants de l'extérieur! Déjà que j'avais l'appétit ultrasensible, j'évitais moi-même systématiquement de manger pareil chiard, en dépit des encouragements et des soupirs navrés de la directrice.

Un troisième irritant majeur venait s'ajouter. C'était le manque criant de ressources humaines. Nous n'étions que deux intervenants à temps partiel pour voir aux besoins quotidiens des vingt-six hommes et femmes de la maisonnée. S'ajoutaient la directrice et un cuisinier, ce dernier dormant sur place et faisant office de gardien de nuit. C'était là un sous-effectif totalement en deçà des normes exigées dans les résidences accréditées par les agences de santé.

En résultait un encadrement inadéquat des pensionnaires, autant dans la gestion du quotidien que dans la poursuite à plus long terme d'autres intérêts particuliers. La surveillance était inappropriée de jour comme de nuit. Ce peu de ressources faisait que les pensionnaires de chez Léon couraient des risques beaucoup plus grands qu'ailleurs, liés aux dangers d'incendie, de vols ou de blessures corporelles dues à des bagarres ou autres causes.

Cette carence en personnel faisait aussi que toute notion de rétablissement, pour ceux à qui un encadrement adéquat aurait été indiqué dans ce sens, devenait parfaitement illusoire. De toute façon, dans un milieu où la survie quotidienne suffisait à remplir l'existence des individus, comment ne pas hocher la tête devant pareille idée? Comment également ne pas grimacer devant certains des programmes jovialistes proposés par les âmes bien-pensantes de la Santé et des Services sociaux?

Je me plaisais bien chez Léon, mais je ne pouvais m'empêcher d'être indigné devant les frais de pension trop élevés qu'on imposait aux locataires, des montants d'argent quasi prohibitifs, souvent gonflés, sujets à augmentation au moindre prétexte. Dès les premiers jours du mois, la plupart des résidants se retrouvaient fauchés et contraints de vivre dans un climat de grogne généralisée en attendant le prochain chèque, une ambiance grise et monotone à souhait qui n'était ponctuée par rien d'autre que les magouilles et les chicanes résultant des tractations d'argent illégales entre résidants, avec en pointillé les éclats, les débordements et les règlements de compte envenimés par les cuites d'alcool et de dope cheap.

Fallait-il être assez culotté, ou cynique, ou rien du tout, pour exiger autant en offrant aussi peu? Comment un proprio comme monsieur Léon, même réputé âpre au gain, pouvait-il exagérer de la sorte? Et comment pouvait-on, du côté des autorités concernées et chez certains professionnels du milieu, continuer de faire comme si de rien n'était?

Je fulminais d'autant plus que, dans la plupart des autres maisons reconnues, on offrait des services d'une qualité nettement supérieure à des prix beaucoup plus abordables. J'en voulais pour preuve la résidence fréquentée par mon frère Daniel, ainsi que bon nombre d'autres ressources établies un peu partout en ville et en région, des établissements, ceux-là, dotés d'un code d'éthique, avec des administrateurs imputables, où les travailleurs et les clients pouvaient se plaindre et faire appel au besoin. C'était tout sauf une organisation comme la nôtre, où les recours étaient impossibles et où tout était laissé à l'arbitraire du propriétaire et de la directrice.

La maison Léon était un foutoir, un ramassis, un prétexte pour faire des sous. Son proprio tenait de l'usurier et sa directrice était aussi «maternante» que contrôlante. N'empêche, j'avais l'intention de faire avec et je me proposais de garder un profil bas. Plus tard, on verrait bien... De toute façon, au stade où j'en étais, des manchettes enflammées ou une dénonciation à tire-larigot n'auraient rien rapporté, ni à moi ni aux pensionnaires. C'eût été aussi prématuré qu'inapproprié. Aussi allais-je taire mes scrupules et continuer à faire de mon mieux avec les résidants de la maison. Et j'allais essayer, pourquoi pas, d'en aider quelques-uns sur un plan plus individuel.

C'est bien ce que j'entrepris de faire, notamment avec Raymonde et Gervais, deux pensionnaires de longue date qui m'avaient semblé plutôt réceptifs au discours du rétablissement. Tout au moins, ils avaient manifesté un désir sincère d'améliorer leur sort d'une façon ou de l'autre.

Raymonde était une grande femme mince qui frisait la mi-quarantaine et dont le dossier faisait état d'une schizophrénie paranoïde doublée de sérieux troubles de la personnalité. En outre, elle éprouvait, à l'instar de la plupart des résidants, de sérieux problèmes d'emphysème dus à un tabagisme sévère. Comme si ce n'était pas assez, elle était aux prises avec un petit ami jaloux, possessif et violent, un gars beaucoup plus âgé dont elle m'avait confié qu'elle voulait s'affranchir, ce qui en soi ne s'annonçait pas comme une mince tâche.

Quant à Gervais, c'était un jeune et solide trentenaire d'agréable commerce qui souffrait lui aussi de schizophrénie paranoïde et qui passait ses journées à ratisser les endroits publics à la recherche de bouteilles, de canettes et d'autres contenants recyclables. Avec l'argent récolté, il s'accordait le luxe de quelques bières, de cigarettes et d'autres menues gâteries dont il s'empiffrait goulûment le soir. Son inlassable quête de récipients vides faisait de lui le gars le plus actif de la maisonnée, en plus de contribuer à le maintenir dans une forme physique plus que respectable.

Seule ombre au tableau, et de taille celle-là, Gervais traversait de temps à autre de profondes crises de paranoïa, pendant lesquelles il se croyait menacé de mort par les Hell's Angels et autres confréries de maffieux. Pendant ces douloureux épisodes, il croyait dur comme fer que tout le monde, et particulièrement le personnel, était complice des bandits qui voulaient sa peau. Les accès de paranoïa du jeune résidant étaient renforcés, même déclenchés par une consommation régulière de marijuana, achetée çà et là à vil prix.

Bien sûr, c'était là un usage hautement dommageable, suicidaire même, auquel il ne demandait pas mieux que de mettre fin. Du moins était-ce ce qu'il donnait à entendre.

Je commençai donc à rencontrer les deux patients sur une base régulière et je n'eus de cesse, pendant un temps, de leur fournir toute l'écoute et toute l'information dont ils avaient grand besoin, cela, bien sûr, sans négliger pour autant les autres aspects de mon boulot d'intervenant et sans cesser de voir en douce Benoît et Jean-Pierre, mes deux vieux potes d'antan.

Pour Raymonde, ma stratégie était des plus simples. Elle consistait à l'amener à contacter d'elle-même l'une ou l'autre des ressources pour femmes de Québec. Elle s'était montrée disposée à réduire sa médication; je lui avais glissé en douce un opuscule sur les médicaments et leurs effets secondaires, accompagné d'un exemplaire d'*Aller-retour au pays de la folie*. Dans ce dernier ouvrage fort pertinent, l'un des deux coauteurs, Luc Vigneault, parlait de façon très explicite et très encourageante de sa propre expérience de sevrage des médicaments après un séjour en psychiatrie traditionnelle.

Quant à Gervais, j'essayais tant bien que mal de l'engager à renoncer à la mari et aux autres produits toxiques qu'il consommait. Cette désaccoutumance, croyais-je, pouvait facilement s'enclencher avec le concours d'un centre spécialisé ou avec le support d'une fraternité comme les Narcotiques anonymes. Chose certaine, au point où il en était, le jeune gaillard n'avait rien à perdre en passant à l'action.

Je ne ménageais pas mes efforts et, bien que mes attentes fussent très modérées, je ne m'en attendais pas moins à obtenir des résultats, si minimes fussent-ils. C'était faire preuve de beaucoup d'idéalisme et surtout c'était sans compter l'incroyable force d'inertie émanant de nombreuses années à macérer dans un climat de désespérance et de navrante apathie.

Un soir, alors que j'entamais mon deuxième mois chez Léon, je fus arrêté au passage par une Raymonde passablement chavirée, qui me remit furtivement les deux ouvrages que je lui avais prêtés précédemment. La grande et mince femme hochait sans arrêt sa belle tête, en arborant une expression sincèrement désolée, comme quelqu'un qui se sent coupable de n'avoir rien entrepris et qui pense qu'elle ne vaut plus la peine qu'on s'occupe d'elle. Ce fut du moins ce que je crus déceler dans les grands yeux tristes et souffrants qui me fixaient comme pour m'avaler, dans une expression de désespoir et de résignation sans nom que je n'oublierai jamais.

Un peu plus tard, cependant, j'apprendrai que sa psychiatre et son ami, à qui elle avait amplement parlé de son projet d'autorégulation de médicaments, lui avaient tous deux fortement recommandé le statu quo, sous peine des pires calamités qui soient. D'où la très prévisible abdication de Raymonde avant même d'avoir appliqué quelque mesure que ce fût.

Je n'obtins guère plus de résultats du côté de Gervais. Un soir que je m'amenais avec un ami membre des Narcotiques anonymes, le jeune homme ne trouva rien de mieux à faire que de se présenter à moitié défoncé au rendez-vous convenu. La même chose se produisit la semaine d'ensuite, alors que je lui donnais une chance de se rattraper. À partir de cette occasion ratée, Gervais donna plus que jamais dans l'ivrognerie et la défonce, comme s'il voulait m'envoyer le message qu'il n'était pas prêt d'arrêter de consommer et que je ferais mieux de m'atteler si je voulais le voir cesser.

Découragé, désabusé, je finis par laisser tomber, et Gervais ne me reparla plus jamais d'arrêter, ni même de modérer son usage de l'alcool et des drogues, avec comme conséquence, bien sûr, toutes les déprédations physiques et mentales qu'on peut imaginer.

Cette aventure me laissa quelque peu dépité et amer, en plus de tempérer mon zèle d'intervenant jusque-là plutôt intense. N'empêche, c'est bien grâce à ces pénibles épisodes si j'ai pu un jour intégrer ce que j'ai commencé à énoncer précédemment, à savoir qu'on ne doit pas s'attendre à des résultats très spectaculaires avec des personnes dont la principale occupation est de survivre, jour après jour, dans une jungle urbaine des plus hostiles. Les désins sont souvent des personnes déjà très fragilisées, abruties par des pharmacopées phénoménales, n'ayant aucune notion pour la plupart de ce que le mot rétablissement peut vouloir dire, soit la possibilité d'agir sur soi, de se transformer et de pouvoir un jour jouir d'une meilleure qualité de vie.

Finalement, on ne doit pas s'attendre à des miracles venant de gens pour qui l'apparition de la première psychose et l'hospitalisation qui a suivi ont généralement signifié la fin de tout espoir d'une meilleure vie après, comme si la désespérance chronique devait rester à jamais le dramatique corollaire de la maladie mentale.

Lorsqu'il s'agit de gens malheureusement contraints

de durer dans des milieux souvent invivables, il vaut mieux commencer par de toutes petites choses, si tant est qu'on souhaite obtenir des résultats probants sur du plus long terme. Cela veut dire commencer par le commencement, par des choses aussi ordinaires que l'hygiène corporelle, l'environnement immédiat, le budget personnel et autres trivialités du quotidien.

L'exemple qui me revient toujours, c'est celui de l'entente jadis établie entre moi et l'infirmière Iris du deuxième de Domrémy. Notre contrat stipulait, je le rappelle, qu'à tout moment la jeune femme pouvait me signaler une posture corporelle inadéquate, ou me demander de hausser le ton si je parlais trop bas. Bien que trente années se soient écoulées, j'entends encore résonner ses remontrances amicales chaque fois que mon corps ou ma voix cherche à déraper.

Cela dit, même si de réussir de petites choses est généralement rentable, on ne doit pas pour autant reléguer aux oubliettes des questions de fond aussi cruciales que l'autorégulation des médicaments, les thérapies alternatives, ainsi que le rétablissement physique et mental dans son ensemble. Avec un minimum de volonté politique et sociale, tout ça est très certainement souhaitable et faisable.

En août 2007, il y a déjà trois mois que je travaille chez Léon, et mon livre, raison ultime de cet emploi à temps partiel, commence à prendre forme. Plus que jamais, grâce entre autres au contact des résidants, j'ai la certitude d'être un privilégié. Aussi, je m'efforce de rendre grâce à la vie de la chance qui m'a été donnée de pouvoir vivre mon propre rétablissement entouré de ma fille, d'amis et de gens qui m'aiment et que j'aime.

Je commence aussi à vivre une histoire peu banale avec Nicole, une femme que j'ai connue par le biais de l'Arc-en-ciel. Elle est agréable, dynamique et très engagée dans son milieu. Question origines sociales et valeurs personnelles, nous avons beaucoup en commun. Notre relation, qui a débuté par une brève liaison amoureuse, est maintenant exempte des jeux de rôle typiques de la séduction et nous goûtons davantage les fruits d'une amitié sincère et désintéressée, qui va comme le bon vin, qui est appelée à mûrir en vieillissant et qui demeure des plus riches après trois années.

C'est la quatrième journée du mois. Tel un fromage en fondue, Québec se dilate sous une pesante cloche de smog caniculaire, acide et jaunâtre. On dirait une purée de pois épaisse et opaque, avec des relents de soufre écœurants, une panade gluante qui rend les contours flous et les aisselles moites, en plus de conférer à Limoilou un air glauque et lugubre.

Chez Léon où les ventilateurs sont rarissimes, et l'air conditionné, une chimère d'intervenants surmenés, le personnel, les résidants, tout le monde est à cran. On bouge le moins possible et on cherche la fraîcheur pour souffler un peu, s'affaler en paix.

Est-ce à cause de la directrice qui, ce matin, m'a houspillé par téléphone, ou bien à cause de la beuverie du début du mois qui n'en finit plus? Est-ce la chaleur accablante, souvent annonciatrice du pire? Le fait est qu'en arrivant au travail en fin d'après-midi, j'ai les tripes ravagées par un bien mauvais pressentiment.

Sitôt entré, je suis assailli comme jamais auparavant par la terrible odeur de sueur, d'urine et de graillon qui imbibe le salon-cuisine, une grande pièce mal éclairée baignant ce jour-là dans une bizarre touffeur cotonneuse, dans laquelle sept ou huit personnes vont et viennent, hagardes, les bras ballants et la bouche perpétuellement entrouverte sur une muette interrogation.

Faisant exception, Raymonde, comme chaque fois que son état empire, arpente rageusement le plancher le long du mur. On dirait une ourse en cage. Il me faudra lui parler au plus vite si je veux éviter des problèmes. Signe qu'il fait outrageusement chaud, la bienheureuse et omniprésente télé est morte. On n'entend plus que le sourd vrombissement des pales crasseuses d'un gros ventilateur exténué.

Lovée dans un coin du vieux sofa défraîchi, Claire, à qui je ferai bientôt un test de glycémie, ronfle en faisant de petites bulles qui perlent au coin de ses lèvres desséchées. Fait inusité, Marianne, son inséparable et bavarde compagne, brille par son absence. J'apprends avec beaucoup d'inquiétude qu'elle n'a pas été vue depuis la veille au soir. Ça augure mal et je devrai incessamment faire des appels pour la localiser. J'espère seulement qu'elle n'est pas trop loin, qu'elle a accès à ses médicaments.

Les salutations faites, mon regard glisse le long des fenêtres de la cuisinette où ont été déposés les plateaux-repas du souper. Horreur et consternation! Là, au-dessus des assiettes dégoulinantes d'une épaisse sauce fromagée à l'aspect immonde, s'élèvent en tournoyant des nuées de minuscules mouches noires. De l'innommable bouillie brune et blanche suggérant vaguement une infâme poutine émergent paresseusement de longues frites caoutchouteuses et blanchâtres. Pour compléter l'écœurant assemblage, du jus de tomate coagulé, du lait figé et des tranches de gâteau blanc ratatinées.

Je suis dégoûté. Littéralement. J'aimerais mieux me faire assommer que de manger pareille saloperie. C'est pire que pire! C'est encore plus dégueulasse que tout ce que j'ai déjà vu. Comment peut-on servir une telle ragougnasse à du monde? Comment peut-on être à ce point irresponsable, déconnecté ou, à la limite, méchant?

Ce n'est pas vrai que les résidants vont manger ça encore longtemps. Demain, la directrice va entendre parler de moi. Et, au besoin, le proprio lui-même, de même que le petit con qui a osé offrir pareille ignominie.

Je veux que certaines personnes se sentent mal dans leurs foutues bottines, dans leur foutue conscience. Si je suis mal reçu, tant pis! De toute façon, je n'ai jamais vraiment été dans les petits papiers de la directrice. Je n'ai pas grand-chose à perdre. Il faut que certaines choses commencent à changer, à tout le moins que les résidants trouvent autre chose que de la merde dans leur plateau.

J'en suis là dans mes pensées fumeuses quand soudain retentit le signal le plus redouté – et le plus détesté – des intervenants: l'alarme d'incendie. Le bruit est infernal, démentiel. Le plancher danse, les murs tremblent. On dirait le bruit d'une avalanche.

Pourtant, les résidants ont commencé à ingurgiter l'abominable tambouille comme si de rien n'était. C'est à peine s'ils réagissent un peu au signal d'alarme. Et pour cause! Ils sont abrutis par une chaleur dont les effets sont triplés par les médicaments. D'autre part, ça doit bien être la dixième fois en deux semaines qu'on vit pareil branle-bas. Chaque fois, c'était William qui avait grillé une cigarette en cachette dans sa chambre et, comme sa foutue chambre est juste devant l'avertisseur de fumée...

On a beau l'avertir, celui-là, rien n'y fait. C'est comme parler à une boîte de Corn Flakes vide. J'ai eu beau consigner tout ça dans le livre de bord, laisser des messages à la directrice, ça n'a rien changé. Le grand escogriffe continue de fumer en cachette. Je le soupçonne très fortement de faire exprès, comme si ça l'amusait de nous provoquer. En outre, pour quelque obscure raison, je subodore que la directrice en a peur, ce qui pourrait expliquer les drôles de consignes dans son cas. Ainsi, il ne faut pas parler trop fort à William, ni le confronter, et surtout faire bien attention de ne pas le toucher, de ne pas l'effleurer; il paraît que le moindre frôlement, le moindre titillement pourrait déclencher une fabuleuse crise.

En attendant, c'est l'alarme qui se déclenche à tout bout de champ et on dirait que c'est toujours pendant mon quart, bon Dieu!

À l'intérieur de moi, la colère monte, une colère froide, sourde, aveugle, qui ne demanderait qu'à éclater. Je suis en colère parce que tout le monde mange sa merde sans protester, parce que j'aurais souhaité voir quelqu'un balancer son plateau en hurlant, parce que j'ai l'impression d'être tout seul, ici, qui rame à contre-courant, parce que tout le monde a l'air de se foutre de tout, ici, parce que je vais être obligé de prendre une Rivotril pour me calmer un peu. J'en ai ras le bol, de tout ça. J'en ai ras la calotte, des demi-mesures. J'en ai ras le pompon, d'être obligé de travailler chez Léon pour écrire mon livre.

Dans l'agitation régnante, je coupe d'abord le signal d'alarme, puis j'appelle les pompiers pour les rassurer. Je n'ai pas envie de les voir débarquer comme il y a deux jours. Ensuite, je grimpe en courant voir ce qui se passe au deuxième. Comme de juste, de grands lambeaux de fumée de cigarette traînassent au haut de la porte de William. William... Encore et toujours lui!

Dans un premier temps, j'aère le corridor pour ensuite forcer la porte du délinquant afin de le sermonner. Évidemment, le gars proteste énergiquement et va même jusqu'à suggérer le nom d'un autre possible coupable. Pour un peu, je lui foutrais une paire de claques. « Du calme, Gilles! » que je me dis.

Je termine en rassurant ses voisins de palier et je redescends pour rebrancher le système d'alarme. Néanmoins, je ne suis pas rassuré du tout. Avec l'autre énergumène, là-haut, ça peut se déclencher à nouveau à tout moment.

Au rez-de-chaussée, quelques personnes sont maintenant regroupées autour de Rolland, un visiteur un peu éméché qui aime bien se donner en spectacle. L'homme est trop avancé et je dois l'amener dans la balançoire du devant pour qu'il dégrise au plus vite. Je me sens comme dans Gaston Lagaffe, quand le patron Prunelle évince Jules-de-chez-Smith-en-face en maugréant : « On a déjà assez des nôtres, pas besoin d'indésirables en plus... Chacun son parasite ! »

Finalement, je peux commencer mes appels pour localiser Marianne. Même si ça n'est pas sa première fugue, son absence continue de m'inquiéter fortement. Je suis là à me démener au téléphone quand Claude fait irruption en titubant. Le gros rougeaud n'a pas dessoûlé depuis trois jours et je n'ai d'autre choix que d'aller le coucher dans son lit. En revenant, je croise Raymonde et j'apprends qu'elle s'est disputée avec sa travailleuse sociale et sa psychiatre, d'où son humeur exécrable...

J'aperçois aussi Gervais qui trimballe un *six pack* de canettes et arbore son rictus des mauvais jours.

Il est maintenant sept heures et je n'ai pas arrêté une seconde depuis mon arrivée. Je n'ai pas encore mangé et mes tempes bourdonnent furieusement. Je sue à grosses gouttes et des nausées m'envahissent. Le cas de Marianne me turlupine et je suis littéralement obsédé par l'alarme d'incendie. À l'étage, la chaleur est toujours aussi infernale et le flot des visiteurs grossit toujours, si bien que je dois me mettre en travers de la porte pour filtrer les entrées.

J'ai beau faire, je n'arrive pas à dissiper le sombre pressentiment qui m'oppresse depuis le matin. J'ai très hâte de finir et j'ai aussi très hâte de sentir l'effet du Rivotril. Même que l'idée de doubler la dose me chatouille dangereusement.

Dans le salon-cuisine, le téléphone est brûlant. Entre autres, il y a ce maniaque plombé qui appelle depuis le matin pour parler à Elvis, un résidant qui a déjà été son amant. Peu importe qui décroche, l'hurluberlu débite chaque fois le même chapelet d'obscénités. Faute de pouvoir bloquer le numéro, on doit malheureusement subir le psychopathe.

Un peu plus tard, cependant, en faisant la tournée des chambres, j'apprends avec un vif soulagement que Marianne serait officiellement chez son nouveau chum, dans la haute-ville. Selon sa voisine de palier, la résidante a ses médicaments, et le petit ami est réputé maudit *bon yâble*. Au moins, un autre membre du personnel serait au courant de la situation, ce qui me dédouane un peu.

Quelque temps après, c'est la fugueuse elle-même qui téléphone pour m'annoncer joyeusement son arrivée pour le lendemain. J'essaie de la retenir, d'en savoir plus, mais Marianne ne veut pas en dire davantage. J'insiste pour parler au chum, mais il se défile. Quand même de beaucoup rassuré, je décide d'en rester là et je raccroche sans savoir exactement d'où la résidante appelait. Une grossière erreur s'il en est...

L'appareil sonne de nouveau et, cette fois, j'ai droit au frère du gros Claude. Le gars est aussi aviné que son frangin que j'ai ramené plus tôt à sa chambre. Même qu'il devient vite grossier et violent dans ses propos. J'ai beau lui dire de rester poli, la brute ne veut rien entendre. Je finis par l'envoyer paître et l'autre m'assure qu'il vient illico m'organiser le portrait. Naguère, j'ai eu maille à partir avec l'homme et je sais de quoi il est capable. Je ne le crains pas, mais je dois me préparer au cas où. Évidemment, il y a toujours le 911.

Coïncidence malheureuse, tout de suite après, j'ai la sœur de Marianne au bout du fil. Sans trop réfléchir, je la mets au parfum des derniers événements en essayant de dédramatiser au max. J'ai droit à une engueulade royale, une véritable volée de bois vert. « Ma sœur paye, elle a droit à toute votre attention. Comment se fait-il que vous n'ayez pas appelé la police ? » Et gnan, gnan, gnan !

J'ai beau essayer d'argumenter – après tout, ça n'est pas la première fugue de Marianne –, c'est tout juste si je ne suis pas traité d'incompétent, d'irresponsable. Pour finir, la sœurette me promet les pires ennuis, les pires embrouilles, les pires avanies.

Cette fois, la coupe est pleine. Quand je repose le combiné, j'ai la tête qui tourne et mes yeux sont embués de larmes. Non, mais d'où est-ce qu'elle sort, celle-là, l'hystérique que je n'ai jamais vue auparavant ? Pour qui se prend-elle, pour me parler sur ce ton ? Qu'est-ce qu'elle croit qu'on fait avec sa sœur ? Sait-elle seulement que Marianne, qui est loin d'être facile, a droit aux pleines attentions de tout un chacun ? Sait-elle seulement que je passe plus de temps avec Marianne qu'avec toutes les autres ? Et, si Marianne lui tient tellement à cœur, comment se fait-il qu'en trois mois je n'aie jamais entendu parler d'elle ?

Je suis triste, immensément furieux et au bord de l'écœurement total. J'ai rarement vécu pareille situation d'injustice. Je suis vanné, lessivé, brûlé. Je n'ai plus qu'une seule envie : rentrer chez moi au plus vite.

Je quitte la place enfin à neuf heures, soulagé que l'autre imbibé ne se soit pas pointé. Écroulé dans un siège de l'autobus, j'ai toutes les misères du monde à ne pas m'endormir. Je suis brisé.

Au téléphone, le lendemain, j'ai droit à toute une dégelée de la directrice. Elle est furieuse et les accusations pleuvent dru.

— Pourquoi ne m'as-tu pas appelée? Pourquoi n'as-tu pas appelé la police? Pourquoi n'as-tu pas localisé Marianne?

La tempête se calme et je peux m'expliquer, mais je suis mal à l'aise. La dragonne n'a pas tout à fait tort. C'est vrai que j'aurais dû appeler les flics, même en sachant d'expérience que ça n'aurait rien donné; ça m'aurait au moins protégé. Il est vrai aussi que j'aurais dû contacter Héloïse. C'eût été une double protection. Je m'en veux et je suis d'autant plus consterné que mon réquisitoire à propos de la malbouffe et des autres injustices ne tient plus. J'ai perdu mon élan. Il me faudra donc attendre une autre occasion.

Malheureusement – ou plutôt heureusement –, cette occasion ne se présentera jamais parce que, une semaine après la soirée des horreurs, j'apprends que je suis congédié. On me congédie en donnant comme motif que je suis trop libéral et que j'ai commis une ou deux grosses erreurs. La réalité – du moins c'est ainsi qu'elle m'apparaît – est que je ne suis pas assez docile et peu susceptible, même à moyen terme, de le devenir.

Je n'en suis pas moins déçu et blessé dans mon amour-propre et je suis d'autant plus contrarié que j'avais prévu de démissionner en mettant l'emphase sur la question des droits bafoués des résidants. C'était un véritable feu d'artifice, que j'avais imaginé, avec brassage de cabane et toute l'artillerie lourde. Me voilà complètement déjoué.

Toutefois, force m'est d'avouer que je suis aussi soulagé. Considérablement, même. Finies, les inepties au quotidien. Fini, de travailler en double, de forcer pour garder ma dignité intacte dans le cadre d'un boulot déjà très exigeant.

Aussi, finie, la désagréable impression de bosser avec une épée de Damoclès au-dessus de la tête, comme si le plafond allait toujours s'écrouler. En fait, au bout de seulement trois mois, j'en étais rendu là, avec tout ce que ça pouvait comporter d'inquiétant pour ma provision de Rivotril et le pharmacodépendant en moi.

La dernière journée, alors que je m'apprête à partir pour de bon, Marianne s'accroche à moi et Claire pleure sans retenue. Benoît et Jean-Pierre, mes deux vieux potes de Roy-Rousseau, assistent discrètement à la scène. Raymonde, qui m'a écrit un petit mot gentil, arpente le plancher en me jetant des regards à la dérobée.

Mise à part l'occasion ratée de dénoncer le fonctionnement de la maison Léon, je n'ai aucun regret, aucun remords. Même si c'est peu, je suis fier de ce que j'ai accompli. Surtout, je suis fier d'être resté le même, d'avoir gardé intacte ma capacité d'indignation.

Le plus beau mot me vient de Françoise, une intervenante d'expérience estimée de tous, que je n'ai, hélas, rencontré qu'une seule fois. Au moment de nous quitter à la fin de son quart de travail, elle me dit qu'en dépit de certaines maladresses, elle n'a jamais vu quelqu'un faire une telle impression en aussi peu de temps. Ses paroles me sont comme un baume et je pars le cœur plus léger. Aujourd'hui, je croise Françoise de temps à autre et, même s'il n'est jamais question de boulot, il y a toujours une petite étincelle entre nous.

Quelques mois après mon aventure chez Léon,

j'étais embauché par Métatransfert, un OSBL qui gère plusieurs appartements et maisons de type RNI[67] au centre-ville de Québec.

Après plus de trois ans, j'y travaille encore, à raison d'une douzaine de jours par mois. Au départ, l'idée était de travailler pendant quelque temps pour pouvoir me consacrer pleinement à l'écriture pendant le reste de la semaine. Ce faisant, je restais fidèle à mes propres objectifs de rétablissement.

En trois ans, j'y ai beaucoup appris sur moi, sur les personnes psychiatrisées, sur les relations de travail en pareil domaine, sur les fonctionnaires de la santé, sur les préjugés en santé mentale qui ont la vie exceptionnellement dure – quoiqu'un peu moins que jadis –, sur mes propres préjugés – eh oui! –, sur les nouveaux médicaments, sur les thérapies alternatives comme l'art thérapie, sur la signification et la non-signification du mot rétablissement et sur plein de choses encore.

Trois années d'ancienneté, ça peut sembler banal, insignifiant, mais c'est pourtant une très bonne moyenne, compte tenu du taux de roulement anormalement élevé dans le monde de la santé mentale. Un taux de roulement, faut-il le rappeler, qui s'explique par des salaires antédiluviens, près du salaire minimum, une forte précarité d'emploi, des conditions de travail très difficiles et une non-reconnaissance généralisée du métier d'auxiliaire ou d'intervenant sur place. Même chose pour les surveillants et les préposés à l'établissement qui travaillent généralement de nuit dans des conditions encore plus difficiles.

---

67. Ressources non institutionnelles (appartements supervisés, ressources intermédiaires, ressources de type familial, foyers de groupe, maisons, etc.), généralement encadrées par les CSSS (Centres de Santé et des Services sociaux) et réparties un peu partout en ville et dans les régions avoisinant Québec.

J'ai connu chez Métatransfert des moments plaisants, enrichissants. J'en ai connu d'autres, ceux-là, beaucoup plus difficiles, même très douloureux. En attestent les agressions verbales et même physiques, dans un cas, dont j'ai été victime comme un grand nombre d'auxiliaires, la difficulté de se motiver dans un climat gangrené par le défaitisme et le mépris à peine voilé de certaines autres catégories de travailleurs du milieu soi-disant plus compétents, parce que plus scolarisés, des gens qu'on voit en général très peu sur le plancher des vaches et qui répugnent à se salir les mains.

Cela, c'est sans compter des relations de travail minées par le corporatisme et une direction qui a la fâcheuse habitude de se déresponsabiliser en laissant pourrir les situations problématiques, en plus de pratiquer l'autosabotage en sabrant dans les acquis sociaux des travailleurs sous prétexte de restructuration financière.

Pourtant, même le pire de ce que j'ai connu chez Métatransfert n'est comparable aux exactions et aux malversations qui prévalaient chez Léon, à Limoilou. Rien non plus chez Métatransfert n'est comparable à l'exploitation et aux multiples abus qui sont le lot de certaines ressources privées ou semi-clandestines, encore beaucoup trop nombreuses, de Québec, Beauport, Sainte-Foy et la région.

Pour le prouver, il y a ce que j'ai vécu, bien sûr, mais aussi les nombreux témoignages d'intervenants recyclés, de cadres désabusés, de travailleurs sociaux qui parlent à micros fermés et de résidants relocalisés que j'ai rencontrés et questionnés au cours des dernières années.

Même si la structure de travail de Métatransfert laisse à désirer, même si les connexions avec les grosses boîtes – CLSC, CSSS, hôpitaux – sont souvent défectueuses ou mal huilées, même si toutes sortes d'ajustements seraient souhaitables, force m'est d'admettre que le modèle fonctionne et que, dans les maisons de Métatransfert, les résidants sont bien nourris, plutôt bien logés, assez bien encadrés, et qu'ils disposent d'une certaine autonomie. En plus, ce qui n'est pas rien, ils ont la possibilité de se plaindre à qui de droit n'importe quand, à propos de n'importe quoi.

Il faut donc reconnaître que, même si c'est parfois tout croche, même si ça semble prendre beaucoup de temps à changer quelque chose, le modèle de Métatransfert vaut mieux que la jungle du privé ou que l'exploitation systématique qui prévalait avant. On n'a qu'à se rappeler la première désins et l'exploitation érigée en système par certains tenanciers de maisons de chambres véreux de la basse-ville de Québec[68].

Enfin, et même si l'équation peut paraître simpliste, on pourrait aussi ajouter qu'un tel fonctionnement ne saurait exister sans le rapport de force qui prévaut entre les travailleurs et les cadres de l'organisme et d'autres grosses boîtes intermédiaires.

En outre, contrairement aux autres ressources clandestines ou privées, l'organisme Métatransfert et ses résidences d'accueil sont assujettis à un cadre de références doublé de balises et de normes édictées par différents ministères. Ces normes et ces règlements plutôt stricts font que des contrôleurs – des domaines de la santé, de l'habitation, de l'hygiène, de l'alimentation – peuvent débarquer en tout temps pour remettre au pas les maisons délinquantes.

---

68. Au début des années 1980, les journaux firent largement état du scandale des maisons de chambres à la basse-ville de Québec. On dénonça publiquement certains proprios peu scrupuleux qui avaient exploité systématiquement des locataires démunis, issus de la première phase de désinstitutionnalisation au Québec.

En terminant, je veux bien qu'on produise de savantes études sur les nombreuses questions de la santé mentale, je veux bien que soient organisés de prestigieux colloques et des *conventums* de tous genres, je veux bien qu'on parle de redéploiement des ressources et de rétablissement dans tous les azimuts, je veux bien qu'on se gargarise de réformes et de changements, mais encore faudrait-il avoir assez d'humilité pour commencer par nettoyer nos propres écuries d'Augias, trouver le courage de signaler et dénoncer les maisons Léon de ce monde, pour ensuite encadrer, baliser et réglementer tout ce qui devrait l'être.

Voilà qui me semblerait vraiment porteur d'espoir pour la grande fraternité des personnes psychiatrisées, bien plus que tous les discours creux, la compassion marchandée, la sollicitude bon marché et la rectitude politique à la sauce du jour.

CHAPITRE 12

Clément, Jacques, André et Ulysse

En octobre 2008, quelque temps après mon aventure chez Léon, mon manuscrit comptait une quarantaine de pages. Je n'avais pas trop de mal à respecter le programme que je m'étais imposé six mois plus tôt, en début d'écriture. Mon emploi du temps se composait de trois matinées de natation par semaine, de nécessaires recherches et de lectures orientées. S'ajoutaient, bien sûr, quelques heures d'écriture obligatoires tous les jours.

Sur cette erre d'aller et grâce à une spiritualité soutenue, je pouvais affirmer qu'écriture ou pas mon rétablissement se poursuivait normalement, au gré des petits bonheurs du jour, qui servaient de liants pour me maintenir dans un état de contentement permanent, une joie de vivre au quotidien.

Cela ne m'empêchait pas, parfois, de connaître mes habituels moments d'angoisse et de déprime. De plus, le fait d'écrire engendrait un lot considérable de doutes et de peurs nouvelles. Celle de ne jamais finir, celle, terrible, de mourir pendant la rédaction. La peur de ne pas trouver d'éditeur, de me planter, de voir mon livre maltraité. La peur de l'opinion des autres, de passer pour exhibitionniste, prétentieux, nombriliste, misérabiliste, *martyrologue*, masochiste... La peur que mon livre déplaise à mes proches, que ceux que j'aurais pu déranger me fassent des reproches.

Autant de nouvelles frayeurs incongrues, sournoises,

insidieuses, la plupart du temps nocturnes, que j'arrivais pourtant à juguler, grâce à mes huit années de pratique du détachement et du lâcher-prise, en lien avec le nouveau mode de vie que j'avais adopté à l'aube des années 2000.

Parmi mes lectures orientées, j'entrepris de potasser *Les 5 Blessures qui nous empêchent d'être nous-mêmes*, de Lise Bourbeau. De plus, avec quelques amis, dont Nicole, je commençai à explorer la prose de ce formidable éveilleur de conscience que fut Krishnamurti[69].

C'est certainement à ce dernier que je dois d'avoir un peu développé le réflexe de devenir l'observateur de mes pensées, d'être l'observateur de moi-même dans toutes sortes de situations pour mieux comprendre les pièges et les traficotages subtils de mon ego: le déni, le marchandage, la suffisance intellectuelle, l'orgueil, la colère, l'envie, le ressentiment et autres défauts majeurs.

C'est aussi grâce à Krishnamurti que j'ai commencé à m'exercer à défaire les constructions intellectuelles et les idées reçues qui foisonnent dans beaucoup de milieux, les idées à la mode ou du moment qui concourent beaucoup plus à un durcissement de l'ego, à un abêtissement collectif, qu'à une authentique libération de l'être.

Camille, la fierté de son père, comme on l'aura su, commençait sa deuxième année à TVA-Trois-Rivières, pendant que mon frère cadet Daniel terminait un stage de plus d'un an à Moisson-Québec, un organisme communautaire qui collecte des denrées périssables pour les redistribuer. Jamais je n'avais vu mon frangin aussi allumé et content de lui-même que pendant les matinées où, assidu et ponctuel, il se présentait aux locaux de l'organisme de Sainte-Foy. Il faut dire que c'était la première fois depuis des lustres qu'il pouvait occuper

---

69. Philosophe, éducateur et penseur d'origine indienne (1895-1986).

un travail lui permettant de développer autant ses aptitudes personnelles, de même que de recevoir une allocation substantielle et de pouvoir sociabiliser avec d'autres personnes qui avaient le même vécu.

L'expérience avait été à ce point concluante que je dus ravaler mes préjugés. J'avais longtemps pensé que ce genre travail se résumait à du *cheap labor*, que c'était de l'exploitation en bonne et due forme de la force de travail des personnes psychiatrisées, des personnes, ne l'oublions pas, souvent confinées dans une profonde détresse morale et ayant souvent perdu tout espoir de réintégrer la société normale; des personnes brillantes, ultrasensibles, généreuses, dévouées, mais profondément blessées à l'intérieur, qui méritaient au moins une chance d'évoluer dans les ligues majeures.

Peu après son expérience à Moisson-Québec, Daniel se mit à fréquenter assidûment le Pavois, un autre organisme d'entraide pour qui j'ai le plus grand respect. Entouré de gens compétents – là encore j'eus à ravaler mes préjugés –, mon frère eut droit à des cours d'appoint – en français, en informatique, etc. – et à des ateliers de développement personnel, notamment sur le rétablissement.

Là aussi, il fit de réels progrès en matière d'autonomie. On l'aida à organiser une exposition des peintures qu'il avait produites au cours des quinze dernières années. L'expérience fut une réussite, un vrai feu d'artifice! Comme le disait Éric, un jeune intervenant du Pavois:

— Il est plus facile de bâtir sur des succès!

Ce fut aussi à l'automne 2008 que Clément, un sexagénaire toxicomane et alcoolique que j'avais parrainé à l'Arc-en-ciel, m'arriva avec sa singulière requête. Cet homme qui souffrait d'un cancer en phase terminale me demanda si j'acceptais, après sa mort, d'aller disperser ses cendres sur la tombe de ses parents.

J'hésitai franchement, d'abord parce que lui et moi avions des griefs non réglés et aussi parce que j'avais déjà fait ma large part pendant ses traitements. Néanmoins, le sachant sans famille et peu entouré, et parce qu'il est très difficile de dire non en pareilles circonstances, j'acquiesçai positivement à sa requête. Je fis mieux. Par faiblesse et à cause du sauveur-en-moi, je m'entendis lui promettre d'aller le visiter régulièrement et de régler ce que ne lui permettait pas sa condition très avancée. Clément était grabataire, squelettique, accablé par une pneumonie récurrente et de sévères plaies de lit, en plus d'être dévoré vivant par des métastases qui se propageaient partout. Isolé dans son petit appartement et continuellement branché sur l'oxygène et la gaveuse, mon ancien compagnon connaissait une fin de vie exceptionnellement difficile et misérable.

Clément était un drôle de pistolet, qui avait œuvré comme journaliste, enseigné l'histoire de l'art, monté des expositions renommées et des pièces de théâtre à succès, en plus d'avoir été une vraie référence en arts visuels. Sa capacité à inventer d'ingénieux bidules artistiques était légendaire. Le cher homme était aussi un brillant intellectuel, un fin causeur, un charmeur invétéré. Pourtant, ça ne l'avait pas empêché, en digne dépendant, de passer sa vie à la saboter, surtout quand le succès était au rendez-vous. En plus, selon une de ses anciennes blondes, Clément avait probablement toujours été bipolaire sans le savoir.

Avec Estelle, une voisine dévouée qui voyait scrupuleusement à l'aspect finances, je passai donc une bonne partie de mon temps à m'occuper des besoins du malade. Nous avions un peu d'aide du CLSC, mais c'était bien peu, considérant tout le travail que requérait son état extrême.

Fin novembre, quand on téléphona de l'hôpital Saint-

Sacrement pour lui offrir un lit à l'unité de soins pallia-
tifs, Estelle et moi poussâmes un grand soupir de soulagement, aussi bien que le principal intéressé, qui
voyait là le bout de ses misères. Clément fut installé
au pavillon Coulombe et il y resta jusqu'à sa mort, à la
fin de décembre. Pendant cinq semaines, l'homme eut
droit à des soins d'une qualité remarquable, exemplaire
même, des soins de fin de vie qui l'aidèrent beaucoup à
partir en paix avec lui-même.

Curieusement, cet homme qui avait été longtemps
isolé fut occupé comme jamais à recevoir des visites,
même beaucoup trop nombreuses, et à prier, lire,
écouter de la musique et raconter des histoires sur lui.
C'était à peine s'il dormait une heure ou deux par-ci
par-là.

Pendant tout le temps que dura son agonie, il se
révéla un patient agréable, courageux et presque
joyeux, qui trouvait souvent moyen d'encourager les
uns et les autres, autant les amis sincères que ceux,
les amis déjà morts à l'intérieur, venus accaparer ses
derniers moments pour se sentir vivants.

Rarement pareille expérience avec Autrui, à la fois
unique et tout à fait hors normes, m'avait paru aussi
exigeante, aussi singulière, aussi surréaliste. Jamais
comme pendant ces cinq semaines je n'avais éprouvé un
tel sentiment de proximité de la Dame en noir et jamais
je n'avais autant vibré devant le caractère inéluctable,
implacable et tout-puissant de la mort.

Heureusement, il y avait l'aspect lénifiant, apaisant
et profondément libérateur que la mort porte aussi en
elle. La mort pour abréger les souffrances et guérir la
vie, la mort pour renaître.

En fait, rarement, autant que pendant ces cinq
semaines je n'avais vécu un tel condensé d'épisodes

inusités, des événements dont certains cocasses et admirables, d'autres aussi déplaisants que haïssables. Je pense à la fois où je dus littéralement foutre à la porte un groupe d'anciens compagnons de collège de Clément. Ils étaient cinq ou six professionnels plus ou moins parvenus qui avaient pris l'habitude de réquisitionner sa chambre pour fêter bruyamment leurs retrouvailles de carabins. Rameutés par Internet, ils ne l'avaient pas vu pendant plus de cinquante ans et ils s'imaginaient maintenant indispensables au mourant. C'était comme des soirées de veillée du corps avec un vivant à la place du mort, une sorte de pastiche de *Finnigan's Wake*[70]. Sauf que Clément voulait juste qu'on lui fiche la paix, mais il n'osait pas le leur dire.

Sait-on que, ce que veulent le plus les mourants, c'est de pouvoir compter sur une oreille attentive et d'être touchés physiquement ? Et qu'on les considère comme respectables et vivants jusqu'à la toute fin ?

Au chapitre des événements admirables, je pense au 24 décembre au soir, alors qu'une messe de minuit improvisée avait lieu dans le hall d'entrée. Y assistait toute une assemblée de grabataires, de malades en marchettes et en fauteuils roulants, des gens qui vibraient à l'unisson sur des musiques de Noël distillées par un vieux clavier électronique. C'était d'une touchante simplicité, à la fois grandiose et magique. C'était tout, sauf misérabiliste.

Plus tard en soirée, au pavillon Coulombe, ce fut « le brillant chœur des gardes qui aux patients apparut »... Une idée généreuse, celle-là, qu'avaient eue les infirmières du quart de soir. Elles avaient coiffé des bonnets de père Noël et s'étaient mises en frais de chanter pour les patients sans visite. Fallait voir les expressions, les étincelles dans les yeux ronds...

---

70. Ouvrage majeur de l'auteur irlandais James Joyce, paru en 1939.

Clément, lui, avait passé une partie de la soirée à sourire béatement devant une petite crèche de papier apportée par une amie. C'était son réveillon. Ça et le suave parfum d'une petite préposée rousse qui l'avait frictionné pendant la soirée. Clément était aux anges.

Je revois certaines des voisines de palier de mon ancien filleul. L'une d'elles était une femme sans âge qui n'avait à peu près jamais de visite, à l'exception d'un vieux bénévole, toujours le même et toujours à la même heure. Souvent, pendant mes visites du soir, j'entendais sangloter cette femme depuis la chambre de Clément. C'était d'étranges pleurs, comme ceux d'une personne qui sait qu'elle va mourir, mais qui a besoin de s'entendre pleurer pour s'en convaincre, des sanglots comme ceux d'un enfant qui s'efforce de brailler pour rester éveillé. Cependant, dès qu'arrivait son visiteur, les lamentations cessaient et la dame s'endormait. Plus d'une fois, je l'entrevis qui ronflait bruyamment pendant que son compagnon lui faisait la lecture en lui tenant la main. Un soir, je trouvai le vieil homme endormi dans sa chaise et le lit de la femme complètement vide.

Une autre voisine, celle de la chambre d'en face, était une petite bonne femme blonde et ronde qui souffrait d'un cancer du cerveau. Son minuscule téléviseur était allumé en permanence. Son mari et ses enfants l'entouraient du matin au soir. C'étaient des gens simples qui pépiaient aussi fort qu'une famille de moineaux, comme pour se rassurer mutuellement et pour retarder l'échéance fatale. L'homme et la femme s'adressaient des Ti-Bé affectueux, et leur grand plaisir était de commander des repas du Chinois en face et de chez Milano Pizza. Un matin, je n'entendis plus leur babillage. À la place, je vis un préposé qui bougonnait en fourrant des cartons de pizza vides dans un grand sac vert.

Enfin, il y avait cette femme toute menue, toute ridée, dont le visage irradiait une grande paix intérieure. Je l'avais croisée souvent sans vraiment la remarquer, tellement elle se fondait au décor ambiant. Elle errait à l'étage pendant le jour et, le soir venu, quand les visiteurs s'en allaient, elle s'installait sans cérémonie dans un petit lit de camp aux côtés de son mari mourant.

Elle était sa partenaire depuis soixante ans et ils avaient élevé six enfants qui vivaient maintenant ailleurs. Elle avait été dans la *Women's Army Corps* et c'était là qu'elle avait croisé son sergent magasinier d'époux. Plus tard, ils avaient exploité un commerce de peinture et de quincaillerie.

Jamais je n'oublierai cette grand-mère aux yeux lumineux qui venait parfois me rejoindre au solarium des visiteurs. Comme Clément, son mari pâtissait d'un cancer de l'œsophage et elle était contente de voir arriver la fin de ses souffrances. Elle voulait juste ne pas être trop longue à aller le rejoindre. «Mais, c'est pas moi qui décide», disait-elle avec un sourire désarmant.

Au pavillon Coulombe, la mort était partout, dans les moindres recoins, les plus petits interstices. On la voyait dans les fentes de plancher, sous les lits, au creux des fauteuils, sous les tuiles, dans les poubelles, sous les tapis, dans les garde-robes, dans les replis de jaquettes, les poches de kimonos, sous les oreillers, dans les pantoufles, derrière les miroirs, partout. Je l'ai vue dans les toilettes blanches et aseptisées, dans l'œil rond des cuvettes luisantes, dans les couloirs lisses et bien cirés, dans les officines aux vitres teintées, dans les classeurs au milieu des fichiers. Je l'ai aussi aperçue dans le sourire mesuré des infirmières, dans le regard craintif des visiteurs, dans les apparitions furtives et feutrées de l'aumônier, dans l'expression morne et blasée des docteurs. J'ai vu la Grande Faucheuse se couler dans les appareils d'acier bleuté autour des lits, dans leur ergonomie rutilante et dernier cri, dans les paniers cadeaux pleins de fruits avariés, dans les bouquets de fleurs fanées, dans les livres pieux gisant épars, dans les chapelets ramassés en petits tas, dans les orants miniatures et les crucifix suspendus, dans l'expression crispée, sereine ou le plus souvent cireuse et endormie des agonisants. Je l'ai aperçue, enfin, qui se lovait dans les visages bouffis des parents meurtris, dans les pleurs des amis séparés, dans les chambres qu'on vidait silencieusement, dans la morgue qui fonctionnait jour et nuit, dans les corbillards autour qui attendaient patiemment.

En pleine nuit du 30 décembre, quand on vint m'annoncer la mort de Clément, j'étais fin seul au solarium, endormi dans mon habituel fauteuil. Probablement parce que j'étais trop épuisé mentalement, l'annonce de son décès n'apporta pas l'effet libérateur escompté. Tout au plus me sentais-je comme au sortir d'une chambre de décompression, immensément fatigué, nauséeux, la tête vide et les jambes comme du coton.

Je dus marcher longtemps, dans le froid de la nuit, avant d'entendre crépiter les premières gerbes d'émotions. Ce fut d'abord un peu de colère contre moi. Je m'en voulais d'avoir dépensé autant d'énergie, alors que mes affaires n'avançaient plus et je n'avais toujours pas pardonné aux pseudo-amis absents de Clément. Ses anciennes blondes, je comprenais, mais ces gens-là que Clément avait pris pour des valeurs sûres... Une chance, deux amies imprévues s'étaient chargées de l'envelopper pendant quelques soirées.

Je n'avais toujours pas digéré non plus l'amicale des anciens et les autres parasites qui lui avaient sucé la moelle. Comment pouvait-on être aussi égoïstes, aussi peu avenants?

J'étais pourtant heureux et soulagé d'avoir rempli mon engagement jusqu'à la toute fin. J'en éprouvais de la fierté. Encore une fois, je m'étais prouvé que j'avais beaucoup plus de ressources que je ne le croyais.

Pendant la longue maladie de Clément et après sa mort, je me suis souvent demandé à quoi rimait ma présence auprès de lui. Pourquoi la vie m'avait-elle amené là? Quel enseignement, quelle leçon pouvais-je en tirer? C'était là des questions qui trouvaient des réponses tellement simples! De passer du temps avec Clément m'avait permis de mieux apprécier ce que j'avais, en plus de saisir davantage la notion d'urgence contenue dans le célèbre carpe diem d'Horace, l'idée de profiter du jour qui passe, car la vie est courte, le fameux concept qui nous incite à jouir de la vie pendant qu'on a la santé.

Il est évident en outre, quand je fais le bilan des quelques moments passés avec mon filleul, que ma spiritualité, de même que ma capacité de compassion et d'écoute s'en sont trouvées grandement renforcées, et que cette expérience m'a permis de développer une plus grande tolérance, un plus grand respect envers les autres et envers moi-même.

L'aventure m'a amené à pleinement m'imprégner du principe d'impermanence si cher aux bouddhistes, du fait que la mort n'est pas seulement une fin, mais un commencement en soi. L'idée d'impermanence, donc, va jusqu'à atténuer le sentiment de perte propre à la mort. Il m'a permis d'apprivoiser un peu plus ma propre mort. Assez, du moins, pour sourire en entendant Félix chanter: «*C'est beau la mort, c'est plein de vie dedans!*»

Par ailleurs, j'ai envie de dire que rien ne m'est apparu plus faux que l'adage qui prétend qu'on est tous égaux devant la mort. Un méchant sophisme, que celui-là! Une demi-vérité que j'entends rabâcher depuis l'enfance. Oui, tout le monde meurt. Oui, tout le monde sans exception fait le saut. Sauf que personne n'entre dans le grand vide de la même manière. Et ça, ça m'horripile.

On l'aura compris, il y a une nette différence entre mourir bien entouré à la maison Sarrazin et crever misérablement dans un gourbi du quartier Saint-Roch. Il y a tout un monde entre partir doucement depuis le pavillon Coulombe et agoniser bêtement dans l'anonymat d'une urgence bondée, ou, comme c'est arrivé à Richard, un autre toxico de mes amis, crever de reculons dans l'unique chambre délabrée d'un département de psychiatrie reconverti en mouroir. Par chance, cette fois, l'infirmier de rue Gilles Kègle était dans les parages, faisant ainsi que Richard n'était pas fin seul au moment de fermer les lumières, à l'Hôtel-Dieu de Québec.

Tout ça pour dire qu'on a beau être responsable de sa mort, le fait est que plus on est riche et en santé, plus on a de chances de mourir gras dur et bien bichonné. À l'inverse, plus on est pauvre et malade, plus on a de chances de partir à l'envers, dans les conditions les plus épouvantables.

À quand l'égalité des chances pour entrer dans le Grand Tout? À quand une mort généralisée digne de ces vers de La Fontaine: «Approche-t-il du but, quitte-t-il ce séjour; Rien ne trouble sa fin: c'est le soir d'un beau jour.»

À l'heure où j'écris ces lignes, presque deux ans après la mort de Clément, c'est au tour de Jacques, mon frère aîné, de rouler ses derniers milles. Jacques, en fait, c'est le cas de figure classique et absurde du jeune retraité qui commençait à peine à jouir de sa retraite et qui se fait dire par son médecin:

— Numérote tes abattis, mon gars, tu souffres d'un cancer incurable!

Évidemment, sa conjointe, ses enfants, ses proches, nous avons tous de la peine, surtout que Jacques est un diable de bon gars, un père de famille aimant, un rassembleur et un sacré bon vivant.

Quant à moi, même si nous avons eu des différends et si j'étais moins proche, la nouvelle de sa maladie m'a profondément touché, bouleversé, au point – et c'est là tout le bizarre de la chose – que peu de temps après l'annonce de sa maladie j'étais victime d'une rare et malencontreuse série noire.

En l'espace de deux semaines, j'ai perdu mon portefeuille à deux reprises, ma clé USB qui sert de support électronique à ce manuscrit, et mes lunettes à quatre cents dollars la paire, sans compter une sauvage agression physique dont j'ai été victime à mon travail de la Maison de la Reine.

Mon autre frère, André, n'était pas en reste; il s'est fait renverser à bicyclette par une jeune conductrice qui l'a laissé pour mort près de son chalet dans Portneuf.

Malencontreux hasard, fichues coïncidences, mauvais karma que toute cette guigne? Certainement pas. Je sais, ça fait cliché de le dire, mais il n'y a pas de hasard. En tout cas, il n'y en avait pas dans cette histoire-là. Ma série de malheurs, ma séquence de tuiles, c'était directement attribuable à mon attitude. Je vivais une série noire parce que je voulais bien la vivre, inconsciemment s'entend. Un matin, tout ça m'est apparu clair comme de l'eau de roche.

En fait, je me sentais coupable d'être en bonne santé par rapport à mon frère malade. Comme je ne pouvais pas prendre la maladie de Jacques, je compensais en souffrant autrement, je voulais conjurer le mauvais sort en m'attirant des situations pénibles, pour avoir à nager en eaux troubles, à me débattre, à me sentir mal à mon tour.

C'était mes bons vieux réflexes d'alcoolique, de dépendant, qui étaient remontés à la surface. Comme dirait l'autre : « Chassez le naturel et... » Les problèmes avaient surgi exactement comme à l'époque de ma vie où je faisais de l'autosabotage, quand j'avais absolument besoin de me sentir dans le pétrin pour relativiser, pour normaliser, comme à l'époque où j'avais peine à affronter l'inconnu, où j'étais incapable de vivre sobrement mes succès, où j'avais peur du bonheur, où j'avais peur de vivre, peur tout court.

Dès que j'eus pris pleinement conscience de la spirale vicieuse, le mouvement s'est arrêté de lui-même. Ça s'est exorcisé et j'ai automatiquement cessé d'avoir la poisse. Les choses sont revenues à la normale.

Maintenant, je veux seulement continuer de jouer mon rôle. Et, mon rôle, c'est de continuer à vivre de mon mieux pendant que Jacques, lui, va partir le plus doucement possible, tranquillement, dignement, pratiquement sans souffrances et enveloppé de beaucoup d'amour, entouré des gens qui l'aiment.

À propos d'amour et de mort, enfin, j'aime, en pensant à Jacques, à me rappeler ces paroles de Massignon : « La mort laisse la vie de l'âme se maintenir entre ceux qui aiment. »

Mon récit tire à sa fin. Quand j'ai entrepris d'écrire ce livre, j'étais loin d'en connaître tous les tenants et les aboutissants. Il y avait surtout une chose qui m'importait vraiment, c'était de régler mes comptes avec la psychiatrie de l'époque, une fois pour toutes. Pour le reste, si tant est que l'écriture appelle l'écriture, on verrait bien. La deuxième partie viendrait d'elle-même.

De Roy-Rousseau je voulais, pour mémoire, rappeler les façons brutales et féroces, les manières aussi vaines qu'ignobles. En extirpant du passé les Henri, Pierre, Jacques, Loulou, Julie, Marcel, garde M., docteur O. et autres fantômes, je voulais qu'on n'oublie pas, qu'on puisse juger des électrochocs, de l'insuline, des camisoles chimiques et physiques, pour soi-disant guérir l'âme, et le corps qui la contient.

Je voulais qu'on se rappelle la contention psychologique, la terreur latente et tous les procédés lamentables, qui transcendaient bien l'obscurantisme et l'ignorance suffisante de cette science d'il y a quarante ans : une médecine paternaliste, corporatiste et imbue d'elle-même, une discipline machiste, prétentieuse et très jalouse de ses prérogatives qui s'était naturellement érigée en chien de garde des valeurs du système, en plus de veiller scrupuleusement à sa perpétuation.

La psychiatrie, bien qu'elle se soit un peu humanisée depuis, conserve de bien vilains réflexes. On n'a qu'à penser à la résurgence larvée de l'usage de l'électrochoc, sous prétexte, entre autres arguments navrants, que c'est toujours efficace et que, maintenant, on fait les choses plus humainement. Comme si d'assommer un pauvre bougre avec une massue emmaillotée de popeline rose rendait la chose moins dommageable, plus acceptable!

En outre, au caractère d'enfermement et de repli sur soi de Roy-Rousseau, je voulais opposer la philosophie d'ouverture de Saint-François d'Assise, parler de ses thérapies sans confrontation, de sa médecine presque douce. Je voulais parler de Domrémy du doc Édouard, de l'infirmière Iris, du père Ubald, avec Monsieur le maire, le Baron, Charlie, Olivier et tous les collègues éparpillés en cours de vie. Domrémy, l'oasis de fraîcheur, le lieu d'humanité où on voyait la maladie, mais aussi l'homme derrière. Domrémy, là où j'ai repris goût à la vie, malgré la défonce pharmacologique en douce et en dépit des excès de zèle d'un certain psychologue.

À force de recherches et d'écriture, à force d'autoanalyse et d'ajustements, je me suis pris à mon propre jeu et n'ai eu d'autre choix, à l'instar de l'auteure Marie Cardinal, que de trouver «les mots pour le dire», des mots pour dire la chose en moi, cette même chose qui la faisait saigner, elle, et qui l'obligea à une psychanalyse qui dura sept ans. C'était ça ou la folie à perpète pour la grande dame.

Il me fallait mettre en mots cette chose grouillante, gluante et palpitante à l'intérieur de moi. Un extra-terrestre très bizarroïde, que celui-là, mélange de blessures de l'enfance et de peurs refoulées, de folie latente et de violence contenue, qui avait tissé un épais cocon autour de mes tripes et dans ma tête.

Une chose qui avait culminé en supposée schizophrénie affective, avant de me laisser mariner dans la dépression, l'alcool et la pharmacodépendance. Une chose que j'ai commencé à apprivoiser au deuxième de Domrémy et, plus tard, avec les amis de l'Arc-en-ciel, et plus tard encore en faisant le bilan de mes nuits chez Maude. Une chose, finalement, qui avait pour nom codépendance, besoin viscéral et animal de se sentir important pour les autres, au point d'en oublier complètement ses propres besoins.

Ce mal, on en guérit en apprenant qui on est vraiment et en améliorant son estime de soi, en se donnant enfin l'amour qui nous est dû.

Sur un autre registre, dès que j'ai inclus chez Léon dans mon processus de rétablissement, je me suis doublement piqué au jeu et n'ai eu d'autre choix – on ne se refait pas – que d'appeler un chat, un chat, de sorte que j'ai parlé d'exploitation parce que c'était de l'exploitation et que j'ai crié à l'abus parce que c'était vraiment de l'abus.

Là aussi, je voulais qu'on n'oublie pas les Gervais, Claire, Raymonde et Marianne d'une désins mal née, mal fignolée. Je voulais qu'on se rappelle ces gens, les grands oubliés d'un quart-monde bien à nous.

J'aurai mis un peu moins de quatre ans pour écrire ce témoignage, quatre ans à temps partiel pendant lesquels j'ai usé deux paires de lunettes, deux écrans d'ordinateur, une bonne douzaine de stylos et une quantité industrielle de sachets de thé en vrac, la plupart du temps ceux de mon colocataire Marc. Quatre années au cours desquelles j'ai entendu toutes sortes de commentaires, subi toutes sortes de pressions et répondu inlassablement aux mêmes questions.

Des années, aussi, où il m'est arrivé d'avoir peur, comme durant mes longues plongées en apnée pour remonter le cours du temps, pour revisiter l'épave du vieux moi.

J'ai eu peur de suffoquer et de ce que j'allais voir, peur aussi de rester accroché et d'entendre des voix, toutes peurs que j'ai expliquées précédemment.

En outre, j'ai eu mal au corps. Mal au cœur, au foie, au cou, au dos, aux mains, au nerf sciatique, j'ai eu mal partout. J'ai même subi une déchirure du vitré de l'œil, à force d'avoir les yeux fixés à mon écran.

Je me suis souvent senti seul pendant mon périple, très seul. Pourtant, ce n'était jamais trop éprouvant ni trop dramatique, parce que, cette traversée-là, c'était mon choix. Personne ne me l'avait imposée.

Néanmoins, quand le découragement ou le doute pointaient, je me représentais souvent un vieux film d'Ulysse, le héros de légende de *L'Odyssée*. Je revoyais Ulysse, pauvre forçat de l'océan, risible jouet des dieux, qui avançait un peu plus, chaque jour, vers sa Pénélope, à Ithaque. Je me revoyais dans cet homme, qui bravait monstres et marées, lui sur son radeau, moi sur mon clavier, tapant inexorablement, jour après jour, page après page, mot après mot, jusqu'à l'arrivée, jusqu'au mot fin.

Quand même, j'aurai goûté de fort beaux moments, tout au long de ce marathon d'écriture, des moments dont certains ont été exaltants, d'autres qui ont été purs instants de bonheur tranquille, avec mon entourage, mes amis, ma famille, avec les fidèles compagnons de l'Arc-en-ciel et avec mon amie Nicole.

J'ai goûté aussi des périodes de plénitude et de ressourcement comme celles vécues au monastère, chez les Petits Frères de la Croix, ou pendant les mois d'été sur les Plaines d'Abraham, ou pendant les heures passées avec mon frère André le long de la rivière Montmorency.

De toutes ces représentations, il en est une que je préfère. Ça nous ramène à Hampton Beach, Camille, sa mère et moi. C'était une semaine de canicule, de vacances et de rêves, durant laquelle nous réapprenions les joies de vivre ensemble, comme de vieux amis. C'était juillet, la mer, le sable chaud, le farniente.

Je nous revois pendant les après-midi torrides. Camille et Michèle étaient deux petits points noirs dans l'horizon bleu, ballottés sur la crête des vagues blanches et vertes. Moi, j'étais perdu dans la forêt des parasols, la tête posée dans mes mots fléchés et les orteils bien au frais dans le sable fin. C'est beau, la vie. Ça devrait toujours être comme ça.

Je suis maintenant à l'aube de la soixantaine, un âge

qui signifie la fin du voyage pour d'aucuns. Moi, je commence à peine. Il me semble que j'ai tellement de choses à faire, tant de choses à dire, tellement de choses à vivre!

Je me sens beaucoup mieux dans ma peau, car j'ai percé l'enveloppe du cœur. Ma peau, je ne voudrais plus en changer. Je veux seulement continuer dans l'harmonie, avec l'amour et le temps, malgré la mort. Je veux continuer pour moi, avec les autres. Je veux continuer pour moi, dans l'autre. Je veux vivre ma vie dans la lumière, et dire merci chaque jour. Merci, la vie!

Annexes

CLINIQUE ROY-ROUSSEAU	
SIMARD GILLES	**43546**
SOMMAIRE DU DOSSIER **C.R. M-2**	
ENTRÉE : 24 AVRIL 1972	SORTIE : 09 SEPTEMBRE 1972

Raison d'entrée : Anxiété, impression d'être bizarre, tristesse, insomnie, phobies d'impulsion, troubles du schéma corporel.

Diagnostic provisoire : Réaction dépressive atypique.

Sommaire : Animateur social de vingt-deux ans, contestataire de gauche qui a été un leader très actif à Québec au cours des deux dernières années. Depuis quelques mois, il est devenu anxieux, phobique, insécure, présentant des phobies diverses et très nombreuses. Il se sentait aussi des phobies d'impulsion, soit la peur de perdre le contrôle de ses nerfs et de son agressivité. Il était obsédé par la peur de devenir fou et se sentait abattu, ralenti, asthénique, incapable de foncer comme avant et de soutenir son rôle d'animateur social à Limoilou. À côté de ses symptômes mélancoliques, le patient présentait des idées de référence, des troubles du schéma corporel multiples et fréquents, la sensation d'être perdu, de ne plus être capable de vivre ses sentiments comme auparavant. Il était indécis, ambivalent, en fin de compte dépersonnalisé. On a mis en évidence une crainte marquée devant l'avenir, la crainte de devenir homme, une forte angoisse de castration, un Œdipe mal résolu, avec un besoin quasi physique de s'opposer à toute forme d'autorité, un besoin personnel transposé au niveau social et politique chez ce patient. Il a fallu beaucoup de temps. Il a fallu utiliser toute la kyrielle de traitements dont nous disposions. Le patient évoluait par rechutes et rémissions. Il quitte nettement plus stabilisé et optimiste. Les projets de travail sont quand même assez vagues. La contestation prendra, semble-t-il, des formes moins radicales. Nous l'incitons à foncer, à s'impliquer, à ne pas craindre l'avenir. Nous le verrons comme externe. Le pronostic nous paraît assez bon.

CLINIQUE ROY-ROUSSEAU	
SIMARD GILLES	43546
SOMMAIRE DU DOSSIER C.R. M-2 (SUITE)	

Diagnostic à la sortie : Réaction dépressive atypique.

Complications : Nil.

Traitements : Psychopharmacothérapie. Psychothérapie de support. Occupation thérapie. Électrothérapie. Insulinothérapie.

État à la sortie : Stabilisé et nettement amélioré.

Rx au départ : Trilafon 8 mg (4 fois par jour), Cogentin un demi au coucher, Nozinan 25 mg (souper, coucher), Valium 5 mg, au besoin si anxiété.

Charles O., médecin

CLINIQUE ROY-ROUSSEAU	
SIMARD GILLES	2e SÉJOUR
SOMMAIRE DU DOSSIER C.R. M-2	
ENTRÉE : 06 JANVIER 1976	SORTIE : 04 FÉVRIER 1976

Raison d'entrée : Accoutumance aux Valium. Anxiété chez un type ayant déjà fait une psychose schizoaffective.

Diagnostic provisoire : Anxiété chez un type ayant déjà fait une psychose schizoaffective.

Sommaire : Patient de 25 ans, déjà traité ici en 1972 pour une psychose schizoaffective. Depuis ce temps, il a bien fonctionné, mais il prenait une médication d'entretien (Étrafon F). Pour pallier son anxiété et ses phobies, il s'est mis à prendre avec indulgence du Valium à raison de 4 à 6 comprimés de 5 mg chaque jour. Malgré nos avertissements quant aux dangers d'accoutumance psychique et peut-être même physique à ce produit, le patient a continué, même si ça n'était pas son idée de prendre de telles béquilles psychologiques. Il a travaillé un an et demi au *Journal de Québec*. Il est en train d'écrire un roman et il est sur l'assurance-chômage depuis plusieurs mois. Dernièrement, il a présenté des périodes d'étourdissement avec chute. Ça l'a vraiment angoissé. Il est à noter qu'il lui arrivait de prendre de la bière avec des Valium. En fin de compte, nous l'avons hospitalisé dans le but de lui faire perdre son accoutumance aux Valium. Nous l'avons sevré par étapes, nous avons tenté de lui enseigner une méthode de relaxation pour lui faire reprendre confiance en lui-même et tenter de le désensibiliser à ses phobies. Il retourne chez lui et il essaiera de trouver un travail manuel et si possible de terminer son roman. Le patient a très bien collaboré. Il a verbalisé davantage ses affects. On note une insécurité de base qui le rend fragile aux difficultés de la vie. On note aussi une certaine discordance entre ses idées qui sont de gauche et son comportement qui est strictement celui d'un homme de droite.

CLINIQUE ROY-ROUSSEAU	
SIMARD GILLES	2ᵉ SÉJOUR
SOMMAIRE DU DOSSIER C.R. M-2 (SUITE)	

Diagnostic à la sortie : Pharmacodépendance (diazépam).

Complications : Nil.

Traitements : Neuroleptique. Psychothérapie de support et de milieu. Relaxation.

État à la sortie : Débarrassé de son accoutumance.

Rx au départ : Nozinan 25 mg (½ comprimé 4 fois par jour), Étrafon (1 comprimé 4 fois par jour), Noctec (500 mg au coucher).

Patient à revoir comme externe.

Charles O., médecin

CLINIQUE ROY-ROUSSEAU	
SIMARD GILLES	3ᵉ SÉJOUR
SOMMAIRE DU DOSSIER **C.R. M-2**	
ENTRÉE: 25 FÉVRIER 1976	SORTIE: 16 AVRIL 1976

Raison d'entrée: Angoisses, tristesse, hallucinations cénesthésiques.

Diagnostic provisoire:

Sommaire: Patient que nous avons déjà traité ici à deux reprises et comme externe à plusieurs reprises. Le patient avait présenté en 1972 un accès schizoaffectif important. Par la suite, il a travaillé à différents endroits, entre autres comme journaliste pendant plus d'un an au *Journal de Québec*. Il a cessé de travailler dans le but d'écrire un livre et évidemment de retirer de l'assurance-chômage. Il prenait aussi régulièrement des Valium en grande quantité. Lorsqu'il a voulu se sevrer du Valium, il s'est mis à faire des paniques. Nous l'avions déjà hospitalisé en janvier. Il a fallu l'hospitaliser de nouveau en février pour des angoisses, des paniques, des idées dépressives, des craintes obsessives de la folie, des obsessions ou des hallucinations cénesthésiques (je n'ai pu clarifier cette question). Le patient a évolué bien lentement. Il y a eu des rechutes en cours de traitement. En fin de compte, il s'est stabilisé avec du Nozinan et nous espérons qu'il va trouver du travail au plus tôt. En dehors de ses angoisses, de ses obsessions et de ses éléments dépressifs, on note une fragilité du moi et une ambivalence au sein de la personnalité qui nous font pencher vers le diagnostic de psychose schizoaffective. Le patient sera revu comme externe.

CLINIQUE ROY-ROUSSEAU	
SIMARD GILLES	3ᵉ SÉJOUR

SOMMAIRE DU DOSSIER C.R. M-2 (SUITE)

Diagnostic à la sortie: Psychose schizoaffective.

Traitements: Neuroleptiques, antidépresseurs, psychothérapie de support et de milieu, électroplexie, séances de relaxation.

État à la sortie: Amélioré.

Rx au départ: Moditen, 1 cm³ Intramusculaire aux 15 jours. Nozinan 25 mg, Q.I.D.Cogentin, un demi-comprimé deux fois par jour.

Patient à revoir comme externe.

Charles O., médecin

Notes d'évolution
Hôpital Saint-François d'Assise
Gilles Simard

Notes et signatures

81-11-24: *Patient à son premier stage ici. Trois cures à Roy-Rousseau, entre 1972 et 1974 pour dépressions. A commencé sa pharmacodépendance par la suite. D'abord, le Valium, puis s'est ajouté l'alcool, qu'il a consommé avec excès assez régulièrement. Image négative de lui-même. Il a dépassé ses limites dans son besoin d'aider les autres. Renfermé, accepte difficilement d'être aidé. Sa servitude au diazépam le dévalorise, quoiqu'il doive se rendre à l'évidence qu'il aura peut-être besoin d'en prendre toute sa vie. Connaît en effet des problèmes de sevrage tels que tension, anxiété, tremblements, crampes abdominales. Craint même de faire des convulsions.*

A eu des emplois très variés. A toujours eu une forte propension à ce qui est apparenté au service social. Autodidacte.

Espère en arriver à plus de stabilité et de spontanéité, à la suite de la thérapie qu'il entreprend. Bonne motivation.

Édouard C., médecin

81-11-27: *Entrevue. Un flot verbal. Se sauve inconsciemment d'un fond dépressif d'envergure.*

Rationalisation, justifications, séduction. A toujours joué un rôle et voudrait se défaire de ce réflexe.

Réjean B., psychologue

81-12-01: *Entrevue individuelle. Toujours aussi verbomoteur. Se fait accroire qu'il sait où il va, qu'il connaît ses besoins, etc. Ô miracle! Tant de jours pour en arriver là! Je tente de lui faire réaliser à quel point il a peur de lui-même et son impuissance à être présent. Semble comprendre. Je lui suggère de diminuer le verbal et de se permettre davantage de ressentir.*

Réjean B., psychologue

81-12-04: Entrevue au cours de laquelle, enfin, Gilles se déclenche. Exprime des sentiments dépressifs d'infériorité. Pleure abondamment. Éprouve des serrements de tête. En a déjà parlé à un psychiatre qui lui avait dit que ces symptômes étaient graves. Avait une peur énorme de s'autoanalyser. Réussit à le faire au cours de l'entrevue, et avec qualité. Comprend maintenant ce que veut dire qualité de présence. S'exprime beaucoup verbalement, à la fin de l'entrevue, mais cette fois sans résistance, vraiment branché sur lui. C'en était reposant pour le thérapeute. Voudrait me parler de ses peurs, entre autres, de ses hallucinations auditives. À réprimer comme il l'a toujours fait, il y a de quoi halluciner.

Réjean B., psychologue

81-12-03: L'insomnie, l'anxiété, la peur de devenir fou sont ses trois principales préoccupations, ses trois principales difficultés.

Édouard C., médecin

81-12-07: Entrevue. Vit beaucoup de tristesse. A besoin d'aide pour apprendre à la vivre.

Réjean B., psychologue

81-12-11: Entrevue individuelle. Centré sur ses émotions. Y a de plus en plus accès. Davantage en contact avec lui-même. Revient sur plusieurs choses que je lui ai dites et auxquelles il a réfléchi. Progrès notables.

Réjean B., psychologue

81-12-14- *Sommeil satisfaisant depuis l'addition de Nozinan (50 mg). Humeur à la hausse. Révision de Rx.*

Édouard C., médecin

81-12-18: *Entrevue. Triste, pleure beaucoup. A peur de ne pas être capable de s'en sortir. Gilles est maintenant beaucoup plus près de lui.*

Réjean B., psychologue

81-12-23: *Médicaments. Apte à aller passer les Fêtes chez lui. Sera réadmis le 4 janvier 1982.*

Édouard C., médecin

HÔPITAL SAINT-FRANÇOIS D'ASSISE	
SOMMAIRE	**GILLES SIMARD**
ENTRÉE : 22 NOVEMBRE 1981	SORTIE : 23 DÉCEMBRE 1981

Diagnostic final :
Alcoolopharmacodépendance.

Autres diagnostics :
États dépressifs.

Complications :
Plaies linéaires aux deux jambes qui ont été suturées (accident au gymnase).

Traitement médical :
Phénobarbital, Valium, Nozinan, Asendin, Zomax, Penta 3b Plus, Phénergan.
Psychothérapie de groupe et individuelle.
Conditionnement physique et détente.
Notes complémentaires : Sevrage sans trop de problèmes jusqu'à maintenant et qui pourrait se prolonger quant au Valium. Médication antidépressive instituée. Réponse favorable au traitement.
Très bonnes capacités intellectuelles et introspectives. Bonne motivation. A réalisé qu'il peut accepter ses angoisses et ses sentiments dépressifs et qu'il peut aussi les vivre.
Retour prévu le 4 janvier 1982.

Réjean B., psychologue
Édouard C., médecin

Notes d'évolution
Hôpital Saint-François d'Assise
Gilles Simard

Notes et signatures.
Retour des Fêtes jusqu'à la sortie.

82-01-04 : De retour de congé des Fêtes. Demeure abstinent. Commence à voir les progrès qu'il a accomplis. Appréhende les jours sans Valium. Bonne motivation à continuer.

Édouard C., médecin

82-01-03 : Résumé des entrevues de la semaine : très anxieux, mais arrive à le supporter. Gilles réalise que ça fait partie de sa vie. Explore son potentiel, mais tâtonne beaucoup.

Réjean B., psychologue

82-01-11 : Très anxieux le matin, au lever surtout. Révision de sa Rx. Soustraction du comprimé de Valium restant, malgré ses craintes de ne pouvoir s'en passer.

Édouard C., médecin

82-01-15 : Résumé des entrevues de la semaine : centré sur ses sentiments dépressifs et sur ses efforts pour se permettre d'être lui-même. Clarifications apportées en ce qui concerne sa sortie non autorisée chez Gloria. N'a pas été pénalisé. À ne pas répéter.

Réjean B., psychologue

82-01-22 : Résumé des entrevues de la semaine : centré sur ses sentiments dépressifs. Supporte plus ou moins bien son anxiété. S'est même interrogé sur son identification sexuelle, quoiqu'il lui semble que ses désirs et ses fantasmes soient, selon lui, de l'ordre de l'hétérosexualité. Amélioration croissante.

Réjean B., psychologue

82-01-29 : Résumé des entrevues de la semaine : centré sur ses sentiments dépressifs et sur sa sexualité. S'approche de lui comme jamais. En est ébranlé, mais semble satisfait.

Réjean B., psychologue

82-02-01 : A réussi à passer au travers de la semaine, malgré ses appréhensions. Demeure très anxieux. Révision de Rx.

Édouard C., médecin

82-02-02 : Entrevue individuelle. À nouveau centré sur sa sexualité en termes d'exploration. S'accepte d'une façon surprenante. Travaille aussi sur ses peurs, notamment celle de devenir fou.

Réjean B., psychologue

82-02-05 : Tendu et anxieux. Se sent insécure sans Valium. Hyperventilation, panique, tachycardie et insomnie chronique.

Édouard C., médecin

82-02-08 : A perdu connaissance un soir cette semaine. Vu par le médecin de garde. Symptômes comparables à une crise cardiaque. Examen de contrôle. Électrocardiogramme et autres. Probablement que le sevrage de Valium est à l'origine de son évanouissement. Dort peu et mal. A beaucoup de difficultés à récupérer. Devra s'y faire. Révision de Rx, avec objectif de remplacer par une médication plus spécifique, sans pour cela retourner en arrière. Ajout du Nozinan.

Édouard C., médecin

82-02-19: Résumé des entrevues: centré sur sa sexualité. S'approche beaucoup de lui et arrive à le faire sans médicament. Par contre, ne déclenche pas assez d'énergie pour bouger et agir. Se sent déterminé à aller jusqu'au bout.

Réjean B., psychologue

82-02-26: Médicalement apte à quitter. Continuera la même Rx et sera contrôlé sur une base périodique.

Édouard C., médecin

82-02-26: Résumé des entrevues de la semaine: centré toujours sur les mêmes choses. Avec la perspective de concrétiser son besoin d'autonomie et d'une psychothérapie individuelle à long terme.

Réjean B., psychologue

HÔPITAL SAINT-FRANÇOIS D'ASSISE	
SOMMAIRE	**GILLES SIMARD**
ENTRÉE : 04 JANVIER 1982	SORTIE : 02 MARS 1982

Diagnostic final :
Alcoolopharmacodépendance.

Autres diagnostics :
États dépressifs.

Complications :
Plaies linéaires aux deux jambes qui ont été suturées (accident au gymnase).

Traitement médical :
Valium décroissant, Penta 3B plus, Asendin, Anafranil, Nozinan, Trilafon, Élavil, Cogentin.
Psychothérapie de groupe et individuelle. Conditionnement physique et détente.

Notes complémentaires :
Patient possédant de très bonnes capacités intellectuelles et d'aussi bonnes capacités d'introspection. A manifesté tout au long de son stage une excellente collaboration. A travaillé ses mécanismes de défense, intellectualisation, négation et refoulement. S'est beaucoup approché de lui dans sa sexualité et s'est fait des aveux. Ses peurs sont considérablement diminuées. Sera suivi en individuel. Démarches faites. Le pronostic est très bon.

Réjean B., psychologue

Chimiothérapie anxiolytique et antidépressive à poursuivre et à contrôler sur une base externe.

Édouard C., médecin

Bibliographie

Agence d'évaluation des technologies et des modes d'intervention en santé (2003), *L'Utilisation des électrochocs au Québec*, Québec, ÆTMIS.

Alcooliques anonymes (2003), *Le Gros Livre*, quatrième édition française, Alcoolics Anonymous World Services Inc., New York.

Alcooliques anonymes (1981), *Nous en sommes venus à croire*, Traduction française de *Came to believe*, Les Services Mondiaux AA inc., Montréal.

Alcooliques anonymes (1981), *Les Réflexions de Bill*, Les Services Mondiaux AA inc., Montréal.

Association des groupes d'intervention en défense de droit en santé mentale du Québec (2003), *Les Électrochocs*, L'aide-mémoire, Québec, AGIDD-SMQ.

Association des groupes d'intervention en défense de droit en santé mentale du Québec (2007), *Forum de discussion sur les électrochocs*, Internet, AGIDD-SMQ.

Association des groupes d'intervention en défense de droit en santé mentale du Québec (2002), *Une réalité bien ancrée*, Consultation auprès des personnes ayant reçu ou refusé des électrochocs, Québec, AGIDD-SMQ.

BEATTIE, Melody (1994), *Vaincre la codépendance*, Béliveau Éditions, Montréal.

BÉLANGER, Martin (2005), *Moi, Martin Bélanger, 34 ans, schizophrène*, Éditions de l'Homme, Montréal.

BOURBEAU, Lise (1994), *Les 5 Blessures qui empêchent d'être soi-même*, Éditions E.T.C. inc, Saint-Jérôme.

BURROUGHS, Augusten (2005), *Déboires*, Éditions du Passage du Marais, Paris.

CARDINAL, Marie (1975), *Les Mots pour le dire*, Grasset, Paris.

Centre de santé et des services sociaux de la Vieille-Capitale (2007), *Projet de redéploiement des Ressources non institutionnelles en santé mentale*, Québec.

Centre de santé et des services sociaux de la Vieille-Capitale (2008), *Guide d'accueil du résident, Programme régional de RNI en santé mentale du Québec*.

Centre hospitalier Robert-Giffard (1998), *Guide sur la sismographie à l'intention des infirmières*, Québec.

COEHLO, Paolo (1994), *L'Alchimiste*, Anne Carrière, Paris.

DÔLE, Robert (2000), *Comment réussir sa schizophrénie*, VLB éditeur, Montréal.

GAGNON, Katia, et Hugo MEUNIER (2008), « La Vie après les asiles », *La Presse* (2-5), Montréal.

GIASSON, Sylvie (1999), *À l'ombre d'un doute : de la dépression à l'équilibre*, Novalis, Ottawa.

HÉBERT dit LAROSE, Jacques (2005), *Il fera aussi clair qu'il a fait noir*, Hurtubise HMH ltée, Montréal.

HÉBERT dit LAROSE, Jacques (2008), *Une chaise longue en enfer*, Hurtubise HMH ltée, Montréal.

KESSEL, Joseph (1960), *Avec les Alcooliques anonymes*, Gallimard-Lacombe, Paris.

KRISHNAMURTI, J. (1997), *Le Livre de la méditation et de la vie*, Stock, Paris.

LAMBERT, James (2005), *Mille Fenêtres*, Centre hospitalier Robert-Giffard, Beauport.

LANGLOIS, Richard (2004), *Le Fragile Équilibre*, Le Dauphin Blanc, Loretteville.

LANGLOIS, Richard (2007), *Les Maux qui dérangent*, Le Dauphin Blanc, Loretteville.

MELLODY, Pia (2005), *Vaincre la dépendance,* J'ai lu, Paris.

MONGEAU, Serge, et Marie-Claude ROY (1984), *Dictionnaire des médicaments de A à Z*, Québec Amérique, Montréal.

PARÉ, Rodrigue (2005), *L'Armoire aux menteries*, Lanctôt éditeur et Rodrigue Paré, Montréal.

REIS, Betty (2010), *Définition de la dépendance et de la codépendance affective*, www. les passeurs.com, Montréal.

RODRIGUEZ, Lourdes, Linda BOURGEOIS, Yves LANDRY, Lorraine GUAY et Jean-Luc PINARD (2008), *Repenser la qualité des services en santé mentale dans la communauté - Changer de perspectives*, Presses de l'Université du Québec, Québec.

Revue Santé mentale au Québec (2002), *Le rétablissement,* Vol XXVII no 1.

Revue Santé mentale au Québec (2002), *Un système à rétablir*, Paul J. CARLING, XXVII, I-114-127.

RIOUX-SOUCY, Louise-Maude (2005), « L'électrochoc, un traitement controversé de plus en plus prescrit », *Le Devoir*, Montréal.

SAMSON, Claudette (2010), « Note d'échec pour le plan en santé mentale », *Le Soleil*, Québec.

THICH, Nhat Hanh (1994), *La plénitude de l'instant – Vivre en pleine conscience*, Dangles, Saint-Jean de Brayes.

VIGNEAULT, Luc, et Suzanne CAILLOUX-COHEN (1997), *Aller-retour au pays de la folie*, Éditions de l'Homme, Montréal.

Personnes et associations consultées

Alliance des groupes d'intervention pour le rétablissement en santé mentale – **AGIR**, Charles Ryce, coordonnateur.

Association des personnes utilisatrices de services en santé mentale – **APUR**, Luc Vigneault, coordonnateur.

Centre de santé et des services sociaux de la région de la Capitale-Nationale - Service de la documentation.

Groupe Auto-Psy (Québec), Coordination.

Services des archives de l'Institut universitaire en santé mentale – Centre hospitalier Robert-Giffard.

Services des archives du Centre hospitalier universitaire québécois – Hôpital Saint-François d'Assise.

TABLE DES MATIÈRES

Remerciements

Mes remerciements les plus sincères vont à Sylvie Nicolas, amie précieuse et conseillère avisée, qui m'a suivi tout au long de cette aventure.

À Marc Boutin, pour son indéfectible soutien et ses magnifiques dessins.

À tous les membres de ma famille, et à tous ceux et celles qui m'ont encouragé d'une façon ou d'une autre pendant ce (parfois) très ardu périple de quatre ans...

Un merci particulier à Michèle (la mère de ma fille), à Nicole D., avec qui je chemine depuis cinq ans, à Robert P., Claude B., Yves B., Micheline D., Damien B., Lise B., Céline M., Guy P., Jacques Rioux (mon vieux pote de Roy-Rousseau), Lucille Caron (Auto-psy Capitale-Nationale), Charles Ryce (L'AGIR), Benoît Côté (Pech), Robert Foisy, Marie-A. Perron, Yvan T. et tous les membres du « bureau » de la rue St-Joseph...

DISTRIBUTEURS EXCLUSIFS

Distributeur pour le Canada et les États-Unis
LES MESSAGERIES ADP
MONTRÉAL (Canada)
Téléphone : (450) 640-1234 ou 1 800 771-3022
Télécopieur : (450) 640-1251 ou 1 800 603-0433
www.messageries-adp.com

Distributeur pour la France et autres pays européens
DISTRIBUTION DU NOUVEAU MONDE (DNM)
PARIS (France)
Téléphone : 01 43 54 49 02
Télécopieur : 01 43 54 39 15
Courriel : libraires@librairieduquebec.fr

Distributeur pour la Suisse
(À l'usage exclusif des librairies)
SERVIDIS / TRANSAT
GENÈVE (Suisse)
Téléphone : 022/342 77 40
Télécopieur : 022/343 46 46
Courriel : transat-diff@slatkine.com

◆◆◆

Dépôts légaux
Bibliothèque nationale du Canada
Bibliothèque et Archives nationales du Québec, 2012
Imprimé au Canada

◆◆◆

Imprimé sur Rolland Enviro100, contenant
100% de fibres recyclées postconsommation,
certifié Éco-Logo, Procédé sans chlore, FSC
Recyclé et fabriqué à partir d'énergie biogaz.